중국
근현대여성사

중국 근현대여성사

초판 1쇄 인쇄 2016년 3월 1일 ＼**초판 1쇄 발행** 2016년 3월 5일
지은이 윤혜영 천성림 ＼**펴낸이** 이영선 ＼**편집 이사** 강영선 ＼**주간** 김선정
편집장 김문정 ＼**편집** 김종훈 김경란 하선정 김정희 유선 ＼**디자인** 정경아 이주연
마케팅 김일신 이호석 김연수 ＼**관리** 박정래 손미경 김동욱

펴낸곳 서해문집 ＼**출판등록** 1989년 3월 16일(제406-2005-000047호)
주소 경기도 파주시 광인사길 217(파주출판도시) ＼**전화** (031)955-7470 ＼**팩스** (031)955-7469
홈페이지 www.booksea.co.kr ＼**이메일** shmj21@hanmail.net

ISBN 978-89-7483-777-8 93910
값 18,000원

이 도서의 국립중앙도서관 출판시도서목록(CIP)은 e-CIP 홈페이지(http://www.nl.go.kr/ecip)에서
이용하실 수 있습니다.(CIP제어번호: CIP2016003608)

명청시대부터 현재까지, 다양한 중국여성의 삶을 녹이다

중국
근현대
여성사

윤혜영·천성림 지음

서해문집

차례

2부 / 현대 중국과 여성 삶의 획기적 변화

왜, 그리고 어떻게
중국 근현대 여성사를 볼 것인가?

세상에는 남성과 여성이 함께 살고 있다. 때로는 양성을 한 몸에 지닌 남녀추니까지 함께 살고 있다. 성별로 보아도 참으로 다양하고 중층적인 세상이다. 하지만 역사책의 대부분은 남성의 활동으로 채워져 있다. 한국 역사학계에서 그늘 속에 묻혀 있던 여성의 삶에 관심을 가지기 시작한 것은(대체로 1980년대 이후) 역사학의 지평을 넓혀준다는 의미에서도 참 반가운 일이다. 그리고 개혁개방이 가속화하기 시작한 중국에서 여성사에 대한 관심이 시작되고 한국의 중국사 연구에도 이런 움직임이 보이게 됐다. 이에 고무되어 우리 저자들은 우선 중국 근현대 여성의 삶을 한국 독자에게 소개할 필요성이 있다고 느꼈다.

이 작업의 출발점에 서서 우리는 일단 (중국) 여성이 왕권, 신권, 족권族權에 이어 부권夫權의 억압까지 받는 사중고를 겪었다는 마오쩌둥의 말이 일리는 있으나 진실을 전부 아우르지는 못함을 염두에 두었다. 임의로 '전선'이란 표현을 차용해보자면, 성별 전선이 계층 내지 계급 전선보다 더 날서 있는지의 여부에 대해서도 한마디로 단언하기 힘들다. 경우에 따라 다를 수 있기 때문이다. 예컨대 안방마님의 권한이 마당쇠의 권한보다 컸을 테니까. 지체 높은 집안에서 태어나 귀염을 독차지한 딸이 있는가 하면, 가난한 집안에서 태어나 먹는 입 하나 줄이려고 유아기에 살해되거나 팔려나간 딸이 있었으니까.

또 한 여성이라 해도 일생을 통해 딸, 며느리, 시어머니로 변화해가면서 가내에서의 지위가 왕왕 달라진다. 시어머니의 잔혹한 손길에 자살을 택하는 며느리가 있을 정도로 같은 여성 간의 갈등 역시 만만찮았다. 여성이 받는 존경의 정도 역시 스펙트럼이 넓다. 대지의 어머니나 무생노모無生老母, 마조媽祖 등에서 알 수 있듯이 신격화된 여성이 있는가 하면, 음부淫婦란 말로 표현되거나 반란의 책임을 지고 비명횡사한 양귀비라든가 청조 멸망의 원흉 취급을 받는 서태후의 존재 등에서 알 수 있듯이 재앙의 근원으로 여겨져 '여화女禍'라는 말이 생기기도 했다. 그래서 우리는 여성사에 종종 등장하는 억압이라든가 해방이란 말도 각자 고심하며 쓰기로 했다.

그럼에도 우리가 중국 근현대 여성의 삶을 통시대적으로 훑어볼 필요성을 느끼게 된 것은 우선 '단지 그대가 여성이라는 이유만으로' 받는 차별이 과거의 중국에 엄연히 있었고, 근현대에 들어와 이로부터 벗어나는 과정이 확연히 보이기 때문이다. '개에게 시집가면 개에게 복종

하고, 닭에게 시집가면 닭에게 복종해야 한다'는 가르침 속에서 묵묵히 살아가다가 자유로운 결혼을 맞이하는 변화의 과정은 어떠했을까? 중국 역사책에 등장하는 숱한 인물을 성별로 나눠볼 때 여성의 비율이 극히 소수이다가 확대되어가는 과정은 어떠했을까? 아니, 이른바 훌륭한 인물로 역사책에 소개된 이들 중에 여성의 비율이 증가해가는 과정은 또 어떠했을까? 그 훌륭함의 대가로 여성이 내줘야 한 것은 어떤 것이었을까? 등등 의문이 꼬리에 꼬리를 물었기 때문이다.

물론 여성이라는 이유만으로 받는 차별이라든가, 근대 이후 '여성해방', '여성 지위 향상'의 과정을 겪어온 것은 비단 중국에 한정되지 않는다. 동서를 막론하고 보편적인 현상이었다고도 할 수 있다. 그런데 식민 모국 내지 제국주의 국가로 확장해간 서구의 여성과 식민지 내지 절반쯤 주권을 상실한 피압박 국가의 여성은 근대 이후의 삶에서 차이점도 확연히 보여준다. 중국의 경우 서구의 여성해방 사조의 영향으로 여성 문제가 논의의 물꼬를 트게 된 면도 있지만, 그 논의가 '풍전등화 같은 조국을 구하는 데 여성이 기여함으로써 여성이 해방될 수 있다'는 식으로 방향을 잡아간 면도 있다. 그렇기 때문에 중국 근현대 여성사는 같은 동아시아 3국 중에서도 제국주의 열강의 길을 밟아간 일본의 근현대 여성사와 다르고, 일제의 식민지로 전락한 우리나라의 근현대 여성사와도 다른 면이 있다. 서구의 여성사는 물론이고 우리나라와 일본의 근현대 여성의 삶에 대해서는 따로 전문가들의 연구 성과가 축적되어가고 있다. 우리가 여기에 중국 근현대 여성의 삶을 연구해 보태려는 것은 서구와 동아시아 근현대 여성사 사이의 공통점과 차이점, 나아가 동아시아 3국 안에서의 공통점과 차이점을 생각해보는 하나의 실마리를 마련하고 싶기 때문이며, 또한 근대 이후 열악한 환경 속에서도 중국 여성이 씩씩하게 삶을 일궈온 면을 드러내볼 필요가 있다고 생각했기 때문이다. 그래서 우리는 일단 사실에 충실한 서술을 하기로 의견을 모았다. 판단은 독자에게 맡기고.

우선 독자 여러분께 우리가 '근현대 중국 여성사의 시작점을 명 왕조부터 잡고 종결점은 당대當代라고 할 수 있는 개혁개방기까지 잡아본 까닭'을 밝히고자 한다. 보통 근대 중국이라고 할 때는 서구와의 충돌, 곧 제1차 중영전쟁(아편전쟁) 이후를 많이 상기한다. 저자 중 한 사람도 개설서에서 명청까지는 전근대에 포함해 쓴 일이 있다.

중국에서는 5·4운동기에 전통문화를 부정하고 새로운 근대적 문화의 형성을 부르짖는 지식인이 '여성을 억압한 봉건/전통시대의 절정'으로 명청시대를 지목하기도 했다. 즉 명청 왕조까지를 구시대로, 이후를 신시대로 그려보려 했다. 그러나 우리는 근자에 들어 이런 이분법적 논리가 서구와의 접촉 이후 근대화가 진행됐다는 식의 또 다른 오리엔탈리즘으로 귀결될 우려를 낳는다는 점을 생각했다. 일군의 학자는 아편전쟁에 대해 시대구분의 기준으로 삼을 만큼 비중이 있었던 것이 아니고, 서구의 영향은 개항장이 있는 동남 연해 지역에 한정됐다고 본다. 어떤 경우 오히려 청 왕조와 현대 중국의 연속성을 강조하기도 하고 또 어떤 경우는 중국 현대사의 기원을 찾아 명대까지 올라가는 경향을 보이기도 한다. 그들의 경향을 그대로 따르겠다는 취지는 아니지만, 여성사의 입장에서 '만들어진 전통'에 대해 한번쯤 재고할 필요가 있다는 생각은 들었다. 특히 여성이 주어진 상황에서 때로 지혜롭게, 때로 희생을 치르며 씩씩하게 삶을 일궈왔다는 점을 강조한다는 면에서 보면 명 왕조부터 새로운 기운을 발견할 수 있다고 생각해 시작점을 명 왕조로 잡았다.

현대사의 시작점을 1949년 중화인민공화국 건국으로 잡은 것은 근대에 들어 서서히 진행되어오던 여성의 지위 향상이 1949년 중국공산당이 정권을 잡고 이른바 신중국을 세움으로써 양적, 질적으로 급격히 제도화, 현실화됐다고 보기 때문이다. 이전에는 보통 1919년의 5·4운동기부터 현대사의 시작점으로, 그리고 1949년을 당대사의 시작점으로 보았다. 그리고 현재 중국 정치사 연구자 중 일부는 1949년의 의미를 축소하고 이전과의 단절보다는 연속선상에서 이해하려는 경향도 있다. 그렇지만 중국 여성사의 시각에서 볼 때 1949년이 아닌 1919년을 현대사의 시작으로 잡기에는 무리한 점이 있다. 우리 저자들도 1949년을 전후한 시기가 가지는 연속성이라는 면을 부정하지는 않지만, 앞서 지적했듯이 전 계층의 여성에게 광범위한 기회가 열린 것은 역시 1949년부터라고 보므로 편의상 이와 같이 시대구분을 해보았다.

그리고 현대사의 마지막 부분은 미완의 과제라는 부제를 붙여 21세기 초반, 즉 오늘의 중국까지 열어두었다. 보통 역사가는 당대의 말발굽이 훑고 간 먼지가 가라앉을 즈음, 즉 시간이 어느 정도(보통 30년 정도나 그 이상) 흐른 뒷시대가 되어야 비로소 '역사'로 앞 시대를 다룰 수 있다고 말한다. 우린 그런 관행에서는 한참 멀리 벗어났다. 어차피 이 책은 한국에서 시도하는 첫걸음이다. 아이가 떼는 첫걸음이 넘어짐을 다반사로 하고 갈지자로 뒤뚱거린다는 점을 배려해주시도록 역사가 여러분께 양해를 구하고 싶다. 첫걸음을 떼어야 그 첫걸음을 반면교사 삼아 그다음 걸음이 가능할 것 같기에.

이러한 생각을 서로 토로한 끝에 1부의 1장과 2부는 윤혜영이 맡아서 쓰고, 1부의 2장에서 6장까지는 천성림이 썼다. 각자 집필한 부분의 책임은 최종적으로 개별 저자가 지겠지만, 이 책은 시작부터 끝까지 상당 부분 함께 논의하고 의견을 보태면서 고민한 산물임을 밝혀둔다. 중국 근현대 여성의 역사를 시대사 형식으로 정리한 선행 작업들은 (중국에서) 나오기 시작했지만, 한국 독자가 읽기에는 너무 방대하다. 시각 역시 다른 점이 있다. 우리는 중국 여성사가의 시각도 아니고, 그렇다고 일본이나 서구 여성사가의 시각과도 달리 한국인 독자를 위해 한국인의 시각에서 꾸려보았다. 즉 같은 동아시아에 속하는 한국이나 일본 여성과 비교해볼 때 중국 여성은 근현대를 살아가며 자신들의 지위를 상승시키는 과정에서 어떤 공통점이나 차이점이 있었을까 하는 점을 독자들이 생각해볼 여지로 남겨두고 싶었다. 이를테면 신여성, 축첩, 여성에 대한 일방적 정절 요구 문제 같은 경우 일본과 한국 여성사에서는 연구들이 축적되어가고 있다. 그래서 한국, 일본 여성의 근현대 역사를 다룬 여타의 책과 함께 읽어가면서 공통점과 차이점을 비교해보기를 기대한다. 그런데 발을 묶어 작게 만드는 전족 관행에서의 해방 같은 경우는 동아시아 중에서도 중국이 유일하다. 그런 부분은 한국, 일본 여성 연구자에게도 도움이 되리라 생각한다.

하지만 저자들의 역량이 부족하여 논란의 여지도 있을 것이다. 이 점, 독자의 따끔한 가르침을 기대한다. 아울러 중국 여성사를 연구하는 남성 연구자가 늘어나 연구의 저변이 넓어졌으면 하는 기대를 해본다. 모쪼록 많은 독자의 가르침을 받아 양적, 질적으로 풍성해진 수정판이 나오길 기대한다.

2016년 봄
저자를 대표하여 윤혜영*

*저자 중 윤혜영은 한성대학교 교내 연구비의 지원을 받아 이 책을 저술했다.

여성의 일상을
뒤흔든 근대

아시아 최초의 공화국, 즉 중화민국이 들어서기 전 마지막 왕조인 명과 청은 지배층이 각각 한족과 만주족으로 다르지만 두 왕조를 나란히 묶어 하나의 시대로 일컬을 정도로 그 성격이 유사하다. 최근 청대사淸代史를 연구하는 이들 가운데 청조의 역사를 뒷시대와 연결 지어 오늘날의 중국과 연결되는 연속성을 강조하는 시각도 나오고 있지만, 적어도 여성의 삶을 생각할 때는 명과 청의 연속성이 더욱 두드러진다. 정치적으로는 명 태조 홍무제와 뒤를 이은 성조 영락제에 의해 확립된 황제의 전제지배권이 청대까지 계속됐고, 청대에 확장된 영토를 중국인은 자신들의 영토로 생각하고 싶어 한다.

사회의 새로운 지배 계층으로 신사층이 형성되고 장기간에 걸친 안정과 평화 속에 사회와 경제가 발전을 이루어 근대 자본주의 사회로 편입한 서구가 강제로 문호를 개방하려 들기 전까지만 해도 중국은 천하의 중심으로 자부하면서 자족하는 모습을 보였다. 이렇게 경제가 발전하고 도시화가 진척되면서 서민들의 생활수준이 향상되고 문화생활을 누리는 저변이 확대되면서 장편소설, 연극과 같은 서민 문화도 발전했다. 성리학이 여전히 관학으로 기능했지만 인간의 욕구를 인정하는 양명학과 인문학 부문에서 과학적 연구를 중시하는 고증학이 새롭게 나왔다.

그렇다면 이와 같이 서구와 충돌하기 전 중화제국의 질서가 완성됐다고 보이는 명청시대에 여성의 삶은 어떠했을까? 청 말의 개혁론자, 혁명론자로부터 시작해 민국 초 5·4운동기의 지식인 및 사회주의 중국을 건설한 공산당에 이르기까지 한결같이 자신들의 개혁이나 혁명 논의를 전개해갈 전제로서 명청시대를 마지막 '전통', '봉건' 왕조이자 청산해야 할 '구시대'로 규정했다. 따라서 이 시대를 살아간 여성은 비역사적 개념인 '전통' 내지 '봉건' 사회의 억압을 온몸으로 받아낸 '희생자'로만 보았다.

전족의 보급에서 드러나듯이 명청시대 여성에게 신체적인 고통이 가중되고 과도한 정절 숭상으로 목숨을 잃는 여성이 나타나는 등 확실히 여성은 (오늘날의 시각으로 보면) 이 시대에 힘겨운 삶을 영위했다. 그러나 한족 여성 가운데 전족을 하지 않은 경우는 막일로 생계를 이어야 하는 하층 여성밖에 없었기 때문에 전족은 여성에게 일종의 자기 신분에 대한 자신감을 보여주는 지표일 수도 있었다. 또 열녀지에 수록된 열녀 수가 이전 왕조 때보다 상대적으로 많기는 했어도 여러 이유로 개가를 하지 않을 수 없었던 여성이 주류였던 것 또한 사실이다. 심지어 그렇게 정절을 숭상했건만 바람을 피운 여성도 있었다. 무엇보다도 여성은 경제활동을 통해 가정 내에서 자신의 입지를 마련했고 법규범상 재산상속권이나 처분권이 없었음에도 실제로는 경우에 따라 상속을 받거나 처분을 한 정황이 드러났다. 역사의 중층적인 모습을 생각할 때 이 지점에서 우리는 서구로부터 유입된 근대와 그 이전의 암흑기로 불리는 전통시대, 곧 '봉건사회'를 이분법적으로만 볼 수 있을까 하는 의문을 제기하게 된다.

이러한 의문에 답하기 위해서는 도시화를 포함해 사회와 경제가 역동적인 발전을 보이는 가운데 여성이 어떻게 살았는가 하는 모습을 구체적으로 검토해볼 필요가 있다. 전족, 정절, 경제활동, 교육, 일상생활 등을 통해 명청시대 여성의 삶에 천착하다 보면 이 시대에 여성 억압이 절정에 달했고 서구식 근대화와 더불어 '여성해방'이 시작된다는 기왕의 주장에 온전히 동의할 수만은 없게 된다. 그러므로 적어도 여성의 삶이라는 면에서 보자면 서구적 근대사회 대 중국적 '봉건사회'라는 이분법적 사고에 온전히 동의하기 어렵게 된다. 오히려 명청시대에서 중국의 내재적 근대가 개시된다는 징후를 발견할 수 있다.

이렇게 여성 문제에서 근대적 맹아가 싹트고 있던 터에 청조 말기 서구 문화와 접촉하게 된 것은 여성의 삶에 더욱 큰 기회를 가져다주는 계기가 됐다. 청 말의 태평천국운동으로부터 국공내전기에 이르기까지 여성은 급변하는 정세에 적극 참여하는 모습을 보였다. 또 청 말의 신정新政개혁기에 공교육이 여성에게 개방되면서부터 공화정이 들어선 민국 시기에 들어오면 교육받은 여성이 양적 확대와 질적 성장을 거듭해 새로운 여성, 즉 신여성의 형상이 출현하기에 이르렀다. 경제적인 면에서도 여성은 과거처럼 집 안에서 가계에 보탬이 되는 활동을 주로 하는 것이 아니라 집 밖으로 나와서 다양한 직업을 가진 사회인으로 활동하게 됐다. 이러한 여성의 경제활동은 국민정부에 들어와 법률상 재산상속권을 획득하는 데 토대가 됐다. 비록 여성 인구 중 많은 비중을 차지하는 농촌 여성에게는 상속에서의 평등권을 향유하는 데 더 시간이 필요기는 했지만 농촌 여성도 도시로 나온 경우에는 새로운 직업을 가지게 됐다.

5·4운동을 겪으면서는 여성의 일상에 획기적인 변화가 초래됐다. 무엇보다도 가부장권을 행사하는 웃어른이 혼사를 좌우하던 과거의 포판혼(包辦婚)에서 벗어나 당사자의 의사에 따른 자유연애, 자유의사에 따른 결혼을 하는 여성이 나타나기 시작했다. 과거 일방적으로 여성에게만 강요되던 정절관에도 균열이 생겨 새로운 성 풍속도가 출현했다. 비록 농촌 여성은 여전히 남편이나 시어머니의 학대에서 자유롭지 못한 모습을 보이기도 했지만, 민국 시기 후반으로 갈수록 도시에서 번진 풍조가 농촌으로도 스며들었다. 여성은 전족이 아름답다는 주술에서 풀려나 타고난 그대로의 천족(전족하지 않은 발)으로 거리를 활보하게 됐고, 가슴을 졸라매던 악습에서도 풀려나 가슴을 해방하고 한걸음 더 나아가 몸매를 드러내는 전적으로 새로운 옷차림으로 신체의 해방을 누렸다. 바로 이러한 삶의 변화가 현대에 이르기까지 능동적이고 주체적인 중국의 여성상을 일궈내는 밑거름이었다.

1 제국질서의 완성과 여성

명청시대
여성 삶의
실상

전족의 성행과
전족 수용의 이유

／ 명청시대 민간에서의 전족 성행

전족은 여자아이의 발을 천으로 칭칭 묶어서 인위적으로 작은 발을 만드는 것이다. 엄지를 제외한 네 발가락을 발바닥 쪽으로 구부려서 천으로 단단히 동여매면 발가락을 포함한 발의 성장이 중지되어 발등은 굽고 네 발가락은 발바닥 쪽으로 파고드는 기형적인 작은 발이 만들어진다. 전족은 보통 7세 이전부터 시작하는데, 발의 성장이 정지되고 대략 10센티미터의 작은 발(소각小脚)이 완성되는 데는 2~3년이 걸린다. 그 기간 동안 여자아이는 "작은 발 한 쌍에 눈물 한 항아리"라는 세간의 표현이 있듯이 내내 엄청난 통증을 견뎌야 한다.

청조 말기 산둥 성山東省의 서민 가정에서 태어나 전족을 했던 한 여성의 경험담을 들어보자. 그녀는 워낙 노는 것을 좋아하고 부모의 귀여움을 받는 막내딸이어서 좀 늦은 일곱 살에야 전족을 시작했다. 그런데 발을 묶고 나서 곧 천연두를 앓는 바람에 풀었다가 병이 나은 뒤인 아홉 살 때 다시 발을 묶었다. 2년 동안은 기어 다녀야 할 만큼 아파서 잠도 잘 수 없을 정도였다. 어머니의 몸 밑으로 아픈 발을 집어넣으면 어머니는 자신의 몸으로 딸의 아픈 발을 꼬옥 눌러주었고 그러면 아픔을 좀 잊고 잠시 잠을 이룰 수 있었다. 그렇게 아프던 발이 2년쯤 지나니까 거의 고통이 사라졌고 그로부터 또 2년이 지나자 발가락이 완전히 꼬부라져서 발바닥 안쪽으로 꺾여버리고 발등이 솟아올라 전체적으로 동그랗게 굽어진 작은 발이 됐다. 이렇게 어린 딸의 엄청난 고통을 안쓰러운 마음으로 지켜보면서도 대대로 어머니가 딸의 발을 묶어주게 된 것은 작은 발을 아름답게 여기는 심미안에서 비롯됐다. 예컨대 한나라 때의 조비연趙飛燕이나 당나라 때의 양귀비楊貴妃 같은 미인이 작은 발로 유명했다.

전족 여인

작은 발을 가진 여성이 미인으로 추앙받다 보니 차츰 인위적으로 발을 작게 만드는 전족 풍습이 생겨난 것이다. 인위적으로 발을 묶는 전족의 기원에 대해서는 보통 당말오대(907~960)에 황제의 총애를 받은 후궁이 발을 묶은 것을 궁중 여인들이 모방하면서 시작됐다는 이야기를 듣지만, 예전부터 여러 설이 구구하여 정설은 없다. 어쨌든 오대 즈음에 궁중의 일부 여인들 사이에서 시작된 이 풍습이 북송 말기인 12세기부터는 민간에 퍼지기 시작했고 세간에 전족용 신발인 궁혜弓鞋가 상품으로 유통되기까지 했다. 물론 이때까지만 해도 전족 풍습을 따른 것은 북방 대도시의 지배층인 사대부 집안의 일부 여성뿐이었다. 이어 남송시대에 들어서면 전족이 남방으로 전해졌다. 그렇지만 아직은 사대부 집안에서도 전족을 하지 않는 여성이 더 많았다. 그러던 것이 다음 시대인 원대에 들어서면 지배층 여성의 일반적인 풍습이 됐다.

이렇게 모든 지배층 여성이 전족을 하게 되니 명대(1368~1644)에 들어서는 민간에서도 성행하게 됐다. 비단 한족 여성만이 아니라 서북과 서남의 소수민족 여성도 일부는 전족을 따라 했다. 그리고 이런 풍습은 명을 이은 청대에 들어서도 지속됐다. 만주족 출신으로 중국 대륙을 지배하게 된 청조(1636~1911)에는 본래 전족의 풍습이 없었고 태종으로부터 순치제를 거쳐 강희제 초기까지만 해도 한인의 전족 풍습을 금하라는 명령을 내렸다. 하지만 이 금지령이 지켜지지 않아 결국 강희제는 전족 금지령 자체를 해제할 수밖에 없었다(강희 7, 1668).

그래서 민간의 전족 풍습은 오히려 청대에 최고조에 이르렀다. 청조 말기에 이르면 만주족 여성 사이에서도 교묘하게 전족을 모방해서 발을 (전족만큼은 아니지만) 본래보다 작게 만드는 풍습이 성행할 정도였다. 비단 중국에서 살고 있는 여성만이 아니라 청 말기인 19세기 후반 동남아시아, 미국 등지로 이민을 간 중국인, 곧 화교 여성도 전족을 고수했다. 심지어 하와이의 화교 여성은 그곳에서 태어난 딸에게도 (금지령이 있는데도) 전족을 시켰다. 상류층 여성일수록 전족 고수 욕망이 강했지만 농사짓는 여성까지도 전족을 한 채 일을 했다. 그래서 량치차오梁啓超 같은 청 말의 개혁가는 "강한 남자의 머리털이 약한 여자의 발만 못하다"라고 하여 마치 남자는 (변발을 함으로써) 청조에 굴복하고 여자는 (전족을 고수함으로써) 굴복하지 않은 것처럼 보기도 했다. 그러나 이는 어찌 보면 여성이 청조에 대항할 만한 위협 세력이 아니라고 여겨 청조가 관용을 보인 것일 수도 있고, 혹은 한인 사대부의 환심을 사고 협조를 얻기 위해 짐짓 넘어간 것이라고 볼 수도 있지 않을까 싶다. 아니, 그 무엇보다도 전족을 유지하려는 여성의 강한 욕망이 일종의 사회현상으로 굳어져서 만주족 지배층이라 할지라도 이를 힘으로 누를 수 없었기 때문인지도 모른다.

전족을 한 여성은 평생토록 깨끗한 새 천으로 바꾸어 묶을 때를 제외하고는 발을 묶은 천을 풀지 않았고, 다른 사람에게 맨발을 드러내 보이지 않았다. 그만큼 전족은 궁혜 속에 감추어진 존재였다. 그리고 아름다운 자수가 놓인 궁혜는 그 자체로 최고의 예술품이자 여성의 귀중품이었다. 일부 지방에서 얼굴과 몸은 가린 채 궁혜를 신은 발만 내놓게 해서 전족 미인대회를 열고, 여기서 우승한 여성은 자부심을 가졌으며, 우승자를 배출한 가문은 이를 명예롭게 여겼다는 사실로 미루어볼 때 여성이 고통 끝에 완성된 자신의 발을 얼마나 자랑스러워했는지 엿볼 수 있다.

그러던 것이 19세기 들어 중국을 찾은 서양의 선교사, 의사, 인류학자 등이 그때까지 꽁꽁 감춰져 있던 중국 여성의 전족한 천을 풀고 맨발을 세상에 드러내면서 형세가 역전됐다. 전족이야말로 낡은 중국의 수치로 전락한 것이다. 중국인 개혁가나 혁명가도 전족을 혐오스러운 전통 내지 '봉건사회'의 잔재로 보고 전족 폐지 운동을 개시했고, 중화민국에 들어서면 국가 차원에서 전족 풀기를 장려했다.

그런데 20세기에 마침내 역사의 뒤안길로 사라지기까지 명·청 왕조를 합쳐 500년 이상 중국 여성의 발을 묶어온 이 관행을 그 시대의 여성은 왜 그냥 받아들였던 것일까? 여성이 이 관행을 신체적 억압으로, 족쇄로 여겨 거부하고 나섰다면, 아마도 전족 풍습이 그렇게 오랫동안 지속될 수는 없었을 것이다. 그러니 이제부터는 그 시대의 여성이 그토록 고통스러웠던 전족을 수용할 수밖에 없었던 이유를 한번 살펴보기로 하자.

태후로 막후에서 정치에 참여한
효장(문)황후孝莊(文)皇后 (1613~1688)

몽골 커얼친科爾沁부의 패륵(청의 귀족 칭호로 친왕, 군왕 다음으로 높은 왕족)의 딸로 성은 박이제길특博爾濟吉特이고 이름은 포목포태布木布泰다. 고모가 황후로 있던 청 태종 홍타이지의 비(庄妃)가 됐다. 태종 사후 태종의 숱한 아들 중 자신이 낳은 어린 아들(編臨)이 다음 황제인 순치제가 되는 데 큰 역할을 했다. 만약 차기 황제가 순치제로 타협되지 않았을 경우 청은 태종의 맏아들 하오커 일파와 태종의 동생 도르곤 일파 간의 내분으로 초기에 세력이 꺾였을지도 모른다는 점에서 효장황후의 역할이 초기 청조의 발전 측면에서 높이 평가된다. 순치제는 만주족으로서는 처음으로 산하이관을 넘어 중국 본토를 차지한 최초의 황제가됐고, 그 배경에는 역시 어머니 효장황후의 정치적 역할이 컸다. 손자인 강희제 치세 초기까지 정치의 전면에 나서지는 않았지만, 강희제가 태평성세의 기초를 닦은 황제가 된 만큼 훗날까지 '청은 여자(효장황후)로 시작해서 여자(서태후)로 망한다'는 이야기를 들을 정도로 높은 평가를 받는다.
그녀는 태종보다 오래 살았기 때문에 나중에 태종릉에 합장되지 않았다. 아들의 황제 지위를 공고히 하기 위해 시동생인 태종의 동생 도르곤과 결혼했다는 설이 있으나, 정사에는 확실한 기록이 없다. 어쨌든 전란을 최소화하고 민생을 우선시하는 선정을 베푸는 데 막후에서 큰 역할을 한 인물로 오늘날까지도 중국인의 존경을 받는 여성이다.

여성이 전족을 받아들인 이유

앞서 소개한 산둥 성의 전족 여성은 고생 끝에 만들어진 자신의 발이 정말 작았다고 하면서 '여자아이의 미모와 매력은 얼굴보다 발의 크기로 결정됐고, 중매쟁이는 중매 대상이 될 처녀가 얼마나 예쁜가보다는 발이 얼마나 작은가 하는 질문을 더 자주 했다'고 이야기했다. 당시 사람들은 얼굴은 타고나는 것이니 못생겨도 어쩔 수 없지만, 잘못 묶어서 크고 못생겨진 발은 게으름을 상징한다고 생각했다는 것이다. 둥베이東北 지역의 전족 미인이 남긴 말도 그와 비슷했다. 즉 신부가 결혼을 하면 시집의 여자 친척들이 모두 몰려들어 신부의 발부터 들춰보았고, 만약 신부의 발이 좀 크기라도 하면 친정어머니가 교육을 잘 못한 것으로 여겨 신부 본인에서 그치지 않고 집안까지 들먹이며 욕을 했다는 것이다.

그래서 제대로 된 혼처를 찾기 위해서는 울부짖는 딸의 저항에도 발을 묶어둘 수밖에 없었다. 전족을 하지 않고 큰 발(大脚)을 가진 여성은 부모가 없는 고아거나 남의 집에 종으로 팔아넘겨진 경우가 대부분이었기 때문에 전족은 양갓집 규수라는 일종의 신분 증서와도 같았다. 실제 앞서 전족으로 작은 발을 가진 산둥 성의 여성은 결혼 뒤 남편의 아편 흡식으로 인해 구걸, 행상, 남의집살이 등으로 막노동을 하면서 근근이 목숨을 연명하는 처지에 빠지게 되자 밤이면 아픈 발 때문에 할 수 없이 발을 싸맨 천을 풀고 자게 됐다. 그러다 보니 발이 자라났는데, 그 여성은 노년에 들어 어린아이가 더 이상 전족을 하지 않게 된 민국 시기에 살면서도 그렇게 커진 자신의 발을 흉하다 여기고 예전의 작은 발이 예뻤다고 회고했다. 이렇게 여성은 자신의 작은 발에서 '아름다움'에 대한 자부심, '제대로 길러진 양갓집 규수'로서의 자부심을 느꼈기에 전족의 고통을 감내하면서 평생 발을 싸맨 천을 풀지 않고 살아간 것이다.

게다가 당시에는 여성의 몸을 성적인 대상으로 간주한 일부 남성 문인이 전족을 찬양하는 문필 활동을 활발하게 했기 때문에 고통을 이겨내고 만들어낸 작은 발에 대한 여성의 자부심은 더욱 커질 수밖에 없었다. 천에 묶여 예쁜 궁혜 속에 감춰진 발은 남편 외의 누구에게도 보이거나 접촉을 허용하면 안 되는 금기의 영역이 됐다. 전족이 이처럼 성적인 면에서 중시되다 보니 때로 전족으로 인해 부와 신분 상승을 얻는 경우도 생겼다. 예컨대 소설 《금병매金瓶梅》를 보면 전족 미인 반금련은 가난한 행상 남편을 독살한 뒤 부호 서문경의 첩으로 들어가 부귀를 누렸다. 또 청 말 둥베이 지방에서 태어난 한 전족 미인은 자기 뜻은 아니었지만 출세에 눈먼 아버지 때문에 늙은 군벌의 첩으로 들어갔다. 이들 사례는 극단적인 것이지만, 어쨌든 전족은 평범한 여성이 결혼을 통해 신분 상승을 이루는 중요한 자산이 될 수 있었다.

물론 '세 치 금련(三寸金蓮)'이라는 아름다운 명칭으로 불린, 완성된 작은 발은 평생토록 여성의 신체 활동을 불편하게 만들었다. 비록 상류층 여성으로 노동에서 면제된 경우라 하더라도 전족은 이를테면 여성의 활동 범위를 규방 안으로 한정짓게 마련이었다. 그리고 전족이 만연하다 보니 이에 대한 반발도 없지 않아서 청대의 일부 남성 지식인은 전족의 악습을 고발하는 글을 쓰기도 했다. 대표적으로 전족의 고통을 생생하게 고발한 소설 《경화연鏡花緣》을 들 수 있다. 이 소설은 주인공 남성이 여기저기 표류하다가 여인국에 닿아 그곳 여왕의 첩으로 선정되어 발을 묶이는 과정의 고통을 실감 나게 묘사했다. 그렇지만 앞서도 언급했듯이 기형의 발을 정상으로 보고, 타고난 그대로의 큰 발을 수치스러워하는 사회 분위기 속에서 전족을 당연시하는 풍조가 퍼졌기에 어떤 여성도 전족의 고통을 떨쳐내자는 주장을 남기지는 못했다. 오히려 일부 여성 문인의 작품 중에는 전족 여성의 자태를 아름답게 묘사하는 듯한 내용이 담겨 있기도 했다.

이렇게 명청시대 하카客家'와 일부 하층 여성을 제외한 대다수 한족 여성은 물론이고 만주족을 포함한 일부 소수민족 여성까지도 육체적 고통을 받으면서도 최악의 경우가 아니고는 전족을 풀려고 들지 않았다. 심지어 가난한 집안 여인 대다수는 농사일 같은 힘든 노동을 하면서도 전족을 고수했다. 청조 말기 양쯔 강 오지를 여행한 서구 여성 이사벨라 버드 비숍이 남긴 여행기를 보면 농가 여인이 전족을 한 발로 농사를 짓는다든가 절룩거리며 몇십 리를 걷는 모습이 심심찮게 보인다.

한편 전족을 감싸는 신발인 궁혜는 결혼할 때 가져가는 혼수품 중에서도 아주 고가의 귀중한 물품이었다. 자수 솜씨가 좋은 여성은 고가의 궁혜를 혼수용으로 주문을 받아 제작해서 높은 수익을 얻기도 했다. 그랬기에 청조 말기에 당초 전족 풍습이 없는 하카가 주도한 태평천국 반란군이 강남 지역으로 올라와 여성의 궁혜를 벗기고 전족을 강제로 풀어버리자 이에 저항해 자살하는 이들까지 나온 것이다.

---

1   전족이 일상화하기 전에 중국 북부 지역에서 전란을 피해 남쪽으로 이주한 하카는 자기들의 고유한 관행을 고수했던 데다가 뒤늦게 이주했기 때문에 상대적으로 농토가 부족해서 남성은 돈벌이를 위해 인근 지역으로 나가고 여성이 척박한 땅에서 농사를 지어야 했으므로 전족을 하지 않았다.

어찌 보면 18세기에 서양의 상류층 여성이 고래심줄 코르셋으로 허리를 조여 가슴과 엉덩이를 상대적으로 풍만하게 만들어내 신체 굴곡을 드러내는 것으로 외적 아름다움을 창조해내려 했다면, 중국 여성은 발을 옥죄는 전족으로 외적 아름다움을 유지하고자 했다고나 할까? 코르셋이나 전족이나 여성의 몸을 보는 남성의 시선을 여성이 스스로 내면화했다는 점에서는 유사하다. 중국 여성은 또 전족 외에 정숙해 보이고 싶어서 또는 나이 어린 여자로 보이고 싶어서 가슴을 동여매기도 했다(속흉束胸). 속흉은 전족과 상반되게 성리학의 금욕적인 윤리 아래 최대한 신체 굴곡을 드러내지 않았던 경향성을 보여준다. 그렇기는 하지만 전족이나 속흉이나 사회의 주류인 남성의 시선을 우선적으로 염두에 두었다는 공통점을 가진다.

그렇지만 한 여성의 운명에서 결혼이 장래의 행불행을 좌지우지하는 가장 중요한 요인이었던 그 시대에 여성이 결혼을 위해 전족을 감내하고 속흉을 일상화한 것을 두고 오늘날의 시각으로 왈가왈부할 수만은 없는 것이 아닐까? 전족이 당대에 최고의 '혼수'로 여겨졌고 여성 스스로 그것을 자신의 자산으로 소중히 여겼던 점을 무시할 수 있을 것인가? 그러다가는 자칫 명청시대는 여성 억압이 절정에 달한 '봉건사회'였고 서구화=근대화에 의해 극복되어야 할 구시대였다는 이분법적인 논리로 빠져드는 것이 아닐까? 이 질문에 대답하기 전에 명청시대 여성 억압의 또 하나의 지표로 거론되는 정절 강요에 대한 문제를 먼저 살펴보기로 하자.

정절 윤리의 내면화와
이면의 생활

✎ 명대 이후 정절 윤리의 내면화

이민족인 몽골족이 세운 원나라를 물리치고 명을 건국한 태조 주원장은 몽골족의 풍습을 없애고 한족 고유의 사회로 되돌리겠다는 정책을 표방하면서 무엇보다도 유교 이념을 전 사회에 확산시키고자 노력했다. 유교 이념은 한漢 왕조 이후 민간의 생활 질서까지 규제해왔다. 그중에서도 남존여비라든가 내외의 구분(男主外女主內), 수직적인 부부 관계(夫爲妻綱), 삼종과 사덕(婦德·婦言·婦容·婦功)처럼 여성을 규제하는 규범은 오랜 기간 중국 여성의 정신세계를 지배해왔다.

그렇기는 하지만 유교 이념이 확립된 한대에는 아직 여성이 정절을 위해 목숨을 바치는 정도로까지 정절 문제가 부각되지는 않았다. 그래서 한 왕조 때 인물인 유향劉向이 지은 《열녀전列女傳》은 주로 현명한 여성의 사례를 소개한 것이지, 정절 여성을 다룬 책이 아니었다. 유교 이념 중에서도 여성의 정절을 강조하게 된 것은 이민족의 침입을 누차 겪은 뒤 남송대에 성리학이 나오면서부터였다. 그래도 유명한 성리학자 집안에서 과부가 된 여성이 재가를 한 사례에서도 알 수 있듯이 송대까지만 해도 과부의 재가가 문제시되지는 않았다.

여성의 정절을 강조하고 과부 재가를 불명예로 규정하게 된 것은 이민족 왕조인 원을 타도하고 한족의 왕조를 세운 명대부터였다. 명 태조는 모시던 왕이 죽은 뒤 자결한 첩들을 기리는 칙령을 쓰고 정절 여성을 포상하기 시작했다. 실제 태조 사후 그를 모시던 40명의 궁녀 중 38명이 자결하기도 했다. 태조의 며느리이자 성조의 황후였던 인효문황후는 정절을 위한 자결 행위를 권장하는 여성 교훈서(《내훈內訓》)를 썼고, 성조는 이를 널리 배포했다. 역대 황제들의 비호 아래 명 후기부터는 여성의 정절에 대한 숭배가 유례없는 고조를 보였다.

청조에 들어와 명나라의 역사서인 《명사明史》에 수록될 〈열녀전〉을 편찬한 장정옥張廷玉에 따르면, 명의 실록과 군읍지郡邑志에 기록되어 있는 1만여 명이나 되는 정절 여성 중에 추려서 298명의 사례를 〈열녀전〉

**✎ 여성의 정절을 강조한
인효문황후仁孝文皇后 (1362~1407)**

명나라 때 중산왕 서달徐達의 장녀로 성조 영락제가 아직 황제가 되기 전인 연왕燕王 시절 (1376, 명 태조 홍무 9) 연왕의 비가 됐다. 연왕이 황제로 즉위하면서 황후가 됐고 시어머니인 태조의 비(마황후)에게 극진한 며느리였다고 한다. 황후로 있는 동안 영락제에게 선정을 하도록 조언했고 영락제가 죽기 전인 1407년에 사망했다.

그녀는 여성을 계몽하는 훈육서인 《내훈》 편찬을 주관한 인물이다. 명나라 때부터 특히 여성 정절을 장려해 정절 때문에 목숨까지 잃는 사례가 많이 드러나는데, 이 책은 정절 숭상 분위기의 확산에 일조했다. 이 책에서는 예컨대 정절을 위해 남편 사후 자결을 권장하고 여러 가지 전통적인 자결 방법까지 묘사했다. 실제 성조가 죽었을 때 30명 이상의 후궁이 (목을 매달아) 자결하도록 강요받았다. 그녀의 저술에는 《내훈》 외에도 옛사람들의 언행을 모아 사람들에게 선행을 권하는 《권선서勸善書》가 있다. 당시 유교 사상이 여성에게 내면화한 것을 모범적으로 보여주는 여성의 사례다.

에 실었다. 이들은 정절을 지키기 위해 스스로 목숨을 끊거나 오래도록 수절한 여성이었다. 명을 이어 중국을 지배하게 된 만주족의 청조 역시 유교 이념 숭상과 정절 강조 면에서는 명을 그대로 답습했다. 여성의 정절을 남성의 충성과 동일시하여 높이 평가한 것이다. 청대 초기 여성 훈육서를 집대성한 여사서[2]가 나온 것도 이런 상황을 반영한다. 청대 말기가 되면 반란이 잦아지고 반란군으로부터 정절을 지키기 위해 자신을 희생한 여성이 늘어나서 열녀에게 세워줄 패방 비용이 증가했는데, 그러다 보니 공동 패방을 세워야 할 정도였다.

정절 숭상은 과부의 자살이나 수절에 그치지 않았다. 정혼한 남자가 죽은 경우 처녀가 따라 죽거나 시집으로 가서 수절하는 일도 잦아졌다. 청대에는 자살한 여성보다 수절 여성이 더 많아지는 경향을 보였다고 하는데, 예컨대 산둥 성 펑라이 현蓬萊縣에는 죽은 약혼자와 결혼한 뒤 평생 집 밖을 나가지 않은 채 살다가(이 여성이 거처하는 방에는 세 살짜리 아기라 할지라도 남자는 들어가지 못하게 했다 한다) 60년 만에야 친정에 다녀온 여성도 있었다.

청대에는 또 여성의 정절 숭상이 극단적으로 나타나서 신부가 처녀인지 아닌지 검사를 하는 처녀검사법까지 나왔고, 이를 악용해 마음에 들지 않는 신부를 내쫓기 위해 신부가 처녀가 아니라고 주장하면서 돌

---

2 남성이 과거를 준비하기 위해 시작하는 사서(《논어》, 《맹자》, 《중용》, 《대학》)에 비견할 만큼 여성이 꼭 읽어야 할 사서라는 의미로 왕상王相이 자기 어머니의 《여범첩록女範帖錄》과 반소班昭의 《여계女誡》, 송약소宋若昭의 《여논어女論語》(이 책의 저자에 대해서는 송약소가 아니라는 주장도 있다), 명의 인효문황후仁孝文皇后의 《내훈》을 묶어서 부른 이름이다.

정절 여성, 충, 효 등을 기리는 패방

려보내는 일도 있었다. 이렇게 순결 관념이 극단적으로 왜곡되다 보니 순결 때문에 애꿎은 여성이 목숨을 잃기도 했다. 예컨대 의사가 손목을 짚어 진맥을 한 뒤 남편이 언짢은 반응을 보이자 자신의 순결한 마음을 입증하기 위해 자살한 부인이 있는가 하면, 좁은 길에서 남자와 부딪친 후 자신의 순결이 더럽혀졌다고 생각해서 자살한 여성도 있었다.

그러나 정절로 인한 희생 중 특히 잔인하게 여겨지는 것은 명청시대에 주자의 고향 푸젠 성福建省에서 행해진 '탑대搭臺'라는 형식의 공개 자살이다. 이는 남편이나 정혼자가 죽은 뒤 자살을 결심한 과부나 처녀가 자신의 결심을 널리 알린 뒤 날을 잡아서 상복이나 대례복을 입고 정해진 곳에 세워진 단으로 올라가 의식을 구경하러 온 친지들의 절을 받은 뒤 목을 매다는 것이다. 구경꾼들이 죽은 여성을 칭찬하고 풍악을 울리며 시체를 옮겼다고 하니 정절을 요구하는 사회의 분위기가 도를 넘어

섰다고 하겠다.

이렇게 여성의 일방적인 정절이 강조되는 불평등한 현상이 이 시대에 두드러졌던 까닭은 우선 앞서 이야기했듯이 나라에서 정절을 지킨 여성의 명예를 드높이는 패방을 세워주고 또 경제적인 특혜까지 주어 성리학적 기초를 공고하게 한 점을 들 수 있다. 비단 왕조의 정절 장려에서 그치지 않고 사회의 지배층인 신사층, 특히 과거에 낙방한 남성 지식인이 정절로 희생된 여성을 찾아 칭송하는 기록을 남기기 시작하면서 정절을 지키는 것이 명예롭다는 의식이 여성을 지배하기 시작했다. 게다가 정절을 지킬 것인가의 여부가 여성 개인의 선택 사항이 아니라 가문의 명예와 직결됐기 때문에 정절을 중시하는 사회적인 통념이 확산되어 공개 자살을 격려하는 상황까지 이어진 것이다. 정절을 선호하는 사회적 통념은 심지어 재가한 과부가 죽으면 두 남편이 톱질을 해서 몸이 두 토막 난다는 민간신앙까지 만들어내 여성에게 공포감을 조성했다.

정절 강조 이면의 실제 생활

이렇게 국가와 지배층 남성의 정절 장려는 물론이고 여성조차 정절 윤리를 내면화한 명청시대에 과연 대다수 여성은 이 윤리에 충실할 수 있었을까? 이면의 실제 생활을 통해 이 문제를 살펴보기로 하자. 명대 후반기 남녀 인구 비율을 조사한 바에 따르면, 여성 인구가 남성 인구보다 적었다. 이는 농업 중심 사회에서 노동력이라고 생각된 아들보다는 남의 집으로 시집보내야 할 딸의 경제적 가치가 작다고 생각했기 때문에 빈곤한 가정에서 부득이한 경우 일단 딸아이부터 영아살해를 하게 된 데 기인한 바가 컸다. 그러므로 청대에 들어서도 여성 부족 현상은 쉽게 해소될 수 없었을 것이다.

이렇게 여성이 부족하다 보니 가정이 빈곤할수록 과부가 된 딸이나 며느리를 정절의 희생물로 삼기보다는 재가시킴으로써 경제적 이득을 얻고자 하는 욕구가 더 클 수밖에 없었다. 비록 뒷날인 민국 시기에 나온 소설이기는 하지만 루쉰의 《축복》에 나오는 여주인공 상림수를 보면 농촌의 빈한한 집안에서 과부가 된 여성이 어쩔 수 없이 재가하게 되는 모습이 잘 드러난다. 즉 상림수는 과부가 된 뒤 재가를 하지 않으려는 본인의 뜻과 달리 시동생의 혼례 비용을 마련하려는 시어머니가 산골 사람에게 목돈을 받고 팔아넘기다시피 하여 재혼하게 된다. 혼례 당일에도 죽음을 각오하고 스스로 제단에 머리를 찧어 저항하지만 결국 재혼한 남편이 성실한 사람인지라 아들도 낳고 살림도 장만하며 새로운 삶에 순응해간다. 그런데 불행히도 재혼한 남편이 병으로 죽고 어린 아들마저 늑대에게 물려간 뒤 시숙에게 집을 빼앗긴 채 쫓겨나게 되고, 그 후 다른 마을에서 남의집살이를 하며 살다가 (재혼해서 부정한 여자라고) 마을 사람들의 냉대 속에 쓸쓸한 죽음을 맞이한다.

루쉰은 비록 민국 시기의 농촌을 배경으로 소설을 썼지만 상림수와 같이 재혼을 할 수밖에 없었던 가난한 농촌 과부의 모습은 바로 앞 시대인 명청시대의 상황을 고스란히 보여준다. 상림수의 경우 재혼 후에 다시 과부가 되고 아들과 집마저 잃은 채 비극적인 최후를 맞이했지만, 재혼한 뒤 새로운 삶에 적응해 나가면서 별 탈 없이 여생을 마친 여성이 현실적으로는 더 많았을 것이다. 루쉰이 상림수를 비극의 화신으로 그린 것이야말로 명청시대를 '봉건사회', '그릇된 전통'의 절정으로 보고 여성을 그 희생자로 본 신문화운동기 지식인의 시각을 드러낸 것이 아닐까 싶다. 그러므로 상림수처럼 시집 사람에 의해 팔려서 재혼을 하든 살아나갈 경제력이 없어서 자의로 재혼을 하든 간에 명청시대의 과부는 경제적 이유 때문에라도 정절보다 재가를 선택하는 것이 주류였다고 보는 것이 타당하다. 청조에 들어서서 만주족 기인旗人 가문의 과부가 혹시 경제적인 이유 때문에 재가를 할까 봐 시집이나 왕조 측에서 만주족 기인 과부에게 특별한 경제적 배려를 했기 때문에 상대적으로 과부 재가율이 낮았다는 사실을 보더라도 일반 민간인 사회에서는 과부의 재가가 정절을 위한 자결이나 평생 수절보다 훨씬 더 일상적이었다는 사실을 미루어 짐작할 수 있다.

경제적인 이유로 인한 과부의 재가 문제를 떠나 명청시대 여성의 욕망 표출이라는 점에 대해서도 짚어볼 만하다. 정절이 성리학적 규범에서 비롯된 것이고 명청시대 전 사회를 성리학이 지배하고 있었던 것은 사실이지만, 그런 한편으로 양명학에서 태주학파, 이탁오에 이르는 일군의 사상적 흐름으로 대변되는, 인간의 욕망 긍정이라는 사조가 명 중기 이후 나타났다는 사실에도 주목할 필요가 있다. 이러한 사조가 그 시대의 상업화와 이윤 추구 경향을 배경으로 대두했듯이 여성의 욕망 표출도 상업화라든가 도시화, 욕망 긍정의 사상적 조류를 배경으로 가능해졌다.

소설 《금병매》에서 색정광에 가깝게 그려진 남자 주인공 서문경을 상대한 여인들이 바로 자신의 욕망 표출에 당당한 이들이었다. '금병매'라는 제목은 서문경의 첩 중에서도 반금련, 이병아, 춘매라는 세 여성의 이름에서 한 글자씩 따서 지었다고도 하는데, 이 세 여성이 특히 성적 욕망을 적나라하게 드러낸다. 반금련은 서문경과 바람을 피우게 된 뒤 자신의 욕망을 충족시키기 위해 (성적 매력이 없는) 남편을 독살하고 서문경의 첩이 되어 온갖 기구까지 동원해가며 성생활에 탐닉한다. 거기서 그치지 않고 서문경이 다른 여성에게 정신이 팔려 있는 동안에는 하인을 비롯한 다른 남자와도 정을 통한다. 이병아 역시 서문경과 의형제를 맺은 친구의 부인이었으나 서문경과 눈이 맞았고 남편이 죽고 나서 서문경의 첩으로 들어왔다. 춘매는 반금련의 몸종으로 서문경과 맺어진 인물이다. 이 셋 외에도 소설 속 여성은 한결같이 자신의 욕망에 충실한 모습으로 그려진다.

자신의 욕망에 충실한 여성은 비단 소설 속에만 있었던 것이 아니었다. 청대에 가난한 집안의 한 기혼 여성은 떠돌이 남성과 눈이 맞아 가출을 했고, 또 어떤 여성은 남편 친구들과 불륜을 저지르면서 심지어 정숙한 며느리에게 음심을 품은 남자들을 도와 며느리를 겁탈하게 하려다가 결국 죽음에 이르게 한 죄로 붙잡혀 감옥에 갇히기도 했다. 그런가 하면 과부가 된 뒤 다른 남자와 정을 통해 아이를 낳게 되자 몰래 이 아이를 밖으로 내보냈다가 업둥이로 받아들여 몸종처럼 거두어 키운 후 거액의 지참금을 주어 결혼시킨 어머니도 있었다. 가출한 남편 대신 사촌 시동생과 살면서 아이를 낳은 여성도 있었고, 집안의 하인이나 승려와 어울려 사생아를 낳은 대갓집 처녀도 있었다.

이렇듯 자신의 욕망에 충실하다가 음탕한 여성으로 지탄받은 여성이 있었지만 소수였듯이, 정절을 지키기 위해 목숨을 버리거나 평생 수절한 과부 역시 소수였을 것이다. 즉 현실 세계에서는 정절을 최고의 미덕으로 떠받들었지만 이 시대의 모든 여성이 남편이나 정혼자가 죽은 뒤정절을 지키기 위해 자살이나 평생 수절 같은 극단적인 방법을 택하지 않았던 점은 확실했다. 비록 남성이 축첩이나 매음을 통해 공공연히 자신의 욕망을 분출한 것과 비교하면 여성에게만 정절을 강조한 성생활의 불평등이 확실히 존재하기는 했지만, 적어도 정절 강조만을 이 시대 성생활의 키워드로 강조할 수만은 없지 않을까?

이제 상업화 속에서 여성이 경제적으로 누릴 수 있었던 것에는 어떤 것이 있었는가 하는 문제를 살펴보기로 하자.

경제활동의 지평 확대와
주체로서의 여성

✎ 상업화에 따른 여성 경제활동의 확산

명 태조 주원장이 자급자족이 가능한 농촌 경제를 만들기 위해 노력했음에도 명대에 들어서서 상업은 꾸준히 확대됐다. 명 후기의 지방관 장도張壽[3] 같은 사람은 명 초기를 이상향으로 보았기 때문에 상업화를 타락의 요인으로 꼽으면서 자신의 시대를 말세로 여길 정도였다. 그리고 이민족인 만주족이 세운 청 왕조에 들어서도 이런 경향은 지속됐다. 비록 왕조가 원하는 사회적 안정과는 거리가 멀었지만 명청시대 사람들의 삶에는 경제성장과 사회적 유동성의 증가가 커다란 변화를 가져왔다. 여성 또한 이런 변화 속에서 살아갔다.

도시의 발전과 생활수준 향상, 지식과 사람 및 물자의 광범위한 유통은 하층 여성은 물론이고 규방 안의 상층 여성에게도 직간접적인 영향을 두루 미쳤다. 일단 경제활동의 주체라는 면에서 여성을 살펴보자면, 민국 시기에 들어 여성이 사회참여와 자아실현의 일환으로 직업을 가

---

[3] 장도는 1607년 강남에 있던 흡현歙縣의 지현知縣으로 부임해 지방지를 편찬했고, 1610년대에는 랴오둥 순무遼東巡撫까지 역임한 성리학적 소양을 바탕에 둔 관리였다.

지게 되는 것과는 비교할 수 없지만 더 이상 남자는 들에 나가 농사짓고 여자는 집 안에서 옷감을 짠다는 남경여직男耕女織의 이상만으로는 설명할 수 없는 현상이 나타났다.

'남자는 바깥일을 주관하고 여자는 집안일을 주관한다'는 내외의 관념을 강조하는 유교 이념을 되살려 몽골족의 풍습을 일소하고자 한 태조의 노력이 집중됐던 명 초기에도 여성은 남성과 함께 들로 나가 농사일을 했다. 또 전문 남성 직공의 대두로 인해 여성의 노동이 송대에서만큼 높은 가치를 인정받지는 못했다 하더라도 여성은 여전히 상품으로 팔려나갈 직물을 짜는 노동에 종사해 가계에 큰 보탬이 됐다. 장기적으로 보아 이전 시대보다는 여성의 직물 생산이 주변화했다고 치더라도 어떻게 보면 명 중기 이후 화폐경제의 확대로 인해 여성의 직조 노동이 가계에 보탬이 된 정도는 무시하지 못할 정도였을 것이다.

여성의 가내노동이 시장 및 화폐경제와 연결되는 지점에는 직물 외에도 각종 수공예품이 있었다. 명말청초를 살아간 지식인 장대張岱의 기록을 보면 그 단편을 알 수 있다. 장대는 명대부터 경제적 선진 지역으로 유명했던 강남의 저장 성浙江省 사오싱紹興 사람으로, 자신은 관료가 되지 못했지만 조상들이 관료 생활을 하면서 쌓은 집안의 부를 누리면서 당대의 모습을 상세히 드러내주는 기록을 남겼다. 그의 증조할머니 왕씨 부인은 남편의 근검절약 정신에 화답해 날마다 몇 시간씩 망건을 짜서 노비를 시켜 시장에 내다 팔았는데, 장원 급제자의 부인이 짠 물건이라고 사람들이 앞을 다퉈 사갔다. 오랫동안 과거 준비에 매달리는 남편을 뒷바라지하기 위해 집에서 수공예품을 만들어 시장에 내다 판 사람은 왕씨 부인만이 아니었다.[4] 또 생계를 위해 수공예품을 만들어 시장에 내다 판 여성은 왕씨 부인 같은 지식층 집안보다는 하층 여성에게 더 많았으리라는 것 또한 사실이다.

명 후기 이후에는 상업화의 확대와 더불어 여성이 상인으로서도 두각을 나타냈다. 물론 후이저우徽州 상인 등과 같은 대규모 남성 상인 집단과는 비교가 되지 않지만 남녀가 분리된 사회였던 만큼 상층 규방에서 필요로 하는 물품을 직접 규방으로 들고 들어갈 수 있는 여성 상인의 활동은 필수적이었다. 물품뿐 아니라 규방에 출입하며 자신의 능력을 파는 여성, 곧 '삼고육파三姑六婆'라는 명칭의 이들은 그 나름의 영향력을 가졌다.[5] 종교인이나 의료인, 소상인, 중매쟁이 등은 규방에 드나듦으로 인해 집안 사정을 소상히 알게 되어 인적 네트워크 구축에 긴요했기 때문이다. 명대의 사회상을 잘 보여주는 소설《금병매》에서 부호 서문경이 딸의 혼사를 정할 때 방물장수를 보증인으로 세우는 것만 봐도 이들의 중요성을 알 수 있다.

이들은 집 안에 들여선 안 될 여성으로, 명청시대 내내 남성 지식인에게 지탄의 대상이 됐지만, 이들에 대한 지탄이 컸다는 것은 그만큼 이들의 영향력이 컸다는 것을 반증하기도 한다. 특히 내외의 벽이 높을수록

---

4 장쑤 성江蘇省 창저우常州에 살던 탕요경湯瑤卿이라는 지식인 여성도 남편이 과거 준비로 오랫동안 외지에 나가 있어 생계가 막연했을 때 비단옷에 자수를 놓는다든가 하는 수공예 일을 하여 살림을 꾸려갔다.

5 니고尼姑(비구니)·도고道姑(여도사)·괘고卦姑(여성 점술가)는 종교적 기능을 하는 여성이고, 온파穩婆(조산원)·약파藥婆(여성 의료인)·사파師婆(무당)는 의료 내지 의료에 준한 업에 종사하는 여성이었으며, 아파牙婆(방물장수)는 소상인, 매파媒婆(중매인)·건파虔婆(뚜쟁이)는 인맥을 통해 혼인이나 축첩 등에 관여하는 여성이었다. 삼고육파라는 명칭은 1366년에 출판됐다는《철경록輟耕錄》에서 처음 나왔고, 여기서 이들을 비루한 족속으로 비하한 이래 명청시대 내내 비하됐다.

삼고육파 중에서도 종교인이나 의료인의 필요성은 더 클 수밖에 없었고, 출판업의 발전과 더불어 의서(《여의잡언女醫雜言》)를 출간해내는 역량 있는 여성 의료인(명대 우시無錫의 여의사 담윤현談允賢)도 나오게 됐다.

일부 여성 의료인이나 종교인 외에는 삼고육파의 대다수가 하층 여성이었기에 이들에 대한 사회적 인식은 대체로 나빴다. 민국 시기에 나온 루쉰의 소설《아Q정전》을 보면 단적으로 알 수 있다. 사회의 밑바닥 인생인 주인공 남성 아Q가 화풀이 대상으로 고른 게 다름 아닌 비구니였으니까. 또 가난한 집안의 딸을 사거나 어린아이를 유괴해 부잣집에 첩이나 하녀로 팔아넘기는 일에 관여했다고 보이는 뚜쟁이라든가 무속의 힘을 빌려 질병이나 액운을 물리치는 역할을 맡은 무당 역시 지탄의 대상이 되기 쉬웠다.

뭐니 뭐니 해도 생계 때문에 직업 전선에 내몰린 하층 여성에 대한 부정적 형상화가 극에 달한 인물은 아마도《금병매》에 등장하는 왕 노파일 것이다. 그녀는 찻집을 운영하면서 돈에 눈이 어두워 이웃집 유부녀인 반금련과 호색한 서문경이 만날 수 있도록 뚜쟁이 노릇을 하고 심지어 반금련이 남편을 독살하도록 사주한다. 소설이 현실을 얼마나 반영한 것인지는 알 수 없지만, 널리 읽힌《금병매》속의 왕 노파와 같은 이미지가 하층 직업여성은 비열함, 부도덕함, 악랄함 등을 구현한 (차마 인간이라고 부를 수 없을 정도의) 족속이라는 관념을 강화했을 것이다.

이렇게 사회로부터 부정적인 시선을 받은 직업여성만 있었던 것은 아니었다. 이 시대에 지식이 보급되면서 특히 강남의 부유한 가문에서는 딸을 교육함에 따라 규방 내에서 여자아이를 가르치는 여성 가정교사도 나타났다. 명대에는 재녀才女라 지칭되고 청대에는 규수라 불린 지식 여성이 집단으로 일컬어질 만큼 많이 나타났는데, 이들은 시와 서예, 그림, 자수 등에 능했다. 모든 재녀가 직업을 가지고 수입을 얻은 것은 아니었지만 생계를 책임질 처지가 된 재녀에게 가정교사는 아주 긴요한 직업이 됐다. 청 말에 가까운 19세기를 살아간 왕채빈王采蘋 같은 경우 과부가 되어 생계가 어려워지자 고위 지방관의 아이들을 가르치는 교사가 됐고, 죽은 뒤 이 고관이 그녀의 시집을 출간해주어 세간에 알려지기도 했다.

그 밖에 가정교사 일 외에도 시라든가 사詞 같은 문학 작품의 상품성을 인정받아 그렇지 않았으면 묻혀버렸을 재녀/규수의 숱한 작품이 출간될 수 있었다. 명청시대에 책이 중요한 상품의 하나로 떠오르면서 남성은 물론이고 여성 독서 대중이 등장하게 되고 자연히 여성 작가의 작품에 대한 수요도 시장에서 확인됐다. 그래서 어떤 출판인은 여성 작가의 작품집을 펴내면서 후속 작품을 낼 테니 작품을 보내달라는 광고를 해서 후속 작품을 출간하기도 했다. 재녀들이 출판으로 얻은 경제적 이익이 어느 정도였는지 정확히 가늠하기는 어렵다. 다만 생계를 책임진 여성 작가가 있었다는 사실에서 우리는 재녀/규수의 경제활동의 한 단면을 엿볼 수 있다.[6]

또 청대의 사회상을 상당히 현실감 있게 그린 소설 《유림외사儒林外史》

---

6 황원개 같은 경우는 문학 작품 외에도 서예, 그림을 팔면서 생계를 이어갔고 또 탕요경의 딸로 서예에 능했던 장윤영은 부모가 죽은 뒤 상당 기간 동안 서예 작품을 팔아 대가족을 부양했다.

를 보면 부유한 상인의 첩으로 들어갔다가 며칠 만에 기지를 발휘해 도망쳐 나온 뒤 시와 그림, 자수를 팔아 혼자 살면서 독립적으로 생계를 유지해간 재녀/규수의 일화가 나온다. 이 여성은 아버지가 국자감 감생이었기에 도망쳐 나온 뒤 차마 고향으로 돌아갈 수 없어 난징으로 가서 혼자 돈벌이를 하며 살아간다.

단편적이기는 하지만 이상의 사례를 통해 비록 소수였지만 화폐경제 속에서 지식이나 기예로 소득을 얻는 지식층 여성이 나타난 것을 알 수 있다.

소비생활 주체로서의 여성

그러나 전체 여성 중 상대적으로 소수였던 이상의 직업여성보다도 여성과 경제라는 면에서 중요한 몫을 차지한 것은 무엇보다도 상품·화폐경제에 편입된 가정에서 살림을 도맡아 하며 소비생활을 해나가는 일반 여성이었다. 유감스럽게도 이 시대의 여성이 역사서에 등장하는 경우는 주로 정절을 지키다 순절하거나 오래 과부로 살아온 여성이든가, 아니면 재녀/규수다. 정절 여성의 경우 남성 필자가 그녀들의 일생을 간략하게 소개한 것이라 단편적인 내용이 주를 이루고, 재녀/규수의 경우 역시 그녀들의 문학적 소양만이 주로 조명됐다. 살림을 도맡아 소비생활의 주체이자 객체로 떠오른 여성이 집중적으로 조명된 적은 없는데, 어찌 보면 이야깃거리가 될 수 없을 정도로 그녀들의 삶이 일상적이어서 그랬을 것이다.

결국 우리는 기록의 행간을 읽어 내거나 그 시대의 소설을 통해 살을 붙여갈 수밖에 없다. 우선 앞서 소개한 장대가 기록한 자기 어머니 이 야기를 보자. 그녀는 관료계에 진입하지 못하고 기본적인 생활비 마련을 아내에게 맡겨버린 남편 대신 대가족의 삶을 꾸려나가느라 신혼 초부터 어려움을 많이 겪었다. 그렇지만 근검절약하는 친정의 가풍에 따라 20년간 절약하며 살림한 결과 집안 형편을 호전시키고 처음에는 자신을 무시했던 시어머니의 존중을 받기에 이르렀다. 그런가 하면 장대의 종조모는 남편이 과거에도 낙방하고 장사에도 실패해 어려운 형편이 이어지자 부잣집의 집안일을 해주며 생계를 책임졌다.

또 장대가 각지를 돌아다니면서 보고 들은 것을 기록한 내용을 보면 노점상을 비롯한 상점의 물품 중 여성의 장신구류가 상당 부분 거론된다. 여성을 위한 고가의 옷가지나 장식품이 많이 유통됐던 사실을 보면 상품경제 확대라는 역사적 현실 속 소비생활에서 여성이 차지하는 비중이 상대적으로 컸다는 것을 알 수 있다.

여성의 소비와 관련해서는 《금병매》에도 상세하게 나온다. 왕 노파 같은 생계형 하층 여성이 시장에 나가 물건을 사들여 살림을 꾸려가는 모습은 무능한 아들을 둔 하층민 과부가 경제활동 일선에서 어떻게 움직였는지를 잘 보여준다. 그리고 남편이 죽은 뒤 서문경의 여섯 번째 부인이 된 여성은 엄청난 재산을 가지고 들어와 서문경의 재산을 더욱 늘려주었다. 서문경의 처첩은 물론이고 그가 상대하는 기생에 이르기까지 부호의 안사람들은 고가의 귀금속 장신구와 옷가지를 잔뜩 가지고 있어 유사시에도 평생 먹고 사는 데 지장이 없을 정도였다. 서문경의 집안 살림살이에 등장하는 엄청난 고가의 물건을 보면 살림을 주관한 서문경의 처가 소비생활에서 차지하는 비중이 상당했을 것임을 역시 미루어 짐작할 수 있다.

또 청대에 대중적으로 널리 알려진 유명한 작품《홍루몽紅樓夢》[7]은 작가 조설근의 자전에 가까운 소설이라 사료로도 이용되는데, 여기서는 《금병매》에서 (상대적으로 에로스적인 면에 더 치중하느라) 소홀하게 다룬 소비생활이 더욱 자세히 드러난다.《홍루몽》에서 대관료 가문 가씨네 집안 (賈府)의 살림을 주관하는 왕희봉王熙鳳은 문맹의 젊은 여성이지만 남편을 제치고 소작료 등의 수입을 챙기고 숱한 일상용품을 사들이며 식구들의 용돈을 지급하기에 이르기까지 그야말로 일꾼을 포함해 수백 명이 살아가는 상류층 대가족 집안의 소비활동에서 핵심이 되는 인물이다. 그녀는 틈틈이 사적으로 고리대까지 놓는 등 이재에도 밝다. 소설 속에서 가씨 집안이 몰락하는 지점에 왕희봉의 죽음이 놓이게 되는 것은 그야말로 상징적이면서도 적절한 배치다.

여성의 재산권 행사

이렇게 전 사회가 상품경제화 하는 와중에 가내에서 경제를 장악한 여성의 역량이 커져갔는데, 과연 이들의 재산권 문제는 어떠했을까? 규범적으로는 명청시대까지 여성은 삼종에 묶여 있어서 독립적인 재산권을 행사할 수 없는 존재였다. 주지하듯이 신문화운동을 겪고 난 뒤 전통

---

7 비록 소설이기는 하지만《홍루몽》은 강희제의 신임을 받았던 할아버지부터 아버지 대까지 강녕직조江寧織造를 지낸 집안의 조설근이 말년에 지은 자전적 소설이기에 현실을 상당 부분 반영하는 사료로 이용되기도 한다.

시대의 여성을 일괄적으로 억압당해온 희생자라는 형상으로 그린 대표적인 책은 1928년에 출판된 천둥위안陳東原의《중국부녀생활사中國婦女生活史》다. 이 책에 명청시대 여성의 경제활동이라든가 재산권에 대한 내용이 전혀 없는 것은 어찌 보면 당연한 귀결이다.

그나마 천둥위안의 책과 비슷한 시기에 나온 자오펑제趙鳳喈의《중국여성의 법률상 지위中國婦女在法律上之地位》를 보면 비록 역대 왕조의 법규를 정리한 것으로 대체로 신문화운동기의 전통시대 (억압당한) 여성상을 답습하고 있기는 하지만, 일단 여성의 재산권을 언급한다. 게다가 아들이 없는 상태에서 남편이 죽었을 때 후계자를 세우는 권한을 과부가 가진다는 법률이 (송대를 이어 계속) 나타난다고 조금 강화된 여성의 권한을 전한다. 또 집안의 대가 끊어진 경우 딸에게 상속권이 있다는 규정이 원과 명 즈음에 확정되어 청에 계승됐다고 해서 역시 재산권과 관련해 좀 달라진 모습을 전해준다.

그렇지만 여성의 재산권에 대해서는 남편과 아내의 재산을 구분하지 않았기 때문에 결혼할 때 아내가 혼수로 가져온 재산도 시집에서 마음대로 할 수 있었으므로 여성에겐 재산권이 없다고 보았다. 즉 과부가 재가를 하더라도 시집에서 혼수로 해온 재산을 내주지 않는다면 그것으로 끝이었다. 그저 아들 없이 과부가 되어 수절한 경우에나 재산처분권을 가진다고 했다. 대체로 그의 논지는 주周 왕조 때부터 통용된 삼종의 원칙이 줄곧 영향을 미쳤고, 당 왕조 이후에 와서는 율령에도 영향을 미쳐 여성을 경제적으로도 종속된 존재로 만들었다는 것이다.

그러나 이렇게 그동안 여성의 지위를 수동적이고 종속적인 것으로만

파악해온 경향에 제동이 걸리기 시작했다. 우선 딸의 경우 특수한 상황에서 재산을 상속할 수 있었다. 예컨대 아들 없이 부모가 죽은 뒤 같은 성씨 가운데 양자로 들일 만한 상속자가 없는 경우 딸이 상속을 받은 사례가 있다. 그리고 양자가 있지만 부모가 죽은 뒤 그 양자가 상례를 치르지 않고 두 딸과 사위들이 상례를 치른 경우 부모가 남긴 재산을 삼등분해서 딸들도 상속을 받은 사례가 있다. 아들이 없고 딸만 있어서 데릴사위를 얻은 경우 부모가 죽으면 양자를 들여 딸(과 데릴사위)이 재산을 나누어 상속받았다.

　과부가 된 경우 시집이 빈곤하면 친정으로 돌아가 수절하면서 부양을 받으며 살 수 있었지만, 시집이 부유한 경우 시집에서 아이들을 키우며 재산권을 행사할 수 있었다. 특히 아이들이 미성년일 때는 재산처분권을 행사할 수 있었다. 가난한 하층민인 경우 신랑 측으로부터 돈을 얻어내려고 과부 며느리를 재가시키는 경우가 있었지만, 부유한 시집에서도 과부를 재가시키려고 한 것은 바로 과부의 재산권을 빼앗기 위해서였다. 그런데 한 과부는 자신의 토지를 빼앗으려는 시숙에게 반발하여 유산인 토지를 팔아넘기고 재가를 해서 소송을 당했다. 과부가 수절하지 않고 유산을 팔아넘겼는데도 땅값의 일부만 시숙에게 돌려주고 나머지 대부분은 과부의 것으로 하라는 판결이 났다. 또 한 여성은 남편과 이혼하고 다른 남자와 재혼을 하면서 자신이 시집을 때 지참금 조로 갖고 온 토지를 팔아서 챙겨가지고 갔다. 후에 전남편에게 소송을 당했으나 챙겨간 몫은 고스란히 인정받았다. 이 두 경우는 이혼 후 재가하는 여성의 재산이 (심지어 결혼할 때 친정에서 갖고 온 지참금까지) 모두 남편에게 귀속된다는 법규와는 다른 모습을 보인다. 그런가 하면 남편의 외도로 인해 이혼하게 된 여성이 남편의 재산을 몰래 빼돌렸다가 양육권을 차지해서 키운 딸이 결혼할 때 물려준 사례도 있다. 이들 사례를 통해 개가한 과부는 전남편의 유산을 상속할 권한이 없다는 법률 규정이 민간에서 그다지 철저하게 지켜지지 않았음을 알 수 있으며, 실제로는 여성이 다양한 방식으로 재산권을 향유한 사례가 꽤 있었을 것으로 짐작된다.

근래에 출토된 문서를 분석해 여성의 재산권 문제를 검토한 연구를 보아도 여성의 재산권 문제가 실제로는 법규범과 꼭 맞지 않는 부분이 있음을 알 수 있다. 즉 전국적으로 많은 상인을 배출한 후이저우에서 1950년대에 발견된 문서들을 분석한 근래의 연구에 따르면, 법규에 나오는 과부의 재산처분권 외에 아들 없는 과부가 양자를 들이지 않은 채로 남편이 받을 몫을 상속한 경우가 있었고, 딸의 혼수용 상속분도 법률에 정해진 몫보다 큰 경우가 보였다. 또 부부가 공동으로 유언장을 남겨 아들에게 재산을 나눠주면서 과부가 된 어머니가 노후용 재산 일부를 처분할 수 있다고 해둔 경우도 있었다.

심지어 남편이 있는 경우에도 아내가 토지를 판 사례가 있었다. 이는 전국을 무대로 활동하는 후이저우 상인들이 몇 년씩 집에 돌아오지 못할 때 아내가 생계나 조세 부담 등을 지게 되어 부득이하게 판 것이라 특수한 상황이라고 볼 수도 있지만, 후이저우 상인이 아니라도 남편이 (과거 준비 등으로) 오랫동안 집을 비우는 경우는 왕왕 있었으므로 다른 지역에서도 가능했다고 생각해볼 수 있다. 예컨대 앞서 소개한 장대의 종조모는 자신의 은장식을 전당 잡혀 남편에게 노자를 마련해준 뒤 30여년 동안 혼자 생계를 이어갔다. 이 경우 팔 토지가 있었는지의 여부가 밝혀지지는 않았지만, 남편이 과거를 준비하는 등의 이유로 오랫동안 집을 떠나 생활을 전적으로 아내에게 맡긴 상황에서는 아내가 토지를 팔 수 있었음이 후이저우 문서에서 드러난다.

무엇보다 효를 강조하는 사회였으므로 여성이라도 일단 어머니가 된 뒤엔 남편과 더불어 아들보다는 재산권 문제에서 우월한 지위에 있었다. 그러므로 삼종의 마지막 구절, 즉 '남편이 죽은 뒤엔 아들을 따른다'는 내용은 실상과 부합하지 않았다. 즉 실생활에서 부모에 대한 자식의 복종이라는 관념이 남존여비 관념보다 더 큰 영향력을 미쳤고, 어린 아들을 둔 과부의 재산처분권을 국가나 가족사회가 승인하고 있었다는 뜻이다. 비록 아들과 함께 또는 아들의 어머니라는 명의로 아들의 재산을 처분할 수 있는 권한을 가지기는 했지만, 여성의 재산권 행사가 구체적 일상에서는 다양한 방식으로 실현됐음을 이 연구에서도 알 수 있다. 여성의 재산권 문제에서 이렇게 진일보한 면이 있었다는 것은 아무래도 실제 경제생활에서 여성이 맡은 역할이 그만큼 컸기 때문이라고 해석된다.

물론 상업화의 확대가 일괄적으로 여성에게 경제활동의 확대 및 재산권 행사와 같은 긍정적인 면만 가져다준 것은 아니었다. 장대의 기록으로 상세히 알려진 양저우揚州의 기녀들이라든가 기타 첩이나 성적 서비스업에 종사하는 여성의 모습에서 알 수 있듯이 명대 이후 상업화와 도시화는 숱한 매춘 여성을 양산했다. 부모가 없는 고아뿐 아니라 부모가 팔거나[8] 때로 유괴된 여염집 여아까지도 첩이나 기녀로 살아갔다. 이를테면 소설《홍루몽》속의 진영련은 지방 유지인 한 선비의 외동딸로 태어났지만 네 살에 길거리에서 유괴됐다가 열두세 살에 방탕한 설반에게 팔려가 비첩이 되고 남편과 본처의 구박으로 고생을 한다. 소설 속 상황이긴 하지만 그만큼 여자아이를 유괴해서 길러 파는 인신매매업자들이 있었음을 말해주는 것이다.

명대 후반 호구에 등록된 여성의 수가 적은 사실을 분석하여 가난한 집에서 여아를 살해하는 관행이 그에 일조했음을 밝힌 연구에서도 알 수 있듯이 빈곤한 가정에서는 부득이한 경우 일단 (길러서 다른 집으로 시집보내야 하는) 딸아이부터 살해하곤 했다. 그런데 18세기 중국 여성의 삶에 천착한 한 연구자는 이 시대에 들어서 딸아이를 살해하는 것보다는 아예 판다든가 노동력을 이용하는 방식으로 살리는 쪽이 경제적으로 이득이었기에 여성이 살아남을 가능성이 커졌다고 보았다. 살아남아서 종 혹은 첩 등의 매춘 여성으로 팔리는 것이 그녀들에게 더 유익한 것이었을까 하는 문제는 일단 논외로 하고, 여성이 가진 경제적 가치가 높아진 사실에 주목했다. 그러므로 이 시대의 상업화와 도시화의 진척이 여성을 억압하는 방향으로만 흘러간 것은 아님을 알 수 있다. 이제 경제활동 주체로서의 활약이 커진 여성이 교육 면에서는 어떤 수혜를 받게 되는지를 생각해볼 차례다.

---

8 후이저우 문서 중에는 부모가 공동으로 계약서에 서명해 아이를 판 경우도 있다. 먹을 것이 없어서 아들을 종으로 판 사례도 있지만 아들보다는 딸을 판 경우가 더 많았다.《금병매》에 나오는 반금련은 과부 어머니가 살기 힘들어지자 아홉 살 때 기생어미에게 팔았고, 그 기생어미가 죽자 은 30냥에 부잣집에 다시 팔아넘겨진 사연을 갖고 있다.

여성 교육과 여성 작가 집단의 출현

✎ 여성과 교육: 재주와 덕

중국에서 교육은 곧 과거科擧와 밀접한 관련이 있는데, 송대 이후 정착된 과거는 오랜 기간 유교적 소양과 작문 공부를 해온 남성을 대상으로 치러졌다. 그렇기에 애초 과거를 볼 자격이 없는 여성에게는 오랜 시간과 물적, 인적 자원을 쏟아 부어야만 하는 공부를 시킬 필요도, 여력도 없었다. 그저 살림하는 데 필요한 정도의 지식 습득이면 족했다. 대략 명조 말기부터 "여자는 재주 없는 것이 곧 덕(女子無才便是德)"이라는 말이 유행했다고 하는 데서도 알 수 있듯이 명청시대에는 여성에게 수준 높은 교육을 하지 않는 전통이 굳어진 것처럼 보인다. 청이 망한 후 중화민국 시대에 아버지보다 나이 많은 군벌에게 첩으로 팔리다시피 결혼한 둥베이 지역의 한 여성이 '여자는 머리카락은 길어도 지성은 짧다'는 통념을 따르는 남편으로 인해 집안에서 대등한 대화 상대가 되지 못했다는 이야기를 통해서도 여성과 지성은 상관관계가 없다는 통념이 강했음을 알 수 있다.

재주와 부덕이 상충하는 덕목으로 거론될 때 재주란 주로 시를 지을 수 있다든가 하는 문학적 능력과 남성이나 익히던 경전 혹은 역사 등에 대한 조예를 뜻했다. 그리고 여성이 갖추어야 할 덕목, 곧 부덕이란 열심히 노동하고(婦功) 근검하면서 살림을 잘 꾸려 내조 잘하는 것을 가리켰다. 심지어 여성이 재주가 뛰어나면 타락하기 쉽다거나 오래 살지 못한다는 관념도 덧붙었다. 이렇게 재와 덕이 상충하여 집안 살림에 필요한 정도 외에는 여성에게 교육이 불필요한 것으로 여겨진 것은 명대에 유명한 기녀들이 대부분 시인이자 문장가였다는 사실이라든가 또 문재가 뛰어났으나 요절한 섭소란葉小鸞 같은 재녀 이야기에서 유래했을 것이라고 보인다.

즉 명 말 강남 지역에서 문장이나 서예 등에 출중한 기량을 보이면서 당시 여성으로선 드물게 내외의 구분을 초월해 남성 문인이나 관료와 교류한 명기의 존재가 부모로 하여금 딸에게 시를 짓고 수준 높은 교육을 받게 하는 것은 딸을 (가문에 종속되지 않고 독자적으로 활동하는, 일부종사와는 거리가 먼) 기녀처럼 타락시킬지도 모른다는 우려를 품게 했다. 또 결혼을 보름 앞두고 병사한 섭소란의 아버지가 애통한 마음에 스님을 통해 딸의 혼백에게 수계를 부탁했을 때 그 스님이 소란에게 지식을 끊으라는 의미의 지단智斷이란 이름을 지어주었다는 데서도 마치 섭소란이 문재가 뛰어나서 단명했다는 인상을 주었다.

여성이 재주가 뛰어나면 하늘이 꺼려하여 박복하다는 이야기는 청대에도 계속됐다. 예컨대 《부생육기浮生六記》의 저자 심복沈復은 재색을 겸비한 아내 진운陳芸이 먼저 세상을 뜨자 여자는 재주가 없어야 부덕이 있는 모양이라고 한탄했다. 또 이 책에 발문을 쓴 한 남성 지식인 역시 재색을 겸비한 여성을 조물주가 꺼린 모양이라고 탄식했다. 농가에서 태어났으나 사詞를 잘 지은 하쌍경賀雙卿은 무식한 남편이 윽박질러 학질에 걸린 몸으로 들에 나가 농사일을 하고 시어머니의 폭행으로 귀가 찢어지고 귀걸이가 뜯겨나가면서 유혈이 낭자해질 정도로 학대를 받고 살았다. 이런 사례를 보더라도 재녀는 박명하다고 해석되기 쉬웠다.

재녀/규수 작가 집단의 출현

그렇다면 과연 이 시대의 여성은 정말 수준 높은 교육을 받지 못했던 것일까? 이 질문에는 아니라는 답이 가능하다. 명조 말기에 '여자는 재주 없는 것이 곧 덕'이라는 말이 유행했다는 것은 그만큼 문학적 재능을 가지고 활동하는 여성이 많아졌음을 반증하는 것이기 때문이다. 즉 앞서 살펴본 대로 명대에 상업화와 도시화에 수반해 인쇄, 출판업이 발전하면서 지식이 보급되어가는 환경에 걸맞게 강남을 중심으로 한 경제 선진 지역에서는 딸에게도 공부를 시키는 집이 늘어났다. 과거 경쟁률이 가파르게 높아지는 상황에서 유아기부터 과거 합격을 목표로 하는 아들을 교육하는 데는 지식을 갖춘 어머니가 필요했다. 그리고 대대로 많은 관료와 관료가 될 자격을 갖춘 지식인을 배출한 명문 집안일수록 딸을 교육했고, 그녀들은 비슷한 집안의 아들과 결혼해 다시 아들을 낳아 잘 키워내서 과거를 통해 입신출세하게 만들었다.[9] 이런 상황에서는 대단한 명문에는 끼이지 못하는 집안이라 해도 어쨌든 결혼을 앞둔

---

9 지식 여성이 가내에서 아이를 교육한 것은 비단 자신의 아들딸에 한정되지 않았다. 예컨대 청 중기의 유명한 관리이자 학자인 원매袁枚는 어린 시절 고모에게서 역사 이야기를 듣고 《서경》 같은 고전 읽는 법을 배웠다.

딸이 지식을 갖출수록 좀 더 나은 집안으로 시집을 가거나 그렇지 못한
다 해도 (외손자의 입신출세를 통해) 자기 가문의 격이 높아질 기회를 가지
려 하게 마련이었다.

물론 아들이 어느 정도 성장하면 문중이나 집안에서 선생을 들여 가
르치는 가숙家塾 같은 곳에 나가 공부를 하게 되고, 본격적으로 과거를
준비하게 되면 집을 떠나 공부하는 일이 많아서 더 이상 어머니의 가르
침은 불필요했다. 그렇다고 해서 처음으로 공부 습관을 잡아주는 훈육
자로서 어머니의 역할이 덜 중요한 것은 아니었다. 지식인 집안일수록
아이가 어린 시절에는 아버지가 오랫동안 (과거 준비 또는 단독으로 외지에 부
임했기 때문에) 집을 떠나 있는 경우가 많았기에 어머니의 역할은 중요할
수밖에 없었다.

지식인이나 관리가 된 아들 또는 남편이 자신의 어머니나 아내의 문
재가 뛰어난 것에 자부심을 갖고 다투어 문집을 출간하곤 한 것만 봐도
당시 교육받은 여성의 중요성을 집안에서부터 인정했음을 알 수 있다.
과거 급제자를 더 많이 배출하려는 경쟁이 지역 간 혹은 가문 간에 불
붙으면서 자기 지역 내지 가문에 속한 여성의 문재를 다투어 세간에 알
리고자 하는 경향을 부추겼다.[10]

10　장쑤 성 쑤저우蘇州는 청대에만 정규 과거에서 90여 명의 장원 급제자를 낸 지역이었다. 청대에 장쑤 성
과 저장 성은 장원 급제자의 거의 절반을 배출했고, 특히 쑤저우는 장쑤 성 장원 급제자의 절반을 배출
했다. 쑤저우 출신 서찬徐燦은 관료 집안에서 태어나 부모 슬하에서 수준 높은 교육을 받았고 장성하여
비슷한 집안의 고위 관료와 결혼했다. 그녀는 남편과 함께 시를 읊는 등 부부 금실이 좋았고, 대접을 받
았다. 남편이 졸정원이라는 유명한 정원을 구입해 그곳에서 산 적이 있었는데 그 인연으로 《졸정원시
여拙政園詩餘》라는 시집을 출간하기도 했으며, 이 시집에는 남편이 서문을 달았다. 서찬의 사례를 보면
지역별, 문중별 경쟁이 교육받은 여성을 어떻게 대접받게 해주었는지가 잘 드러난다.

책 읽는 여성

또 여성의 재주와 덕을 상충하는 것으로 생각하지 않는 사람도 있었다. 이들은 오히려 여성이 수준 높은 교육을 받아야 부덕을 제대로 지킬 수 있다고 믿었다. 이런 분위기가 퍼지면서 자연히 여성 교육도 확산될 수 있었다. 비록 명 말에는 '여자는 재주 없는 것이 곧 덕'이라는 유행어가 돌았지만, 그 후 청조에 들어와 문집을 발간하거나 작품을 싣는 여성 작가가 비약적으로 늘어난 것은 곧 여성 교육 확산을 보여주는 하나의 지표가 된다.[11] 그리고 명청시대에는 전례 없이 많은 여성이 자신들의 작품을 통해 대중에게 알려지게 됐으므로 단순히 규방에 고립된 존재로 살아간 것만은 아니었다. 완안운주完顔惲珠처럼 여성만의 문집을 편찬하는 여성 작가가 출현했는가 하면,[12] 시와 사詞라든가 여행기를 포함한 산문 외에도 탄사소설彈詞小說[13]을 써서 대중적으로 인기를 얻은 여성 작가도 나왔다. 그렇다 보니 명대에는 문재로 유명한 여성 중에 기녀가 많았지만, 청대로 오면 규수 출신 문인이 많이 배출되는 차이도 보였다.

수준 높은 교육을 받은 여성이 전체 여성 중에 차지하는 비율이 미미하다고는 하지만, 수적으로 괄목할 만한 재녀/규수 집단이 나타난 것은 그 이전과 달리 여성의 활동 범위가 넓어졌음을 말해주는 것이다. 이는 앞에서 살펴본 화폐경제의 활성화 내지 상업화, 도시화 및 인쇄·출판업

---

11 명말청초에 뛰어난 여성 시인의 일화 97항이 수록된 책이 나왔고, 청 가경嘉慶 연간에 나온 책에는 약 375명의 여성 시인의 시가 소개됐으며, 그로부터 40년 뒤인 도광道光 연간(1844)에는 100명의 시가 실린 책이 나왔다고 한다.

12 한족 여성으로 만주족 남성과 결혼한 완안운주는 3000수가 넘는 여성의 시를 모아서 1831년에《국조규수정시집國朝閨秀正始集》이라는 이름으로 출간했다. 그리고 그녀의 손녀가 뒤를 이어 속집을 출간했다.

13 비파 같은 악기에 맞춰 부르는 노래(唱)의 대본이나 공연을 하지 않더라도 그냥 독서용으로 쓴 운문체의 대본을 탄사소설이라 하는데, 청 초부터 청 말까지 여성 작가가 배출됐다. 장편소설을 지은 여성 작가가 청 말에나 나온 것에 비교하면 탄사소설 분야에서는 일찌감치 여성 작가가 출현한 셈이다.

의 성행이라는 사회 환경과도 관련이 깊다.

이제 규방 안의 지식인 여성 간의 활발한 교류는 물론이고, 여행이라든가 종교 활동 등을 포함해 여성이 확장해간 활동 영역을 살펴보자.

여성의 활동 영역 확장

✎ 여성 문인의 교류와 남성적 영역으로의 관심 확대

　명 말 강남의 지식인이 장쑤 성 우시無錫에서 재건한 동림서원을 중심으로 인적 연결망을 갖고 동림당이라 불렸고, 정계와 학계에서 활약하며 문학을 논하던 복사復社가 동림당 계열을 잇는 활동을 한 데서 알 수 있듯이, 과거제와 연계되어 있던 남성 지식인은 상호 교류와 인적 연결망이 주요 자산이 됐다. 그러나 교육을 받았다 하더라도 과거제에서 배제된 규방 안 여성에게는 이런 광범위한 연결망이 없었다. 명기 유여시 같은 경우 남성의 문학 단체인 기사幾社 모임에 나가 토론에 참여한 일은 있었지만, 이는 가족에 묶이지 않은 기녀 개인의 일이었다.

　그런데 앞에서 보았듯이 출판된 책 속에 작품이 실려 대중에게 알려지는 여성 문인이 늘어나면서 과거에는 없었던 여성 간의 인적 연결망을 통한 교류가 이루어지기 시작했다. 보통은 대가족 체계 내의 친인척 관계에 있던 여성끼리 규방에 모여 시를 짓고 서로 논평을 하는 모임이었다. 예컨대 쑤저우에 살던 심의수沈宜修는 섭소란을 비롯한 재녀 및 자신의 친척 여인들과 함께 이런 모임을 규방 안에서 가지곤 했다. 그런데 저장 성 사오싱紹興의 상경란商景蘭을 중심으로 한 모임의 경우 일가친척에 그치지 않고 같은 고향 사람이라든가 외지의 친구들까지 구성원으로 받아들여 함께 문학을 논하면서 모임의 외연이 넓어졌다. 또한 같은 저장 성 항저우杭州의 몇몇 여성은 공공연히 시후西湖 호에 놀잇배를 띄우고 시회詩會를 열어 대중에게도 유명해졌다. 또 시인이자 저명한 논평가로 알려진 장첩영張紹英의 경우를 보면 중앙 관리의 가족으로 베이징에 살고 있던 여성 사이에서는 가문 내의 친인척 관계를 훨씬 뛰어넘은 여성 문인 간의 교류가 활발했음을 알 수 있다.

이들 지식인 여성은 결혼해서 남편의 임지에 따라 서로 멀리 떨어져 사는 일이 많았지만, 편지나 문학 작품을 서로 주고받으면서 먼 거리를 뛰어넘어 교류를 지속할 수 있었다. 또 일부 여성의 경우 독립적으로 여기저기 옮겨 다니면서 시나 서예, 그림을 팔아 생활하기도 했다. 황원개黃媛介가 대표적 인물인데, 그녀는 유교적 통념상 규방 여성과 어울리기에는 모호한 처지였지만 문학을 매개로 친분을 맺은 상경란과 교류하며 그녀의 집에서 1년을 머물기도 했다. 게다가 어떤 규방 시인들은 첩

✏ **남성 문인과도 어깨를 나란히 한
유여시柳如是 (?∼1664)**

명나라 말기의 유명한 기녀. 원래는 양楊씨 집안에서 태어났으나 첩, 기녀로 살다가 스스로 모은 돈으로 기녀의 적에서 이름을 뺀 뒤 자기 스스로 유여시라고 이름 지었다. 기녀로 있는 동안 한때 동림당계 지도자인 진자룡陳子龍과 동거하기도 했고, 강남의 남성 문인 모임에 나가 담론에 참여할 정도로 당시 일반 여성과는 다른 모습을 보였다. 기녀에서 벗어난 뒤에는 걸출한 학자이자 고위관리로 있다 은퇴한 동림당 전겸익錢謙益의 집안에 들어가 본부인과 다름없는 대접을 받았다. 청이 들어선 뒤에는 강남의 반청 세력을 재정적으로 지지하는 등 정치적으로도 팔목할 만한 활동을 했다.

이라든가 가기歌妓처럼 신분상 자신들보다 낮은 여성과도 문학을 매개로 교류했다.

이렇게 문학적 소양을 공유한 여성끼리 모임을 갖고 교류하게 되면서 폐쇄적이던 이들의 시야 또한 넓어졌다. 이들 중에는 반소班昭 같은 여류 문인이 되기보다는 남성과 어깨를 견줄 만한 학자로 대성하고 싶어 하는 여성도 있었다. 그렇게까지는 아니더라도 작품의 주제를 종래 남성의 영역이라고 생각되던 역사로 삼는 여성이 등장하기도 했다. 예컨대 명이 망하고 청이 들어서면서 청조에 저항하던 남명 정권을 지지하는 글을 쓴다든가, 명을 몰락시킨 이자성李自成의 반란군을 성토하는 글을 쓰기도 했다. 그리고 청조 말쯤 되면 아편전쟁과 태평천국군에 속수무책인 조정의 무능 및 외세의 위협에 대해 토론하고 개탄하는 여성도 나타났다. 훗날 '천하가 어지러워지면 여성도 책임을 지고 국가 대사에 참여해야 한다'는 문제의식을 갖게 되는, 이른바 신여성의 선구자라 할 만한 여성이 이미 등장하기 시작한 것이다.

규방 바깥으로의 나들이: 공간적 이동의 경험

한편 여성의 시야를 넓혀준 것은 문인의 작품 활동만이 아니었다. 규방을 벗어나 세상 속으로 나와 보고 들은 경험도 그녀들의 시야를 넓혀주었다. 당시의 관료들은 본적지회피제도(자신의 고향을 피해 임관되게 하는 제도)에 따라 은퇴하기 전까지는 주로 객지에서 생활했다. 여성과 노약자를 포함한 대가족이 자주 바뀌는 남성의 임지를 따라다니기는 현실적으로 어려웠기 때문에 대부분 가족은 고향에 남아 있었지만, 경우에 따라 임지로 따라가는 일도 있었다. 예컨대 앞서 잠깐 언급한 탕요경 湯瑤卿은 시숙이 자신의 임지인 안후이 성安徽省 후이저우로 동생네 가족을 부르자 생애 처음으로 여행을 한 끝에 후이저우로 가서 한동안 살게 됐다. 그리고 자기 남편이 뒤늦게 과거에 붙어 산둥 성으로 발령을 받자 이번에는 아들과 딸들 그리고 사위들과 외손자들을 포함한 대가족을 이끌고 고향에서 멀리 떨어진 산둥 성으로 장거리 이주를 했다. 그리고 산둥 성에서도 남편의 임지가 바뀔 때마다 이곳저곳으로 옮겼다. 그녀의 큰딸 장첩영은 친정에서 부모와 함께 살다가 남편이 베이징에서 안정적인 관직을 얻게 되자 베이징으로 옮겨갔다.

이렇게 남편이나 친척의 임지로 옮겨가기 위해 하는 장거리 여행뿐 아니라, 명대 이후에는 명승지를 찾아가는 문자 그대로 관광여행이 성행하면서 여행 지침서가 나올 정도였다. 이런 사회상을 반영하듯 여성도 여행을 즐기게 됐다. 독립적인 기녀 생활을 했던 유여시라든가, 떠돌면서 생계를 유지하던 황원개 같은 여성은 작품 속에 자신들의 여정을 녹여냈다. 장거리 여행만이 아니라 시후 호에서 뱃놀이를 하며 시회를 열었다는 항저우 규수 시인들의 소풍 같은 여행도 있었고, 장성한 아들을 대동한 어머니의 명승지 유람도 있었다. 연로한 어머니를 모시고 명승지 여행을 한 아들로는 특히 《서하객유기徐霞客遊記》라는 유명한 여행기를 남긴 명조 말기의 여행가이자 탐험가인 서하객을 들 수 있다. 물론 자신의 기록을 남기지 못한 여성도 바깥세상 구경을 다녔다. 탕요경이 임지로 가던 중 마주친 허름한 차림의 산둥 성 시골 부녀자들이 바로 그런 이들이었다.

상하층을 가리지 않고 모든 여성이 집 밖으로 외출할 수 있는 날은 명절이었다. 정월 대보름(원소절)에는 여성도 집 바깥으로 나와 달맞이를 했다. 그리고 조상의 묘에 가서 제사를 지내고 묘역을 깨끗이 청소하는 청명절(4월 5일경)에는 남녀 모두 성묘를 다녀왔다. 그리고 저장 성의 명승지인 항저우의 시후 호에서는 중원절(음력 7월 보름)에 명문가 규수들을 태운 누선樓船이 호수 위를 누볐다. 그런가 하면 중추절(추석)에는 사대부 집안이나 민가를 막론하고 가족을 따라 밖으로 나온 부인들이 나들이를 다녔다. 명절 나들이는 뒤에서 살펴볼 사찰이나 도관 순례와 더불어 여성의 시야를 넓히는 데 큰 역할을 했다. 여성의 외출은 외간 남자와의 왕래를 가능하게 했고 때로 남녀 간 정분을 낳았으며, 그래서 당시의 '음탕한' 풍조라든가 간통이 광범위하게 나타나 예교 질서에 충격을 주기도 했다.

종래에 남성은 바깥일을 주관하고 여성은 안살림을 맡는다는 내외의 관념으로 보면 바깥세상 구경은 어디까지나 남성의 영역에 해당하는 일이었지만, (본적지를 피해 임관한다는) 제도적인 특징과 상업화 및 도시화에 수반된 여행 붐 그리고 명절을 이용한 바깥나들이는 여성에게도 일이든 관광이든 놀이든 간에 이른바 남성적 영역에 발 딛을 기회를 주었다. 기록을 남겼든 남기지 못했든 세상 구경은 여성의 시야를 넓혀주는 직접적인 계기가 됐다. 그런데 모든 계층을 망라해 여성의 여행을 정당화하고 또 보편적인 경험으로 만들어준 것은 뭐니 뭐니 해도 종교 활동과 관련된 순례였다.

사찰, 도관 순례와 여성 세계관의 확장

주지하듯이 남녀의 일을 안팎으로 나눈다는 통념은 한대 이후 중국인의 정신적 지주인 유교에서 비롯했다. 비록 종교에 속하지는 않지만 유교는 윤리와 의례 등 중국인이 계층이나 남녀를 막론하고 일상생활에서 지켜야 하는 규범의 기준이었다. 그러나 세속을 중시하는 유교 윤리만으로 채울 수 없는 심령의 빈 공간을 파고든 불교와 도교가 기독교 전래 이전 중국 사회에서 신앙생활의 구심점이 됐다.

명청시대에 여성은 아들을 낳아 대를 이어 제사를 지내고 부모와 시부모에게 효도하면서 부덕을 지키는 등 유교 이념에 충실한 일상생활을 했다. 그렇지만 한편으로는 정신적인 안식을 주는 불교나 도교의 신앙 활동에 상당히 적극적이었다. 그에 비해 남성은 종교 활동에 동참하는 이들도 있기는 했지만, 크게 보면 유교 이념에 보다 충실한 편이었다. 특히 왕조를 창건한 이래로 유교 이념을 적극 신장하려 한 명 태조는 집권 초부터 여성이 절에 가서 기도하거나 승려와 왕래하지 못하도록 금령을 내렸다. 여성이 절에 가는 것은 타락의 길로 빠질 염려가 크다는 유학자와 관리의 성토 역시 명청시대 내내 끊이지 않았다.

그러나 명 중기 이후 상업의 발달에 따른 사회의 유동성 증가는 여성의 사원 출입이나 승속 간의 교류를 더 이상 금령으로 막을 수 없는 현실을 낳았다. 정절이나 효성으로 사회적 칭송을 받은 여성이 독실한 불교 신자인 경우도 많았고, 규방에서 관세음보살을 그려 보시하는 일로 공덕을 쌓거나 불경을 읽고 쓰며(寫經) 염불을 하고 사원에 정기적으로 기부하는 등 꾸준히 신앙생활을 해온 여성도 많았으므로, 여성의 바깥나들이가 빈번해지는 명 중기에 사찰 순례는 막을 수 없는 일이 된 것이다. 청대에는 신앙심 깊은 어머니에게 효성을 다하기 위해 황제들이 유명한 사원에 거액의 기부를 하곤 했기 때문에 오히려 여성의 신앙심과 사원 순례를 부추기는 경향도 나타났다.

순례자가 가장 많이 몰려드는 관음탄신일 즈음 관세음보살이 나타난 곳이라고 해서 유명해진 푸퉈 섬普陀島을 여행한 장대는 남녀유별의 경계가 무색하게도 많은 여성이 이곳의 절을 찾는 모습을 보았다. 전국 각지, 그중에서도 화베이華北 지역 사람들이 많이 찾는 이 섬으로 가는 뱃길은 평탄치 않았지만, 여성은 아래층 갑판에 격리된 채(남성은 위층 갑판을 차지했다) 대소변을 보러 갈 공간도 없어 악취 가득한 배를 타고 고생고생하면서 이곳을 찾았다. 그리고 관음탄신일 전날 밤에 남녀 신도들은 빽빽하게 법당에 들어앉아 밤새 염불을 하고 팔뚝을 지지는 연비 의식을 치렀다. 절을 찾은 신도가 수천 명이나 됐다는 것을 보면 여성이 사찰을 찾아 움직인 규모가 엄청났음을 짐작할 수 있다. 이렇게 유명한 사찰을 찾아 장거리 여행을 감행한 여성도 있었지만, 사오싱에 살던 장대의 어머니가 어린 장대를 데리고 항저우의 유명한 절로 불공을 드리러 간 것처럼 비교적 인근 도시의 절을 찾는 여성이 더 많았다.

도교 역시 불교 신앙 외에 여성의 일상생활에 녹아들어 있었다. 그리고 청대 사람들의 통념을 잘 그려낸 《홍루몽》을 보면 불교적 세계관과 도교적 세계관이 표리가 되어 사람들 사이에 침투해 있었음을 알 수 있다. 이를테면 이야기의 처음과 끝에서 승려와 도사가 나란히 등장해 중요한 역할을 하는데, 주인공 가보옥과 임대옥은 사실 도교적 세계인 태

허환경의 최고 주재자 경환선녀를
모시던 시자와 그 시자가 물을 주어
키우던 풀이었다. 또 가씨 가문의
큰 어른 가경은 집안일을 아들에게
맡기고 도관에서 지내며 불로장생
을 추구하고, 집 안에 요괴가 들어
식구들이 병이 났다고 생각한 가사
는 도사들을 청해 법사를 한다. 이
렇게 일상생활에서 남성까지도 건
강이나 장수를 도사에게 의탁하는
분위기였으므로 여성이 도관을 찾

아들을 낳게 해준다는 관음

는 것은 자연스러운 일이었다.

   또한 음력 5월 초하룻날 가씨 집안의 가모장적 지위에 있던 대부인
이하 모든 가족이 도관에 나가 법사를 할 때 며느리에서 손녀, 그네들을
시중드는 시녀와 하녀에 이르기까지 여성이 대부대를 이루어 동행하는
모습이 보인다. 또 소설만이 아니라 태산에 있는 유명한 도관을 찾아가
는 순례를 하기 위해 계를 만든 여성이 있었다는 데서도 알 수 있듯이
도관 역시 여성과 긴밀한 관계에 있었다. 심지어 가난한 남편과 살던 하
층 여성 왕 부인이 외간 남자를 따라 가출했다가 부득이하게 되돌아왔
을 때 그녀를 처음 받아들여 숨겨준 곳이 바로 동네의 도관이었다.

   비구니나 여성 도사에 대한 사회의 시선은 이들이 삼고육파로 지칭
되는 집단의 일원으로 거명됐다는 데서도 알 수 있듯이 상당히 비하하

는 것이었다. 이는 대체로 가난한 집 딸이 종교시설에 맡겨지는 경우가 많아서 그렇기도 했다. 그러나 《홍루몽》에 등장하는 묘옥 같은 비구니는 원래 양갓집 규수였고 시와 문장에도 능했기에 그에 합당한 대접을 받기도 했다. 또 승려나 도사는 집안에 질병이나 우환이 생겼을 때 불려가 치유나 재난을 면하도록 도와주는 존재였기에 집안 살림을 맡고 있던 여성은 그들과의 관계를 돈독히 가질 수밖에 없었다.

불교나 도교의 세계관은 또 남녀의 구별이 엄격하고 세속적인 것에 매몰된 유교적 세계보다 더 확장된 세계를 여성에게 부여하기도 했다. 유교에서 강조하는 남녀, 상하의 엄격한 구분을 초월한 불교적 평등관이라든가 인간관계에 집중하는 유교적 질서를 벗어나 인간이 자연의 일부라는 폭넓은 도교적 세계관은 눈앞의 세계 이외의 것을 볼 수 있는 확장된 상상력을 가능케 했다. 규방 안에 갇히고 예속에 얽매여 있으면서도 시공과 생사를 넘나드는 자유로운 심령의 세계를 가질 수 있었던 것이 이 시대 여성에게 종교가 가져다준 순기능의 하나가 아니었을까.

민간종교 속의 여성

앞서 살펴본 여성의 신앙 활동이 왕조의 비호와 가정이나 사회의 공인을 받으면서 활동 범위와 세계관을 확장한 것이었다면, 왕조의 탄압을 받은 민간종교 속의 여성은 아예 기존의 유교적 질서를 일정 정도 넘어선 활동으로 주목된다. 왕조 측에서 사교邪教로 규정해 탄압한 민간종교가 명청시대에 유난히 많았던 것은 널리 알려진 그대로다. 명 중기이후 민간종교가 백성들 사이에 널리 퍼진 것 역시 상업화로 인한 민간의 활성화와 관련 있을 것이다.

민간종교의 특성 중 하나는 남녀를 불문한 평등사상이었다. 그 자신 홍건의 난을 주도했음에도 황제(명 태조)가 되고 나서 사교로 탄압했던 백련교가 명 중기 이후 민간사회에 확산되면서 많은 종파가 나타났는데, 백련교白蓮敎의 모체가 된 남송시대의 백련종에서는 일찌감치 남녀가 함께 수행을 했다. 또 명대 중기에 신흥 불교로 등장한 무위교無爲敎는 남녀, 노소, 귀천의 구별 없이 모든 인간에게 불성이 있다는 주장을 하는 데서 더 나아가 무생노모無生老母라는 여신의 존재를 만들어냈다. 무생노모는 청대 이후 더욱 지위가 높아져서 각종 종파에서 대부분 최고의 신으로 받들어 모셔졌다.[14]

민간종교가 확산될수록 자칫 반란으로 이어질까 우려한 왕조 측이 단속의 끈을 늦추지 않았는데도 계속 확산된 데는 여성의 역할이 컸다. 교리를 담은 경전, 즉《보권寶卷》에 드러난 남녀평등의 양성관은 여성에게 새로운 희망을 주었다. 또 민간요법으로 치료를 해준다든가, 장례 의식을 집전해주기도 하고, 심지어 가난한 사람들이 모여살 수 있도록 주거지(齋堂)를 마련해주기도 해서 가난하고 의탁할 데 없는 과부가 신도가 되는 경우도 많았다. 이렇게 여성이 많아지면서 여성 교주도 나왔다. 교주였던 아버지의 지위를 세습해 교주가 된 딸도 있었지만, 아예 처음

---

14 무생노모 외의 여신으로는 마조媽祖를 들 수 있다. 마조는 무생노모처럼 애초에 신으로 형상화된 존재가 아니라, 푸젠 성에 살던 뱃사람의 딸이었다. 삼국시대의 관우를 관제關帝로 신격화하듯이 역사 속 인물을 후에 신격화한 경우에 해당한다. 또한 민간종교에서 비밀로 숭배하던 대상이 아니라 왕조 측에 의해 호국신으로 합법화된 민간신앙의 숭배 대상이었다. 10세기경부터 푸젠 성 일대에서 숭배되어왔으나 청조 건륭제 때 와서야 여신의 최고 등급인 천후天后로 승격됐다.

부터 여성 교주가 창립해서 대대로 여성이 교주를 맡는 종파도 있었다. 명대에 창건되고 청 가경嘉慶 연간에 단속된 용천문교龍天門教가 바로 그런 종파였다. 심지어 여성만으로 이루어진 홍양교紅陽教라는 종파도 있었다.

민간종교에서 여성이 맡은 역할이 중요했다고 하여 그녀들이 모두 기존의 유교적 질서를 뒤엎는 반란을 꿈꾸었다고 보기는 어렵다. 교민은 대부분 하층민이었기 때문에 하층 여성의 강한 생활력이 반영된 것으로 해석되기도 한다. 그러나 무생노모라는 여신의 창조라든가, 민간종교 내 여성의 활발한 활동이 명청시대 여성의 삶에 새로운 영역을 마련해준 것만은 확실하다.

여성관의 변모

이상에서 살펴본 것처럼 명청시대의 여성은 수준 높은 교육을 받지 않는 것이 부덕이라는 일부의 통념이 있었지만 통념대로 몽매한 상태에 있지는 않았다. 실제로, 특히 경제적 선진 지역이자 역대로 과거 급제자를 많이 배출한 강남에서는 남성과 비등한 교육을 받은 재녀/규수가 등장해 활발한 문학적 교류를 했다. 그녀들은 여행이나 사찰, 도관 방문 등을 통해 공공연히 규방을 나와 활동했고, 상상력의 세계에서는 더욱 자유로운 모습을 보였다. 규방의 상류층 여성뿐 아니라 심지어 시골에 사는 하층 여성도 바깥세상 나들이를 다니고 일부 하층 여성은 왕조가 단속하던 민간종교에서 중요한 역할을 맡기도 했다.

이렇게 내외의 규범을 넘는 여성의 활동이 가능했던 것은 상업화에 수반해 인간의 욕망을 인정하는 새로운 유학이 양명학陽明學과 태주학파泰州學派를 거쳐 이탁오李卓吾 같은 인물을 통해 발전하면서 여성관이 바뀌게 된 것과도 관련이 있었다. 주자학의 엄격한 금욕주의를 벗어나 사람의 (이윤 추구와 같은) 욕망(人慾)을 인정한 이들 새로운 유학파들은 명 중기 이후의 상업화라는 현실을 받아들임으로써 유교의 포용력을 더욱 넓혀주었다.

풍속을 문란하게 했다는 명목으로 투옥됐다가 자살한 이탁오는 여성이 규방에 갇혀 있어 식견이 짧기 때문에 학문을 제대로 공부할 수 없다는 편견을 반박하고 이전 시대에 만인의 귀감이 됐던 여러 여성을 찾아내 칭송하며 그 스스로도 여제자를 받아들여 가르치고 서신을 주고 받으며 교류했다. 청대에는 여성의 능력을 인정하고 여성이 처한 불평등한 현실을 규탄하는 지식인이 더 많이 나왔다. 원매袁枚 같은 관료이자 문인은 여성의 재능을 인정해 많은 여제자를 두었을 뿐 아니라, 그녀들의 시집을 묶어 출판하기도 했다. 그리고 이로 인해 장학성章學誠처럼 내외의 유별을 강조하면서 여성의 전통적인 부덕을 중시하는 학자와 맹렬한 논쟁을 벌이기도 했다.

그런가 하면 이여진李汝珍은《경화연鏡花緣》이라는 널리 읽힌 통속소설을 통해 여성이 처한 현실을 고발했다. 그는 여기서 남성은 축첩을 하면서 여성에게는 정절을 강요하는 이중적인 도덕, 전족, 심한 치장에 대해 반대하고, 여성도 교육을 받아 과거를 치를 수 있게 하자는 과감한 주장을 했다. 이여진보다 10여 세 어린 유정섭俞正燮 같은 지식인도 전족, 축첩, 정절에 반대했다. 사람의 욕망을 인정하고 여성도 남성과 같은 사람이라는 견지에서 당시 여성에게 심리적, 신체적 고통을 주던 사안들을 문제 삼은 남성 지식인이 등장한 상황은 상하층 여성의 활발한 활동 영역 확장이라는 상황과 표리관계에 있었다고 하겠다.

이상 명청시대 여성의 삶을 '전족의 수용', '정절 윤리의 내면화와 이면의 실제 생활', '경제활동', '교육', '일상 활동 영역의 확장'이라는 다섯 가지 면에서 살펴보았다. 염두에 두었던 문제는, 명청시대의 여성은 정말로 청 말의 개혁가에서 마오쩌둥毛澤東 같은 혁명가에 이르기까지 지탄의 대상으로 본 '봉건사회' 여성 억압의 절정기를 살아냈는가 하는 것이었다. 정말로 그녀들은 전통시대의 가장 억압받은 존재로서 청 말 서구화 내지 근대화의 수혜를 받고야 비로소 억압에서 탈출할 수 있었던 것일까? 단순화해 답하자면, 꼭 그렇지만은 않았다는 것이다.

우선 전족 문제를 보면 하층 여성이 아닌 양갓집 규수라는 신분적인 상징, 인고의 시간을 견뎌낸 결과물로 얻어진 아름다운 신체의 소유자라는 자부심으로 전족을 받아들인 면이 분명히 있었다. 그리고 정절을 강요하는 사회 분위기에서 여성이 정절을 지키기 위해 모든 것을 희생해야 한다는 윤리의식을 내면화해간 점도 있었지만, 실제로는 정절 여성보다 과부가 된 뒤 재가하는 여성이 주를 이루었고, 불륜이나 성적 일탈을 감행하는 등 성적 욕망에 충실한 여성도 있었다. 이렇게 여성의 욕망 추구가 일각에서나마 가능할 수 있었던 것은 상업화와 도시화에 따른 경제의 활황 및 생산과 소비 생활에서 여성이 주체로 등장하게 된 시대상황과도 관련이 깊었다. 또 선진 지역에서는 교육받은 여성 집단이 배출돼 가정교사나 문필가와 같은 새롭고도 사회적인 인정을 받는 직업여성도 나타났다.

물론 이 모든 성과는 기본적으로 과거제를 통한 관료사회로의 등용문이 남성에게만 열려 있었던 시대에 여성이 일군 것이기 때문에 한계가 있다. 민국 시기에 들어와 민권과 더불어 여권이 논의되면서 여성 참정이 의제로 떠오르게 되고 여성에게 공교육의 문호가 열리면서 금녀의 영역이던 직업 세계로까지 여성이 진출하게 된 것에 비하면 아직 멀었기 때문이다. 그렇지만 명청시대의 모든 남성이 과거를 준비해 관료가 될 수 있었던 것이 아니었고 남녀 차이보다 한 개인이 속한 계층의 차이가 때로 그 개인에게 미치는 영향이 더 클 수도 있었던 점을 생각한다면, 여성(억압) 문제를 생각할 때 집단으로서의 남녀 대비 외에 계층문제 역시 짚어보아야 한다는 정도의 문제 제기를 해두고자 한다. 이제여권 문제가 본격적으로 수면 위로 떠오르게 되는 청말민국 시기의 급격한 변혁 활동에 여성이 어떻게 동참하는가 하는 점을 살펴볼 차례다.

2

청말민국 시기의 변혁과 여성

**태평천국에서
국공내전까지**

중국 여성해방의 서막,
태평천국운동

✒ 아편전쟁의 결과 중국은 1842년 난징에서 불평등조약을 체결하고 다섯 개의 항구를 개방했다. 배상금은 농민에게 전가됐고 결국 수많은 농민과 수공업자는 생업을 잃고 유랑하게 됐다. 개항 이후 10여 년간 100여 차례의 농민반란이 일어났다. 그중에서도 광시 省廣西省 진톈金田에서 발발한 태평천국운동(1851~1864)은 '중국 역사상 최대 규모의 농민반란'이었을 뿐 아니라, '중국 여성해방의 서막'으로도 평가받는다. '남녀가 함께 예배를 볼 수 있고, 여성도 전투에 참가하며 시험을 치러 관리가 될 수 있다. 생산노동에 종사하고 남성과 동등하게 토지를 지급받는다.' 이처럼 교육, 정치, 경제 등 여러 부문에서 여성에게 남성과 동등한 권리와 의무가 주어졌다. 또한 지도부는 축첩을 비롯해 전족, 여성 매매 등 과거 남존여비의 상징이었던 여러 악습을 폐지하는 등 여성 편에 선 다양한 정책을 제시했다.

태평천국의 여러 제도는 유교적 대동사회의 기초 위에 기독교적 공산주의를 접합한 것으로, 창조주 아래 모든 인간은 형제요, 자매라고 하는 교리에 따라 여성에게도 권리를 부여한 것이다. 하지만 운동이 지속되는 과정에서 지도자는 권력을 추구하고, 혁명의 대상이었던 지주와 타협하며, 여성을 지도부의 성적 욕망의 대상으로 전락시켰다. 진정 여성을 위한 것이라기보다는 여성을 동원하고 이용하려 한 것에 불과했다는 비판도 적잖다. 이러한 한계는 있었지만 태평천국에 가담한 여성의 체험은 분명 '혁명적'인 것이었으며, 이후 중국 여성사에 미친 영향도 결코 가볍지 않다. 강제를 수반했다고는 하나 전족을 풀어 여성을 생산 활동이나 전투에 참여하게 한 것은 지금까지 중국 여성의 생활방식을 뛰어넘은 것이며, 말을 타고 활보하는 여성의 출현은 유교 윤리를 파괴하고 전통 질서를 뒤흔든 것이다.

변법유신과
여권론의 대두

✎　중국에서 여성 문제가 중요한 이슈로 떠오른 것은 19세기 후반 변법운동變法運動을 전후해서였다. 푸른 눈의 '서양 오랑캐(洋夷)'일 뿐이라 여겼던 서구 여러 국가에 잇따라 패배하면서 중국의 관료나 지식인은 그들을 '2000년 동안 겪어보지 못한 강적'으로 다시 보기 시작했다. 그 강적을 모방한 '메이지' 일본이 또 다른 강적이 되어 중국에 승리하자 그러한 인식은 더욱 확고해졌다.

상하이上海, 광저우廣州, 샤먼廈門, 닝보寧波 등 주로 개항장을 중심으로 활동하던 서양 선교사는 《만국공보萬國公報》나 《차이니스 리코더The Chinese Recorder》(중국명은 《교무잡지敎務雜誌》) 같은 간행물을 통해 문명화의 조건 가운데 하나가 남녀평등이며, 양질의 여성 교육은 국민의 질을 높이는 첩경이 될 수 있다고 주장했다. 그들은 여아 살해, 전족, 축첩과 다처, 조혼 같은 중국의 풍속과 제도를 비판하고, 이러한 악습 구제를 위해서는 기독교가 필요하다고 홍보했다. 이에 1870년대가 되면 정관응鄭觀應, 송서宋恕 등 이른바 '조기 유신파'를 중심으로 조혼과 전족을 비판하고 여성 교육의 중요성을 거론하는 논조가 등장한다. 하지만 그러한 논의가 널리 확산되고 흐름을 형성하는 것은 역시 1890년대 변법파 지식인

캉유웨이康有爲나 량치차오梁啓超, 탄쓰퉁譚嗣同 등을 통해서였다.

캉유웨이(1858~1927)는 《대동서大同書》에서 "남녀는 똑같은 인류이며 똑같이 하늘이 낳은 것"이라고 했고, 량치차오는 〈여자 교육을 논함〉에서 "여성의 지능은 결코 남성에 뒤지지 않는다. 일단 교육을 받아 세상 돌아가는 일을 이해하고 시야를 확대하게 된다면 남자가 해내지 못한 일도 해낼 수 있다"라고 했다. 탄쓰퉁은 《인학仁學》에서 여성의 일방적 정절을 신랄하게 비판했다.

변법파 지식인은 여성 교육의 보급과 전족 폐지를 변법유신의 중요

중국 최초의 여성지 주필
리후이센李蕙仙 (1869~1927)

청말민초의 정치가이자 저명한 학자 량치차오의 아내다. 또 저명한 건축가이자 교육학자인 량쓰청梁思誠의 어머니이자, 민국 시기 최고의 미인이며 재녀로 꼽히는 린후이인의 시어머니이기도 하다. 본적은 구이저우 성貴州省 구이양貴陽이지만 베이징에서 태어났다. 가정교사를 들여 공부했고 고문과 시, 그림에 뛰어났다. 전형적인 명문대가의 규수로 아버지 이조의李朝儀는 순천부윤順天府尹을 지냈고, 청 말 예부상서를 지낸 저명한 유신파 대신 이단분李端棻이 그녀의 사촌오빠다. 량치차오가 과거를 치를 때 그의 재능을 눈여겨본 이단분의 중매로 23세이던 1891년에 4세 연하인 량치차오와 결혼했다.

이후 량치차오의 영향 아래 새로운 학문을 열심히 학습하면서 진보적 사상을 지닌 신여성으로 변모했다. 남편과 그의 스승 캉유웨이가 주도한 변법운동을 적극 후원했으며, 최초의 여성지 《여학보》의 주필로도 활동했다. 1898년 무술변법 실패 후 망명 생활에서 시작해 민국 초기 사법 총장을 지내다가 위안스카이袁世凱 토벌운동에 이르기까지 정치가로서 바람 잘 날 없었던 남편의 숨은 조력자였다.

평생 남편과 세 자녀를 위해 묵묵히 내조하면서 때로는 자신의 이름으로 활동하기도 했던 리후이센은 량치차오가 일찍이 말한 새로운 현모양처의 전형이라 할 수 있다. 신여성도 구여성도 아닌 이러한 절충적인 여성상은 새로운 사상과 낡은 도덕이 공존하던 민국 시기 다수의 여성을 대변한다.

한 내용에 포함했고 적극 실천했다. 그들의 아내와 딸은 앞장서서 전족을 풀고 신식 교육을 받았으며, 학회(중국여학회)를 조직하고 잡지《여학보》를 발간해 여성을 계몽했다. 비록 서태후의 반격으로 변법운동은 실패하지만(무술정변, 1898) 전족 폐지 운동과 여성 교육의 보급은 정치적 입장을 초월해 이후로도 계속해서 추진됐다.《여학보》도 비록 3개월 만에 폐간되지만 중국 최초의 여성 잡지로, 캉유웨이의 장녀 캉퉁웨이康同薇, 량치차오의 아내 리후이셴李蕙仙, 탄쓰퉁의 아내 리룬李閨 등 30여 명이 편집자와 기자로 활약했다. 이 잡지는 "천하의 흥망에는 여자에게도 책임이 있다天下興亡 匹婦亦有責焉"를 슬로건으로 내걸었는데, 이는 명말청초의 저명한 학자 고염무顧炎武의 "천하의 흥망은 필부의 책임天下興亡 匹夫有責"이라는 말을 여성의 입장에서 패러디한 것이다.

20세기 초에는 서구의 천부인권론과 함께 여권론도 소개됐다. 1902년에는 마쥔우馬君武에 의해 허버트 스펜서Herbert Spencer의 〈여권편女權篇〉이 소개됐는데, 이는 중국에서 최초로 번역된 여권 관련 글이었다. 스펜서는 천부인권론에 근거해 남녀의 평등을 강조하고, 한 나라의 문명 수준은 여성을 어떻게 대우하느냐에 따라 정해진다고 했다. 비슷한 시기에 존 스튜어트 밀John Stuart Mill의《여성의 예종隷從》이 중국에 소개됐다. 1904년 창간된《여자세계女子世界》에 따르면 "밀의 천부인권설과 남녀평등설은 서구를 석권했을 뿐 아니라 파도를 타고 중국으로까지 건너와 자유의 싹을 틔우고" 있었다.

'중국 여성계의 루소'로 불리는 진톈허金天翮(별명 金松岑, 1874~1947)는 1903년에 발표한《여계종女界鐘》에서 '여권만세'를 부르며 교육, 사교,

직업 종사, 재산, 혼인 자유, 행위 자유 등 여성이 쟁취해야 할 권리 여섯 가지를 제창했다. 진톈허 역시 여권의 발달 여부는 한 국가의 민권 수준을 가늠하는 척도라고 하면서 여성이 지닌 다양한 장점이 앞으로는 사회에 큰 기여를 하게 될 것이라고 했다.

이처럼 20세기 초 중국에는 천부인권론과 거의 동시에 여권론이 소개됐지만, 여권론은 독자적으로 전개되기보다 민족주의에 포섭되는 형태로, 민족국가 형성을 위한 투쟁과 결합하여 전개됐다. 여성 스스로도 "천하의 흥망에는 여자에게도 책임이 있다"라고 하면서 국민의 일원으로서 국가와 민족을 위한 구국운동에 동참할 것을 호소했다. 병든 아버지를 위해 남장을 하고 전장에 나가 큰 공을 세웠던 남북조시대의 화목란花木蘭과 비극적 죽음으로 애국심의 상징이 된 프랑스의 잔 다르크가 이 시대의 이상적 여성상이었다.

'네이션nation', '내셔널리즘nationalism'에 대한 일본어 번역어 '민족', '민족주의'는 청일전쟁의 패배와 의화단사건을 거치면서 확산된 중국 분할의 위기의식 그리고 때마침 옌푸嚴復가 소개한 '우승열패優勝劣敗', '적자생존' 식의 사회진화론과 맞물리면서 이후 수십 년간 중국을 지배하는 사상이 됐다. 그 개념을 중국에 처음 소개한 것은 입헌군주제를 통해 근대국민국가를 수립하고자 했던 량치차오지만, 오히려 중국이 당한 굴욕의 책임을 청 왕조에 돌리고 청을 먼저 타도해야만 제국주의 열강도 물리칠 수 있다고 주장하는 혁명파의 강력한 사상적 무기가 됐다.

신해혁명과
여성

1903년 청조 타도를 주장하고 전제군주제를 비판하던 잡지《소보
蘇報》에 〈혁명군革命軍〉이라는 글을 발표한 쩌우룽鄒容과 이 글에 서문을
써준 장빙린章炳麟이 투옥되면서(쩌우룽은 얼마 뒤 옥사) 혁명파의 거점은
상하이에서 일본 도쿄로 옮겨졌다. 각지에 분산된 혁명파를 한데 모아
1905년 8월에는 중국혁명동맹회(이하 동맹회)가 결성됐다. 당시 도쿄에는
아버지나 남편, 오빠를 따라오거나 혹은 혼자 유학 온 여성이 적잖이 있
었다. 여자 유학생을 중심으로 이미 1903년에 결성된 '공애회共愛會'라는
중국 최초의 여성 조직은 제정 러시아의 만주 철수를 요구하는 거아운
동拒俄運動에 동참하기도 했다.

여성 중 첫 번째로 가입한 허샹닝何香凝을 비롯해 동맹회에 가입한 여
성은 약 200명이었다. 동맹회는 1906년 〈군정부선언〉을 통해 "우리 한
족은 모두 헌원軒轅[15]의 후손이며 국민 모두는 형제자매"임을 선언했다.
쑨원孫文 등 혁명파 인물은 남녀평등을 민권주의의 일부로 보아 적극 제

---

15 사마천이 《사기》에서 중국인의 조상으로 설정한 황제黃帝를 말한다. 신해혁명 시기에 황제는 황인종 의
식과 맞물려 한족의 정체성을 형성하는 역할을 했고, 서력기원을 모방해 황제기년을 사용할 것을 제창
하기도 했다.

창하고 여권운동과 민족주의(배만혁명)운동을 결합해 허상닝, 추근秋瑾 등 여성 혁명가를 배출해냈다.

동맹회 가입 후 저장 성 분회의 책임자가 된 추근은 남장을 하고 칼을 차고 다니는 등 혁명을 위해서는 여성성을 부정하려 했지만, 한편에서는 "여성이 해방을 얻기 위해서는 자립을 위한 기술과 여성 간의 단합이 필요하다"라고 하며 여성 간의 우애와 단결을 주장하기도 했다. 이는 국가와 민족을 위

남장을 한 추근

해 '여권'론을 주창한 남성 지식인에게서 볼 수 없는 여성주의적 시점이다. 1907년 반청 봉기 실패 후 처형됨으로써 약 3년간의 열정적인 혁명가로서의 삶을 마감했지만 추근의 장렬한 죽음은 많은 여성을 일어나게 했다. 예컨대 여학생이 많이 참가했던 상하이의 여자북벌대는 '여자감사대女子敢死隊'라는 명칭을 채택했는데, 그들은 추근의 장렬한 죽음에 감동해 혁명 참가를 결심했다고 한다.

1911년 10월 10일 '신해혁명辛亥革命'의 신호탄이 된 우창武昌에서의 신군新軍 반란 이후 각계의 여성은 구호대를 조직해 전선으로 나가기도 했고, 군자금을 모아 지원하기도 했다. 여자감사대 외에도 저장浙江여자국민군, 여자북벌광복군, 상하이여자군사단, 광저우여자북벌대, 여자상무회 등이 조직되어 직접 군사행동에 참여하기도 했다. 여의사 장주쥔張竹君은 적십자회를 조직해 1300여 명의 부상병을 치료해 '중국의 나이팅

게일'이라는 별명을 얻었다. 그 밖에도 여자후원회, 여자협찬회, 여자권연회勸捐會 등 여러 단체가 결성됐다. 심지어 기녀도 중화여자정탐단양성소를 조직해 혁명과 군대를 위한 정보 수집 활동에 나섰다.

1912년 1월, 쑨원을 임시 대총통으로 하는 중화민국임시정부가 난징南京에 세워졌다. 국민의 일원으로 혁명에 동참했던 여성은 당연히 그 결과로 '참정'의 권리가 주어질 거라 믿었다. 하지만 신해혁명의 결과 탄생한 중화민국은 여성에게 정치적 권리를 부여하지 않았다. 정부는 선저우神州여자참정동맹, 여자공화회 등 참정권을 요구하는 여성단체에 "암탉에게 아침을 알리도록 가르치는 것과 무엇이 다른가? 남자에게 아이를 낳으라고 강요하는 것과 무엇이 다른가?"라며 비판하기도 했다.

결국 2월 3일 임시정부가 공포한 '임시약법' 제5조는 "중화민국 인민은 누구나 평등하다. 종족, 계급, 종교의 차별이 없다"라고 할 뿐 남녀평등은 명확히 제시하지 않았다. 제12조에는 "인민은 모두 선거권과 피선거권을 갖는다"라고 되어 있지만, 그해에 반포한 '성의원省議員선거법'에서는 중화민국 국적을 가진 25세 이상의 남자만 의원으로 선출할 수 있게 했고, 만 20세 이상 남자만 의원선거권을 가질 수 있게 했다. '중의원衆議院의원선거법'과 '참의원參議院의원선거법'에서도 여성은 배제됐다. 이에 분노한 탕췬잉唐群英 등 20여 명의 여성이 여자참정동맹회 명의로 "헌법에 여성의 선거권과 피선거권을 포함해달라"라고 항의한 투서를 쑨원에게 직접 보냈다. 그들은 "앞으로는 여자도 참정권을 갖게 하겠다"라는 쑨원의 약속을 받아낸 뒤 신문에 이를 알렸다. 하지만 쑹자오런宋敎仁, 장빙린, 후한민胡漢民 등은 여성의 참정에 한결같이 반대했고,

이에 참정권운동은 결국 좌절되고 말았다.

광둥 성에서는 1912년 4월 리페이란李佩蘭, 런후이화任耀華 등이 광둥 성 의회 의원으로 거명되기는 했지만 결국 의원에 선출되지는 못했다. 1922년이 되어서야 비로소 후난 성湖南省에서 왕창궈王昌國라는 여성 의원이 탄생한다.[16]

그나마 신해혁명의 성과는 정치적 타협의 결과 과거 청조의 내각총리대신이었던 위안스카이袁世凱의 손에 떨어졌다. 쑨원으로부터 임시 대총통직을 양도받은 위안스카이 정부는 "여성의 참정은 여성의 생리와 본국의 국정에 부적합하다. 여성은 출산을 그 유일한 천직으로 삼아야 한다"라고 하며 여성의 역할을 가정에 제한했다. 과부의 순절을 표창하고 공자 숭배를 선전하는 등 일시 존공복고尊孔復古 풍조가 전국을 휩쓸었다. 심지어 중국인은 2000년 넘게 황제의 지배를 받았기 때문에 하루아침에 황제가 없어지면 국민은 더 이상 의지할 대상이 없게 된다느니, 중국은 아직 민도가 낮아 공화제를 실행하기 어렵다느니 하면서 위안스카이 스스로 황제가 되려고 했다. 비록 전국적인 반대에 부딪혀 황제에 오른 지 얼마 안 되어 '홍헌제洪憲帝', 즉 위안스카이는 사망하지만 여성의 '절렬'에 대한 표창은 이후 군벌에게로 계승됐다.

---

16 중국에서 여성 참정권은 구미에 비해 크게 뒤처진 것은 아니었다. 전 세계적으로 볼 때 여성의 참정권 운동은 19세기 말에 시작되어 20세기 초에야 비로소 실현됐다. 영국 의회가 여성의 참정권을 인정한 것은 1918년의 일이었다.

5·4운동과
여성

／ 신해혁명 이후 이 같은 어이없는 복고 풍조는 20세기 초 과거제도
폐지와 '신정新政' 시기 교육개혁을 통해 형성된 지식인과 청년으로 하
여금 단순한 정치혁명이 아닌 사상혁명의 필요성을 절감하게 만들었다.
1915년 잡지 《신청년新青年》의 창간으로 시작된 신문화운동은 삼강三綱
과 같은 유교 도덕뿐 아니라 거기서 양성된 비굴하고 순종적인 국민성,
가부장권, 그 결과로서의 남녀불평등, 부모가 주도하는 혼인, 여성의 일
방적 정조 의무, 절부열녀節婦烈女 표창처럼 정권이 주도하는 전통적 부
권 가족 질서의 보호 등에 이르기까지 가차 없이 공격했다.

  연합국의 승리로 끝난 제1차 세계대전의 결과 체결된 1919년의 파리
강화회의는 중국인의 기대와 달리 패전국 독일의 중국에 대한 이권을
일본에 양도하는 결과가 됐고, 이에 5월 4일부터 약 두 달간 반제국주의
운동이 전국으로, 전 계층으로 번져나갔다. '5·4(애국)운동'으로 불리는
이 사건은 산업노동자가 역사 무대에 등장했다고 하여 중국 현대사의
기점으로 여겨지지만, 교육의 혜택을 입은 여학생이 비로소 조직적으로
정치무대에 등장한 사건이기도 하다. 처음에 여학생은 여러 규제로 인
해 감히 교문을 나서지 못했지만, 5월 7일부터는 베이징여자고등사범을

비롯해 여러 여학교가 파과罷課, 즉 수업 거부에 동참했다. 여공도 파업을 비롯해 투쟁 대열에 동참했다.

6월 3일에 일어난 대규모 학생 연행과 구금에 반발해 6월 4일부터는 전국의 여학생이 수업 거부는 물론 가두시위와 일본 상품 불매운동 등에 동참하고, 나아가 직접 정치활동에 참여하게 된다. 이후 베이징의 중국대학, 법정전문학교, 여자고등사범학교 등의 일부 여학생은 참정협진회參政協進會를 조직하고 선언문을 통해 여권과 여성의 재산상속권 보장을 주장했다. 상하이에는 부녀참정회가 설립됐고, 1922년 10월에는 여권동맹회가 설립됐다. 5·4운동 이후 1923년까지 전국에 여권과 여성 참정을 제창하는 조직이 20개 넘게 결성됐고, 여성이 정계 요직에 입문하는 등 정치 참여가 활발했다.

국민당과 여성

✏ 흔히 '군벌시대'라 불리는 1920년대 중국에서 여성의 입지는 오히려 강화됐고 사회적으로도 자유로운 기풍이 조성됐다. 여성도 드디어 국립대학에 입학할 수 있게 됐으며, 도시에서는 다양한 직업이 등장하는 등 여성 직업의 황금시대가 열렸다. 그 배경으로 이 시기 중앙권력의 약화와 신문화운동(5·4운동)이 낳은 사상혁명 그리고 여성 인력을 대거 끌어들였던 국민혁명(1924~1927)을 들 수 있다.

국민당의 핵심 인물 중에는 여성의 참정에 반대하는 이들이 많았다. 하지만 "소련과 연대하고 공산당을 받아들이고 노동자와 농민을 지원한다"라고 하는 쑨원의 '연소·용공·부조농공'의 3대 정책에 따라 일련의 남녀평등 제안이 제출됐다. 1924년 1월 국민당은 '일대선언一大宣言'을 통해 "법률상, 경제상, 교육상, 사회상 남녀평등의 원칙을 확인하고 여권의 발전을 추진한다"라고 선언했고, 1926년 1월에는 〈부녀운동결의안〉을 제출해 교육과 직업에서 여성의 권리를 제고할 것과 농촌과 도시 여공의 교육에 관심을 기울이기로 했다. 그 밖에도 동일노동 동일임금과 산전 산후 여공의 유급휴가 등 모성보호, 여성의 재산상속권 등을 규정했다. 아울러 국민당 중앙집행위원회에 부녀부를 설치해 여성운동을 지도하도록 했다. 허상닝의 뛰어난 지도로 국민혁명 기간 동안 여성은 점차 조직화됐다.

스스로 유교도임을 자처하는 장제스蔣介石와 다이지타오戴季陶 같은 인물이 지배한 난징의 국민정부(1927~1937)는 사상적으로 또다시 유교 부흥을 외치고 여성 교육도 현모양처를 지향하는 등 1920년대에 비하면 오히려 후퇴한 부분도 있지만, 국민혁명 이후 변화의 흐름을 거스를 수는 없었다. 여전히 도시에 한정된 것이기는 하지만 1930년대 전반까지는 1920년대의 기풍을 이어 여성의 직업 영역이 확대됐고, 고등교육 수혜자가 증가했다.

1930년에 공포된 새로운 민법(新民法)은 중국 역사상 처음으로 남녀평등 원칙을 입법화한 것이었다. 중혼에 대해서는 남녀에게 다른 기준을 적용하고 기혼 여성은 남편 성을 함께 사용하는 등 부권夫權을 오히려 강화한 면도 있지만, 기혼과 미혼을 불문하고 여성의 재산상속권을 인정했고 결혼이나 직업 선택 등에서 여성의 결정권을 존중하게 됐다. 1931년 6월에 국민정부가 공포한 훈정 시기 약법 제6조는 "중화민국의 국민은 남녀, 종족, 종교, 계급의 구별을 막론하고 법률상 일률 평등하다"라고 하여 남녀평등 조항을 삽입했고, 여성의 참정과 의정권을 인정했다. 신해혁명을 전후하여 고조됐지만 좌절로 끝난 여성의 참정권이 드디어 준헌법상으로나마 인정받는 순간이었다. 이후 여성의 선거권과 피선거권은 1947년의 '중화민국헌법'을 통해 정식으로 보장받게 된다.

이처럼 법적, 제도적으로 어느 정도 남녀평등이 구현됐다고는 하나, 중국 전체로 보면 극히 일부에 한정된 것이다. 일부 대도시를 제외하면 여전히 관습이 지배하고 있었고 새로운 법이 만들어졌다는 사실조차 몰랐다. 여성은 여전히 교육받기 어려웠고 재산권을 누릴 수 없었다. 동양식童養息(민며느리), 조혼, 일부다처, 축첩 등도 여전히 성행했다. 국민정부 수립 이후 여성의 고등교육 수혜율은 꾸준히 상승하고 있었지만 그것은 도시의 중산층에 한정된 것이었다.《대지》의 작가 펄 벅의 남편 존 로싱 벅의 1930년대 중국 농민의 문자 해독에 관한 연구에 따르면 남성의 69.3퍼센트, 여성의 98.7퍼센트가 문맹이었다. 더욱이 읽고 쓸 줄 아는 사람으로 분류된 이들조차 대부분 신문이나 책을 읽지 못했다.

1934년 2월 장시 성江西省 난창南昌에서 시작된 '신생활운동'은 예의, 염치 등 유교의 도덕을 현대 생활에 맞게 부활시킴으로써 흐트러진 국민의 생활습관을 개선한다는 사회혁명을 표방했지만, 한편에서는 1931년 만주사변으로 시작된 일본의 침략에 대비하고 농촌을 근거지로 확대되는 공산주의를 저지하고자 하는 정치적 목적이 있었다. 이 운동에서 장제스의 아내이자 미국 유학을 한 쑹메이링宋美齡을 비롯해 수많은 엘리트 여성이 지도부를 형성하며 여성의 문맹 퇴치와 가계 보조를 위한 노동, 위생을 비롯한 생활습관 개선 운동을 펼쳤다. 하지만 1934년은 '여성 재난의 해'라고 할 정도로 여성, 특히 신여성의 일상생활과 자유는 크게 구속을 받았다. 사치를 규제한다는 명분으로 분이나 립스틱을 바른 여성만 보면 경찰은 그 자리에서 잡아들였다. 여성은 파마도 할 수 없었고 수영복도 입을 수 없었다. 남성 실업자가 증가하면서 '여성이여, 집으로婦女回家!'라는 구호가 요란하게 울려퍼졌다.

공산당과 여성

／ 5·4운동을 전후해 중국에는 다양한 사회주의 여성해방론이 전파됐다. '사유재산이 폐지되어야 여성해방도 실현 가능하다'라고 하여 여권운동이 사회혁명에 종속되는 형태가 더욱 굳어졌고 농촌 남성을 위해 여성의 권리를 좌절시키는 경우가 많기는 했지만, 1921년 창당 후 중국공산당은 줄곧 여성, 특히 여공과 농촌 여성 등 하층 여성의 문제에 관심을 기울였다. 1922년 7월 중국공산당 제2차 전국대표대회에서는 '부녀가 선거권과 모든 정치상의 권리 및 자유를 획득하도록 지원하며, 여공과 동공(유년공)의 이익을 보호하며 구사회의 모든 예교 습속의 속박을 타파한다'라는 내용의 첫 번째 〈부녀운동결의안〉이 제출됐고, 3년 후인 1925년 1월 중국공산당 제4차 전국대표대회에서는 '남녀 교육 평등과 직업 평등, 임금 평등, 평등한 재산권, 계승권, 결혼·이혼 자유, 사교 자유, 모성보호' 등의 내용이 담긴 〈부녀운동결의안〉이 제출됐다. 기본적으로 남녀평등권을 내세운 것이다.

1927년 4월 국공합작 결렬 후 공산당의 여성운동은 농촌으로 깊이 침투했다. 1928년 중국공산당 제6차 전국대표대회에서 통과된 〈부녀운동결의안〉은 농촌 여성을 끌어들이기 위해 농촌 여성과 직접 이해관계가 있는 재산상 상속권, 토지권에 관심을 기울이고 다처제나 동양식, 강제 결혼과 남성의 일방적 이혼, 여성 매매 등을 반대할 것을 담았다. 이처럼 도시의 노동 여공과 농촌 여성을 특별히 중시한 것은 중국공산당 여성운동의 특징이었다. 하지만 농촌의 가부장권을 타파하기란 쉽지 않았고 여성의 이혼권 등 남성의 이익에 배치되는 사안은 결국 '혁명'을 위해 '지연'되는 경우가 많았다. 그럼에도 1930~1940년대 공산당 세력하의 화베이 지방 농촌 여성은 공산당 간부 여성의 적극적인 지원을 받아 심각한 가정폭력에서 벗어나고 문자교육도 받아 핍박받던 농부農婦에서 당당한 여성 지도자로 '번신翻身(탈바꿈)' 하는 경우도 적잖았다.

중일전쟁기 여성의 활동과
일본군의 성폭력

✎　1937년 일본과 전면적인 전쟁이 시작되면서 국민당의 신생활운동은 항일구국운동의 일환으로 편입됐고, '천하의 흥망에는 여자에게도 책임이 있다'라는 구호 아래 수많은 여성이 항일구국운동에 헌신했다.

전면적 위기 앞에 국민당과 공산당을 주축으로 한 전 민족적 항일전선이 형성됐고, 여성계도 당파를 초월해 단결했다. 각종 여성 단체와 조직이 건립되어 여성의 활동은 도시에서 농촌으로, 지식 여성에서 노동 여성으로 확대됐다. 단체의 수와 조직에 참가한 여성의 수, 계층의 다양성 면에서 모두 유례가 없는 일이었다. 전쟁이 여성의 조직화를 가져온 것이다. '부녀를 동원해 항전 건국 공작에 참가시키는 대강動員婦女參加抗戰建國工作大綱'이 반포되자 여성은 전장으로, 공장으로, 병원으로, 보육원으로 달려가 적의 정황을 살피고 전선의 병사를 위로하며 식자반識字班(문맹퇴치운동)을 만들고 합작사(집단경제조직. 자본주의 사회의 협동조합과 유사한 조직이라고 할 수 있다)를 만들며 탁아소와 위생실을 운영했다. 또한 전쟁 고아를 돌보고 군수와 민용 물자를 생산했다. '여성이여, 집으로!'라는 구호에도 전쟁은 한편에서 여성으로 하여금 주방을 벗어나게 했던 것이다.

1938년 5월 신생활운동부녀지도위원회는 국민당, 공산당, 부녀계구국회, 기독교, 기타 여성운동단체를 포함하는 민족민주통일전선으로 재편됐다. 지도장인 쑹메이링은 희생과 봉사정신을 여성의 가장 큰 장점으로 내세웠다. 그녀는 "앞으로 중국 부녀운동의 중심은 부녀의 권리와 지위의 평등을 쟁취하는 것이 아니라, 국가를 위해 공헌하고 봉사하는 것"이라고 하면서 여성이 국가와 민족을 위해 개인의 자유나 권리 등을 유보해줄 것을 호소했다.

여성은 주로 부상병 치료를 담당했지만, 그 밖에도 위문, 구호품 전달, 전쟁고아 돌보기와 교육 등 다양한 봉사활동에 종사하면서 활동 영역을 확대했다. 그러나 이 시기 여성의 참여는 그야말로 국가와 민족의 이익을 위해 '희생하는 여성'의 모델을 구현한 것이었다. 또다시 여권은 애국에 자리를 내주어야 했다. 페미니즘이 민족주의운동에 포섭되면서 '자유', '해방', '개인'보다는 '통제', '기율', '집단'이 우선시됐고, 자신의 향락을 추구하며 민족주의운동에 동참을 거부한 여성은 모던 부녀라 하여 '사회의 기생충'으로 낙인찍히게 된다.

한편 항일전쟁 기간 동안 공산당은 화베이 지방 농촌에서 여성의 문맹 타파와 가정 개조 같은 사회운동을 통해 여성 간부를 훈련했다.

전쟁은 수많은 여성을 일본군의 성노예로 몰아넣었다. 일본에서는 '군위안부'라고 하지만, 1996년 연합국의 위탁을 받아 '위안부' 문제를 조사한 법학자 라디카Radhika Coomataswany에 따르면 국제법상 일본의 이른바 '위안부'는 "일본이 전쟁 시기에 범한 조직적인 강간 및 노예제적 죄악 행위"였다.

이미 청일전쟁과 러일전쟁 그리고 의화단전쟁 기간에도 수많은 중국 여성이 외국 병사에게 강간당했지만 정부 혹은 군대의 명령으로 민간 여성을 강제로 끌고 와 조직적으로 위안소를 운영해 일본 군인의 성노예로 충당한 것은 1930년대 중일전쟁 때의 일이다. 1932년 상하이사변 때 일본군을 대거 상하이로 파견하면서 시험 삼아 기녀원을 개조해 만든 위안소가 그 시작이었다. 이후 1937년 전면적인 항일전쟁 발발 후 1938년 1월 상하이에 만들어진 양가택오락소楊家宅娛樂所가 최초의 정식 군위안소였다. 도망을 방지하기 위해 전기 철조망까지 설치한 뒤 일본은 이곳에 성병의 위험이 높은 기녀 대신 민간의 어린 여성을 납치해 충당했다.

위안부로 끌려간 여성의 국적은 매우 다양했는데, 중국 여성이 가장 많았고 식민지 조선 여성도 점차 늘어났다. 조선 여성 가운데 처녀의 비율이 가장 높았다고 하는 검사 결과는 그녀들이 납치나 유괴되어온 것임을 말해준다. 1941년 12월 태평양전쟁 발발에 따라 일본군은 필리핀, 싱가포르, 말레이시아, 인도네시아 등등 동남아시아와 태평양제도에까지 위안소를 확대했다.

이처럼 일본의 위안부제도는 일본 군국주의의 팽창에 따라 발생했고, 침략전쟁의 확대에 따라 확립됐으며, 또한 일본군의 패전에 따라 소멸한 것이다. 이 제도의 확립 과정에서 중요한 역할을 한 것은 전후 A급 전범으로 분류된 오카무라 야스지岡村寧次와 마쓰이 이시네松井石根였다. '기녀', '작부'와 구별하기 위해 '위안부'라는 명칭을 사용한 것도 오카무라였다. 그는 이것이 민간 여성의 강간을 방지하고 군인의 성병을 예방하기 위한 것이라고 했지만 전혀 효과가 없었다. 일본군은 군위안부 뿐 아니라 점령 지역의 여성을 나이 불문하고 강간함으로써 중국인에게 민족적 모멸감을 안겨주었다. 군위안부 못지않게 농촌의 전시 성폭력 문제도 심각했던 것이다. 중국위안부연구센터에 따르면 일본군에 유린된 중국 여성은 약 30만 명으로 추산된다.

국공내전과
'부련'의 탄생

／　1945년 8월 15일, 일본의 무조건 항복 소식이 전해졌다. 국민당과 공산당은 10월 10일 충칭重慶에서 내전 정지를 약속하는 '쌍십협정'을 맺었다. 항전 말기에 성립된 중국부녀연의회中國婦女聯誼會는 9월 5일 장제스와 담판하기 위해 충칭에 온 마오쩌둥을 접견했다. 1946년 3·8절(여성의 날) 기념대회에는 각계 여성 6000명과 미국, 소련, 영국, 프랑스, 벨기에 등의 여성 대표도 참가했다. 대회의 총주석인 쑹메이링 그리고 공산당의 덩잉차오鄧穎超 등은 연설을 통해 당파를 초월한 여성의 단결, 합작을 호소했다. 하지만 1946년 6월 장제스가 정전협의 등 모든 평화협의를 위반하고 공산당 지배하의 해방구를 전면 공격함으로써 이른바 국공내전이 시작됐다. 수많은 여성단체가 국민당의 독재와 내전을 반대하는 운동에 참여했다.

내전 시기 공산당의 토지개혁 과정에서 여성은 적극적으로 역할을 수행했다. 가난한 농촌 여성은 경제적으로만이 아니라 신체적, 인격적으로 지주에게서 착취와 유린을 당해왔기 때문이다. 1947년 7월부터 열린 전국토지회의를 거쳐 10월에 공포된 '중국토지법대강'은 토지 분배에서 남녀평등 원칙을 표명했다. 사상 처음으로 중국 여성은 토지소유권을 갖게 됐고, 가정에서의 경제적 지위가 개선되고 발언권이 강화됐다. 하지만 내전이 깊어지는 과정에서 지주환향단地主還鄕團 등 무장 세력에 의해 많은 여성이 강간과 학살을 당하기도 했다.

도시에서는 미군에 의한 강간 사건이 잇따랐다. 1946년 12월 베이핑北平(1927년부터 1949년까지의 베이징. 1949년 중화인민공화국 수립 이후 수도가 된 뒤 다시 예전 이름인 베이징으로 바뀜)에서 미군 사병이 베이징대학 여학생 선충沈崇을 성폭행한 사건은 각지 학생들의 의분을 불러일으켜 수업 거부와 시위가 이어졌다. 특히 베이핑의 여대생들은 시위 대열의 맨 앞에 서서 '미군 축출'을 외쳤다. 미국이 내전에서 국민당을 지원하는 한편 일본의 재기를 도우려 하자 1948년에는 전국적인 반미투쟁이 일어났다. 변호사인 스량史良, 여성운동가 쉬광핑許廣平 등은 미국의 주중국 대사를 찾아가 격렬히 항의했다. 내전 폭발 후 국민당 통치구에서는 물가가 급등하고, 민족 공업의 파산으로 인해 공무원, 교사, 노동자의 생활고는 극심했다. 비판적인 지식인과 언론에 대해서 국민당은 테러와 납치를 서슴지 않았다. 이에 전국적인 반反기아·반내전·반박해 투쟁이 일어났다. 여학생과 여교사, 여공도 이에 적극 참여했다.

1948년 9월 이후 공산당은 랴오선遼沈, 화이하이淮海, 핑진平津의 3대 전투에서 잇따라 승리를 거두며 대륙의 새로운 주인공이 됐다. 전투가 한창이던 1949년 1월 12일 제1차 전국부녀대표대회 준비위원회가 결성됐고, 3월 24일부터 차이창蔡暢을 총주석으로 하는 대표대회가 베이핑에서 개최됐다. 민주적 선거를 통해 51명의 집행위원과 21명의 후보 집행위원으로 구성된 중화전국민주부녀연합회(부련)가 탄생했다.

3 청말 이후 여성 공교육의 발전과 신여성의 탄생

공교육 등장 이전
여성 교육의 성격

／   여권 의식의 발전에 가장 필요한 것은 상당수의 여성이 경제적으로 자립하여 살아갈 수 있는 사회적인 변화다. 즉 결혼 이외의 경제적인 생존 대안을 가지고 있어야 하는 것이다. 중국에서 이러한 자립적인 여성이 등장하는 것은 전적으로 교육의 보급 덕분이었다.

최초의 여성 교육은 선교학교에서 시작됐지만, 변법운동 시기에는 중국인 자신에 의한 민간의 사립여학교도 등장하며, 1907년에는 청 정부가 여성 교육을 공인함에 따라 소학교와 (초급) 사범학교(1907)에서 중학교(1912)로, 그리고 고등학교(1919)와 대학교(1922)로 확대됐다. 덕분에 다양한 부문에서 직업여성이 활동하게 되며, 1920~1930년대에는 드디어 '중국 여성 직업의 황금기'를 맞이하게 된다.

물론 전체 여성 중에서는 여전히 소수였지만 교육, 문학, 의학, 법률, 신문, 상업, 기업, 금융, 경찰, 기타 연예오락 등 각 업종에서 여성이 활약했다. 교육받은 여성과 다양한 직업군에서 일하는 여성이 등장하면서 '신여성'이라는 용어도 등장하는데, 그것은 여성 스스로 붙인 것이 아니라 신문이나 잡지, 영화 같은 대중매체를 주도한 남성이 만들어낸 이상적 여성의 형상이거나 심지어 이미지, 허구인 경우가 많았다. 따라서 매우 유동적이고 때로 모순적이었다. 여성 교육의 발전과 직업여성의 상황을 먼저 살펴보기로 하자.

공자, 맹자 이래 중국에서 교육은 인간과 금수를 구분 짓는 가장 중요한 기준일 뿐 아니라, 군자와 소인을 구분하는 기준이었다. 그런데 군자의 조건 중 중요한 것이 교육과 이를 통한 인격의 완성이므로 교육받지 못한 여자를 소인과 함께 묶어 '상대하기 어려운' 인간으로 표현한 공자의 설법은 그다지 이상할 것이 없다.

'딸에게 글을 가르치는 것은 말에게 글을 가르치는 것과 같다'라고 하는 중국인의 속담처럼 시집갈 딸의 교육은 아무런 효용성이 없는 낭비이자 사치이며, 심지어 위험하다고 하는 생각은 여성 교육의 효용성이 따르기 전까지 동서를 불문하고 보편화된 것이었다. 명청시대 중국에서 '여자는 재주(주로 글재주)가 없는 것이 오히려 덕'이라든가 '부인이 글을 알면 음란해진다婦人識字多誨淫'는 관념이 유행했던 것처럼, 15세기 이탈리아의 한 인본주의자는 "말 잘하는 여성은 결코 정숙하지 않다"라고 했으며, 18세기 일본의 쇼군도 "여성의 능력을 키우는 것은 해로운 일"이라고 말했다.

그렇다고 모든 중국 여성이 지식 교육의 기회를 박탈당한 것은 아니었다. 지역에 따라 차이는 있지만 부유하고 개명된 집안에서는 일반적으로 어머니나 고모 등 집안 여성이 직접 딸이나 조카에게 글을 가르쳤고, 여건이 되는 집에서는 가정교사를 들여 딸을 가르치기도 했다.

자녀 교육, 특히 도덕 교육에서 어머니의 역할은 고대로부터 중시되

《여계》의 작자 반소

어왔지만, 명청시대에는 특히 자녀에게 글을 가르치는 것이 어머니의 중요한 역할로 간주됐다. 아들을 가르칠 수 있을 정도의 학식을 가진 여성은 과거에 합격할 가능성이 점점 더 낮아지던 명청시대의 혼인 시장에서 특별한 가치를 부여받았다.

극소수이기는 하나 문학으로 자신의 감정을 표현할 수 있을 뿐 아니라 문학 작품이나 서신을 통해 서로의 감정을 교환하기까지 한, 이른바 재녀의 존재도 주목된다. 근대의 신여성과 마찬가지로 그 전신이라 할 수 있는 재녀 또한 정체성은 다소 모호하며, 그들을 보는 남성의 시선 또한 복잡했다. 아들을 교육할 수 있을 정도의 학식을 가진 여성을 아내나 며느릿감으로 선호하는 한편, 여성의 작품 활동과 교제는 마뜩잖아한 것이다. 명말청초 이후 유행한 '여자는 재주가 없는 것이 덕'이라고 하는 관념도 어떻게 보면 문학을 즐길 줄 아는 여성이 증가하는 것에 대한 남성의 불안과 질시를 반영한 것인지 모른다.

"시문을 읊고 음란한 말을 구사하는 데 능란한 여자는 절개와 덕을 갖기 어려우며 또 재주가 있는 여자는 시집을 가지 않는 예가 많았다. 그래서 차라리 무재가 낫다고 본 것이다"라고 하는 설명처럼 책 읽는 여자는 위험하며 덕이 부족하다고 여긴 것이다. 그들은 여성이 읽어야 할 책은 반소의 《여계女誠》를 비롯한 여훈서女訓書나 열녀전 등 부덕을 함양하고 가사에 도움이 되는 것에 한정했다. 그것을 넘어 시나 소설 같은 문학 작품으로까지 확대되는 것은 원하지 않았다. 딸이나 아내가 연애소설(남녀상열지사)에 빠질까 우려하기도 했지만 독서 활동, 작품이나 서신의 교환 등 여성 간의 우애가 미칠 파급 효과, 특히 가정 저 너머의 세상에 대한 관심과 동경을 우려한 것이다. 그것들은 어디까지나 남성의 전유물이므로.

사실이기보다는 경계에서 나온 말이라 해도 '여자는 재주가 없는 것이 덕'이라고 하는 관념의 유행은 여성 교육에 부정적인 영향을 끼쳤을 뿐 아니라, 재능 있는 여성에 대한 편견을 조장했을 것이다. 더욱이 재녀의 활동은 장쑤나 저장 등 일부 지역에 한정됐고 전체 중국 여성의 0.1퍼센트에 불과했다. "배우고 여력이 있으면 관직에 나간다學而優則仕"라고 하는 공자의 가르침을 되새기며 중앙과 지방의 공식 교육기관에서 과거를 준비하던 남성과는 비교할 수가 없다.

남성 교육은 관직으로 나가기 위한 준비였고, 나아가 경세經世의 꿈을 펼치며 치국평천하治國平天下 하려는 것이었다. 이에 반해 여성은 '남자는 바깥, 여자는 집안男主外, 女主內' 같은 엄격한 내외 관념에 따라 공적 학교 교육에서 완전히 배제되어 있었고 교육 내용도《여계》,《열녀전》,《여효경》,《여훈》 등 '부덕'에 한정되어 있었다. 교육의 목표는 오로지 장래의 며느리, 어머니, 아내가 될 준비에 있었다. 이처럼 남성과 여성은 교육받을 기회, 교육이 이루어지는 장소뿐 아니라, 교육 내용과 목표에서 전혀 다른 상태에 놓여 있었다.

선교사가 세운
여학교의 등장

／　아편전쟁에서 패배한 중국은 최초의 불평등조약인 난징조약(1842)을 체결해 다섯 개의 항구를 통상항으로 개방했다. 이후 1898년 중국인에 의해 중국여학당(징정여학經正女學)이 설립되기까지 50여 년간 중국에서 여자학교의 설립과 운영은 구미 선교사의 몫이었다.

선교사는 이미 1810년대 중반부터 동남아시아의 화교를 대상으로 믈라카나 싱가포르 등 영국령 식민지 구역에 다수의 학교를 설립했다. 1834년 독일의 선교사 구츨라프 부인Mrs. Gutzlaff이 마카오에 설립한 아오먼여숙澳門女塾은 중국 최초의 근대 교육기관이자 여학교로 일컬어진다. 처음에는 여학생만 받았지만 곧 남학생 반도 부설했다. 중국 최초의 미국 유학생으로 1854년 예일대학에서 학위를 받은 룽훙容閎이 이 학교 출신이다. 하지만 아오먼여숙은 아편전쟁이 발발하면서 1840년에 문을 닫았다.

1842년 개항 후 개항장을 중심으로 선교학교가 잇따라 설립됐다. 1844년 설립된 닝보여숙寧波女塾은 중국 본토에 설립된 최초의 여학교로, 런던의 동방여자교육협진사東方女子敎育協進社(Society for Promoting Female Education in the East)가 파견한 앨더시Miss Aldersey(1797~1868)가 설립했다.

　전쟁에서 패배해 강제로 개항한 데다 서양 상품이 들어오면서 삶이 더욱 팍팍해졌기에 대다수의 중국인은 구미 선교사나 그들이 전파하고자 하는 기독교는 물론 교육과 문화, 사상 모두에 거부감을 느꼈다. 앨더시가 닝보여숙을 설립했을 때 그녀가 마귀의 화신이며 아이들의 눈동자를 파내 약을 만든다고 하는 소문이 사방에 퍼졌고, 학부모는 매일같이 학교로 달려가 아이의 생사를 확인했을 정도였다. 앨더시는 가장이 딸을 학교에 안 보내는 중요한 이유 중 하나가 학비 부담과 노동력 상실임을 정확히 간파했다. 그녀는 직접 가장을 찾아가 학교에 다니는 동안의 노동력을 보상해주고, 아이를 무상으로 가르치며 생활비도 지급할 것이라고 간곡히 설득해 15명의 학생을 얻어냈다. 아이의 부모들은 딸의 양육비를 아낄 수 있고 가정 수입에도 기여하므로 따가운 시선에도 딸을 학교에 보낸 것이다. 7년 뒤에 학생 수는 40명으로 증가했다.

　닝보여숙 이후 1847년부터 1860년까지 다섯 개의 항구를 중심으로 열한 개의 교회여학교가 설립됐다. 1860년 제2차 아편(중영)전쟁 패배 이후 중국의 통상 항구는 더욱 확대됐고, 특히 중불북경조약은 선교사가 내지에서 토지를 임대할 수 있도록 했기 때문에 여학교를 포함한 교회학교는 급속히 증가했다. 하지만 졸업생이 사회로 진출하기 전까지 여학교는 고난의 연속이었다. 1850년 광저우에 설립된 한 여학교는 겨우 세 명의 학생으로 시작했지만 여론의 비난을 견디지 못하고 두 명이 학교를 떠났다. 같은 해 같은 곳에 설립된 한 여자기숙학당은 개학 당일 학생의 이름이 보도되는 바람에 아무도 감히 입학할 수 없었다. 뒤에

몇 명을 모았지만 역시 모두 학교를 떠났다. 딸을 학교에 보내달라고 부탁하는 선교사에게 아이의 아버지는 말 한 필을 가리키며 이렇게 쏘아붙였다. "당신 저 말한테 글을 가르칠 수 있어?" 선교사가 "아니요"라고 하자, 아이의 아버지는 "말도 못 가르치는 주제에 어떻게 여자를 가르칠 수 있다는 거야?"라며 비아냥거렸다.

이처럼 초기 교회여학교는 중국인의 환영을 받지 못해 가시밭길을 걸어야 했다. 그러나 곧 반전이 일어난다. 교회여학교를 졸업한 여자가 교사나 의사가 되고 교회의 도움으로 유학을 가거나 하는 사례를 목도하면서 중국인의 여성 교육관도 차츰 변화했다. 딸을 가르치는 것이 결코 무익한 일이 아니라는 것을 깨달은 것이다. 1870년대가 되면《만국공보萬國公報》등 선교사가 발행하는 간행물뿐 아니라《신보申報》같은 중국인이 간행하는 신문에서도 '서양 각국이 강성해진 것은 여성 교육 덕분'이라는 논조가 등장한다. 이 두 신문은 여성 교육의 장점을 계속해서 선전했다. 여성 교육은 양호한 가정교육으로 이어져 중국인의 수준을 높일 수 있고 또 교육을 받은 여성은 부모나 남편에게 의지하지 않고 자립할 수 있기 때문에 중국의 국부를 증진시킬 것이라고 했다. 통계마다 약간씩 차이는 있지만, 1870년대 중반이 되면 교회학교 여학생은 이미 2000명을 훌쩍 넘어섰다.

학생의 출신에도 변화가 일어났다. '노비나 버려진 아이 혹은 극빈자의 딸'로 채워졌던 초기의 상황과 달리 이때가 되면 신앙과 무관한 부유한 계층의 자녀가 양질의 교육을 받기 위해 입학했다. 더 이상 수업료를 면제할 필요도 없게 됐다. 완벽한 시설을 갖추고 1890년 상하이의 영국 조계지에 설립된 감리교의 중시여숙中西女塾(McTyeire Girls School)[17]에는 상하이 지역 상류 가정의 딸이 주로 입학했다.

선교학교에서는 성경과 외국어 외에도 체육, 음악, 지리, 생리, 천문, 물리, 화학, 동물학, 식물학, 생물학, 인문지리, 세계사, 수학, 미술, 위생 등의 과목을 개설했다. 당시 중국에서는 완전히 새로운 과목이었다. 정식 과목은 아니지만 재봉이나 요리 등도 보조 과목으로 개설하여 전통적 여덕과 조화를 맞추었다. 체육 과목은 대부분의 선교학교가 개설할 정도로 비중이 컸다. 당연히 전족을 금했으며, 과거와 같은 가냘픈 여성보다는 건강미 넘치는 여성이 양성됐다. 이는 이후 중국인의 심미관에도 큰 영향을 주게 된다. 도시를 중심으로 어느 정도 교육받은 자에 한정된 것이기는 하지만 1000년 이상 완강하게 이어져온 전족 풍습도 마치 새로운 공기를 주입받은 미라처럼 사그라져갔다.

교회여학교를 졸업한 여성은 훗날 선교사가 되거나 교사나 의사, 간호사로 많이 진출했으며, 교장도 됐다. 교회의 지원을 받아 유학까지 마치고 온 여성은 특히 사회적 지위가 높았다. 고정된 수입과 사회적 지위를 갖게 된 그녀들을 보며 부모는 자랑스러워했다.

우아한 매너에 대화가 통하며 음악도 즐기고 피아노도 연주하며 영어도 할 줄 아는 교회여학교 졸업생은 도시의 혼인 시장에서 인기가 치솟았다. 1930년대에 고위직 관료나 사업가, 기타 사회의 명사들은 교회여학교 출신 여성을 가장 선호했고 그녀들은 사교계의 여왕이 됐다.

---

[17] 1930년 중시여중으로 개명, 1952년 상하이의 성마리아여숙과 합병, 현재 상하이 제3여중이다.

구미의 선교사가 중국에 여학교를 설립한 것은 교육 자체를 위해서라기보다는 선교사업의 일환이었다. 교육은 선교사업을 위한 도구 혹은 보조였다고 할 수 있다. 그렇기는 해도 여성 교육에 대한 중국인의 낡은 관념을 바꾸고 이후 중국의 눈부신 여성 교육 발전에 교회여학교가 미친 영향은 결코 작지 않다.

중국인의 여학교 설립
: 사립학교

／　중국 최초의 여학교인 미션계의 닝보여숙이 세워진 지 반세기가
지나자 중국인이 설립한 여학교가 등장했다. '징정여학'이라는 이름으
로 더 잘 알려진 '중국여학당'(1898~1900)이다. 이 학교의 설립자인 징위
안산經元善은 변법운동을 지원한 실업가로 캉유웨이, 량치차오 등 변법
운동 주창자들과 교류하면서 일찌감치 부국강병을 위한 여성 교육의
중요성을 인식하고 있었다.

　정치개혁운동으로서만이 아니라 사회와 문화, 특히 교육과 여성해방
의 면에서도 중국 근대화의 진정한 출발점이라 할 수 있는 무술변법운
동(1898)의 배경에는 1895년 청일전쟁 패배를 계기로 퍼진 일본 학습열
이 있었다. 메이지 개혁의 성공을 집중적으로 탐구하는 과정에서 그들
은 장차 어머니가 될 여성의 건강한 신체와 교육의 보급에도 주목하게
됐다. 이른바 '우생구국', '교육구국'이라 할 수 있는데, 이후 전족 금지,
교육, 직업, 결혼 등 여성과 관련된 거의 모든 담론이 바로 이때 형성됐
다고 해도 과언이 아닐 것이다. 그것은 여성을 위한 것이라기보다 국가
와 민족의 이익을 위해 여성을 계몽하고 이용한다는 공리주의적인 특
성이 강하다.

같은 시기 옌푸에 의해 중국에 소개된 사회진화론은 새로운 환경에 잘 적응한 자, 즉 '적자適者'를 '강자強者', '승자勝者'에, '부적자不適者'를 '약자弱子', '열자劣者'에 배치했다. '경쟁'이라는 단어가 난무하면서 필명이나 아호에 '경競' 자를 붙이는 것이 유행할 정도였다.

옌푸에 의해 소개된 사회진화론을 기초로 중국의 민족주의를 형성해 나간 당시의 대표적인 지식인이 량치차오다. 그는 1897년《시무보時務報》에 〈여자 교육을 논함〉을 발표해 현재의 강자인 구미, 일본을 따라가기 위해서는 중국 여성의 변혁이 필요하다고 주장했다. 그가 특히 강조한 것은 조혼 금지와 전족 금지 그리고 교육이었다. 특히 여성 교육

✒ 여성 계몽에 힘쓴 신여성
스핑메이石評梅 (1902~1928)

산시 성 출신으로 5·4운동을 경험한 뒤 베이징여자사범대학으로 진학한 신여성이다. 졸업 후 체육과 국문 과목을 겸한 교사로서 여학생을 계몽하는 데 앞장섰다. 한편으로는 숱한 작품을 통해 구시대의 희생양이 된 여성을 다루고 (공화)혁명에 대한 관심을 드러냈다. 그러나 젊은 나이로 병사하는 바람에 국민정부군이 베이징에 들어와 형식적으로 군벌시대가 통일된 이후 중국 역사의 전개를 보지는 못했다.

중국의 신여성 중에는 자유연애를 실천에 옮기고 그로 인해 자유결혼으로까지 간 경우가 왕왕 있었다. 그러나 그녀는 초기 공산당원으로 역시 젊은 나이에 병사한 가오쥔위와의 우정을 지키다가 가오쥔위가 죽은 뒤 자신도 죽을 때까지 독신을 고수한 독특한 행적을 보였다. 쉬광핑이 유부남인 루쉰(본부인은 시어머니와 함께 따로 베이징에서 살고 있었다)의 첩 소리를 들으면서까지 상하이에서 과감히 동거 생활에 들어간 것과는 크게 대비된다. 그녀 역시 생전에 유부남이었던 가오쥔위가 이혼한 뒤 청혼을 했지만 이것도 물리쳤다. 비록 가오쥔위의 사후에 날마다 그의 무덤을 찾아가 눈물로 애도하긴 했지만 말이다. 아마도 그녀의 글에 나타나는 시대의 희생양이 된 구세대 여성에 대한 연민의 정이 그녀 자신을 독신으로 몰아간 것이 아닌가 짐작된다.

은 직업으로 연결되어 가계에 보탬이 될 뿐 아니라, 여성의 의존성을 없애고 시야를 넓혀주며 태교와 자녀 교육에도 보탬이 되는 등 궁극적으로 나라를 부강하게 하고 민족을 개선하는 효과가 있다고 주장했다. 여성의 다양성을 무시하고 모든 여성을 남성에게 의지해 사는 '분리자分利者'[18]로 규정해버린다든가, 여성 교육을 자아성취보다는 남편과 자녀를 위한 보조적인 도구로 여겼다는 점에서 오늘날 페미니즘의 시각으로 보면 문제가 없지 않지만, '여자의 독서는 음란을 조장한다'거나 '여자는 재주가 없는 것이 덕'이라는 관념이 여전히 강하게 남아 있던 당시로서는 상당히 진보적인 주장이었다. 그의 스승 캉유웨이는 1898년 무술변법 때 정치개혁과 함께 전족 금지, 여학교 설립을 황제(광서제)에게 주청했다.

중국인이 설립한 최초의 여학교인 징정여학은 이러한 배경에서 탄생한 것이다. 이 학교는 변법운동 실패 이후 자금 지원이 끊기면서 2년 만에 문을 닫게 되지만, 여성 교육의 필요성에 많은 사람이 공감하면서 중국인이 설립한 학교는 꾸준히 증가했다. 대부분 '여성의 지식 계발'을 취지로 내세웠지만, 서양에서 전파된 '불건전한' 사상과 자유로운 행동으로부터 여성을 지키기 위해 전통적 '여덕'을 고취하는 학교에서부터 여성 혁명가와 암살단을 배양하기 위한 학교에 이르기까지 여학교를 설립한 사람들의 목표는 다양했다. 가장 잘 알려진 것으로 1902년과 1903년, 상하이에 설립된 우번여숙務本女塾과 애국여학愛國女學을 들 수

---

18 이익을 나누는 자, 즉 소비자를 말한다. 반대말이 이익을 낳는 '생리자生利者', 즉 생산자였다. 애덤 스미스의 《국부론》과 제러미 벤담의 공리주의에 영향을 받은 것으로 보인다.

있다. 이후 1907년 정부가 여성 교육을 공인하기까지 전국 각지에 사범학교를 포함해 사립여학교가 우후죽순처럼 설립됐다. 학부의 교육통계표에 따르면 1904년에 26개의 여학교가 있었지만 1906년에는 245개로 증가했다.

여성 교육의
공인과 발전

✒ 입헌군주제의 기반 위에 근대국가를 모색하려 했던 무술변법은 서태후의 역습으로 실패했고 징정여학도 곧 문을 닫는다. 하지만 일단 시작된 변화의 바람을 몇 사람의 힘만으로 막을 수는 없는 법이다. 1901년 1월, 의화단전쟁으로 시안西安에 피신해 있던 서태후는 결국 변법을 약속하는 조서를 발포했다. 이른바 '신정'의 시작이었다. 무술변법과 마찬가지로 신정개혁 또한 교육개혁을 중요한 내용으로 두었다. 과거의 폐지와 학교 설립, 유학 장려가 그 구체적인 내용이었다. 전족 금지와 여학교의 설립도 계승했다.

'계묘학제癸卯學制'라고도 불리는, 중국 최초의 근대적 학제인 '주정학당장정奏定學堂章程'(1904년 1월 발포)에는 몽양원蒙養院(유치원)에서 통유원通儒院(대학원)까지의 과정이 상세히 설명되어 있었다. 그러나 이 학제에서는 여성 교육을 공인하지 않았다. 이 학제를 주도한 장지동張之洞 등이 가정 바깥에서의 학교교육이 중국의 고유한 미풍양속을 어지럽힐까 우려해 여성 교육을 가정교육 안에 포괄했기 때문이다. 하지만 이때를 전후해 중국의 미래를 위해서는 구미, 일본처럼 여학교를 설립해야 한다는 여론이 빗발쳤고, 단방端方 등 여성 교육 문제에서 비교적 진보적이었던 관리들도 여성 교육의 절박성을 서태후에게 상주했다. 결국 서태후는 1906년 2월 학부(1905년 12월 성립)에 여성 교육을 진흥하도록 명령했고, 1907년 3월 학부가 '주정소학당장정奏定小學堂章程'과 '주정여자사범학당장정奏定女子師範學堂章程'을 반포함으로써 여성의 초등교육과 사범교육은 제도화의 첫걸음을 내디디게 됐다. 학부는 전국의 주州와 현縣에 관립(현재의 공립)여자사범학당 한 개를 설립하도록 했고, 아울러 민간에서의 여학교 설립을 허가했다.

여자소학당은 초등과 고등으로 나누어지며 수업 연한은 각각 4년이었다. 초등소학 졸업 이상인 자에게 입학이 허가된 여자사범학당 역시 4년이었다. 학제상 남자와 여자는 차이가 있었는데, 우선 여자에게는 중학당이 없었고 중등교육에 해당하는 사범학당은 남학생과 달리 초급 과정만 있고 우급(고등) 과정이 없었다. 수업 연한도 남자(5년)보다 1년 짧았다. 과목에도 차이가 있어 여학생은 외국어와 물리화학, 독경, 윤리 도덕, 문학 과목을 배울 수 없었다. 또 소학교부터 남녀 학생은 분리되어 수업을 들어야 했다. 무엇보다도 여학교는 지방이라 해도 현급 이상에 설립됐기 때문에 계몽적인 지주나 유복한 상인의 딸 외에는 다닐 수 없었다. 농촌의 딸은 입학이 거의 불가능했다.

이러한 한계에도 여학장정이 반포됨으로써 비로소 여성 교육이 정식으로 근대 학제 계통에 포함되어 여학당이 법적인 지위를 보장받게 된 것은 이후 중국 여성의 관념과 행동에 커다란 파장을 일으킬 씨가 뿌려진 것으로 보아야 한다. 1907년 간쑤甘肅, 신장新疆, 지린吉林을 제외하고 각 성에는 모두 391개의 여학교가 있었다. 여학생은 전국 학생의 2퍼센트를 차지했다(교회 계통 제외).

신해혁명 승리 후 1912년 1월 저명한 교육가 차이위안페이蔡元培를 총장으로 하는 교육부가 성립했다. 중화민국 정부는 1912~1913년에 걸쳐 '임자계축학제壬子癸丑學制'를 제정해 초등소학교에서의 남녀공학을 인정했다. 여자중등학교 그리고 거기에 필요한 교사를 육성하기 위해 여자고등사범학교도 설립하기로 했다. 여기서 탄생한 것이 '베이징여자고등사범학교(약칭 베이징여고사)'다. 베이징여자고등사범학교는 청 말(1908)에 설립된 '징스京師여자사범학당'에서 출발한다. 1912년 베이징여자사범학교, 1919년 베이징여자고등사범학교, 1924년 국립베이징여자사범대학으로 이름이 바뀌었다. 당시로서는 유일한 국립여자고등학부로 수많은 여성 지도자를 배출했다. 현재는 베이징사범대학에 병합된 상태다.

위안스카이가 복고 정책을 실시했음에도 여학교는 꾸준히 증가했다. 1914년 전국에 여학교는 총 3632개였고 여학생은 17만 7273명에 달했다. 1915년에는 여학교 3766개, 여학생 18만 949명으로 늘어났다. 당시 전국의 남학생은 411만 3302명이므로 여학생은 5퍼센트에 불과한 셈이며, 그것도 초등교육에 집중됐다. 다만 중등교육에서 사범학교가 차지하는 비중이 70.76퍼센트나 될 정도로 사범교육이 여성 중등교육의 대세였다.

5·4운동 이전 여성 고등교육기관은 교회가 설립한 베이징의 세화여대協和女大(1908년 설립, 옌징여대燕京女大라고도 함. 후에 옌징대학에 병합), 난징의 진링여대金陵女大(1915년 설립), 푸저우福州의 화난여대華南女大(1914년 설립) 세 곳뿐이었다. 하지만 베이징대학이 1919년 여학생의 청강을 허락

1920년대 베이징여자사범대학 학생들

분류	여학생 수 (명)	분류	여학생 수 (명)
국민학교	149,505	고등사범학교	무
고등소학교	18,729	전문학교	무
기타 초등학교	36,824	대학교	무
중학교	948	기타 고등학교	무
사범학교	6,685		
기타 중등학교	1,828	계	180,949

표 1. 1915년 각 부문 여학생의 교육 통계[19]

학교 종류	학교 수			학생 수 (명)		
	남	여	합계	남	여	합계
대학	34	1	35	12,692	431	13,123
고등사범	7	1	8	2,809	284	3,093
농과대학	7		7	1,271		1,271
공과대학	13		13	2,018	8	2,026
상과대학	8		8	1,887	3	1,890
의과대학	7		7	815	17	832
법과대학	33		33	10,851	13	10,864
기타	14		14	1,650	131	1,806
총계	123	2	125	33,993	887	34,880

표 2. 전국 대학교 및 남녀 학생 수 (1922~1923)

하고 1922년부터는 정식으로 여학생을 선발함으로써 사립의 교회 계통
이 아닌 국립대학에서 고등교육을 받는 여학생은 점차 늘어나게 된다.

---

19 黃炎培, 〈讀中華民國最近敎育統計〉,《新敎育》 1-1, 1919. 2.

개혁과 독재의 두 얼굴
서태후西太后·慈禧太后 (1834~1908)

만주족 중간급 관리의 딸로 태어났고 성은 예허나라葉赫那拉다. 궁녀로 입궁해 함풍제의 아들을 낳고 그 아들이 후임 황제 동치제가 되면서 수렴청정을 시작했다. 본래 함풍제는 유지를 내려 동치제를 보좌할 대신들을 임명했지만 서태후가 함풍제의 정비인 동태후 및 공친왕 등과 손잡고 정변을 일으켜 그들을 제거하고 수렴청정을 한 것이다(1861). 그녀는 함풍제 생전에 이미 적극적으로 황제를 보좌해 정무를 처리했는데, 이는 어려서부터 독서를 많이 하고 정치의 흐름에 기민하게 대응할 자질이 있었기 때문에 가능했다. 동치제 시기부터 광서제 시기까지 약 30년간 지속된 개혁운동인 양무운동이 초기에 '동치중흥', '광서중흥'이라는 평을 들을 정도로 효과를 보인 것도 그녀의 역량에 힘입은 바가 컸다. 그러나 청일전쟁(1894~1895) 패배 후 양무개혁의 파탄이 드러나면서 광서제가 하급관리들을 등용해 변법개혁을 추진하자 이를 자신의 권력에 대한 도전으로 보고 무술정변(1898)으로 개혁을 무산시키고 광서제를 연금한 뒤 다시 권력을 행사하면서 그녀에 대한 평가는 극단적일 정도로 낮아졌다. 특히 의화단사건 때 열강이 광서제를 황제 자리에 복위시킨다는 잘못된 정보를 믿고 잠시 열강에 선전포고를 했다가 철회한 것은 당시까지의 개혁 노력을 무위로 돌린 일이 됐다. 열강 8개국에 의해 수도 베이징이 함락되면서 나라 안팎에서는 급격히 혁명의 물결이 일었고 결국 그녀가 죽은 지 3년 뒤인 1911년 청조가 신해혁명으로 몰락하게 되기 때문이다. 그래서 무술개혁 반대, 의화단 일시 지지로 인해 서태후는 권력욕에 눈이 멀어 중국 개혁의 기회를 봉쇄, 청조 멸망을 재촉한 인물로 부정적인 평을 많이 듣는다.

하지만 의화단사건 후 신식개혁(신정)을 적극 추진하고, 특히 여성 교육을 제도화(공인)하는 등 말년에도 기울어가는 청조를 회생시키고자 개혁에 전력을 다한 점은 인정해야 할 것이다. 최근 중국에서는 서태후가 죽기 전 광서제를 독살했다는 증거가 나왔다고 해서 더욱 비판을 받고 있으나, 청 말의 반세기 가까운 시간 동안 청이 명맥을 유지하는 데는 서태후라는 권력의 구심점이 있었던 덕분이라고 보는 시각도 있다.

중화교육개진사의 1922~1923년 조사에 따르면 공사립 통틀어 전국의 대학생(3만 4880명) 가운데 여대생은 887명으로 2.54퍼센트였다(표 2 참조).

해외유학을 떠난 여학생

/ 신해혁명을 전후한 시기 중국인에게 가장 인기 있는 유학지는 일본이었지만, 1915년 '21개조 요구' 반대 이후 날로 격화되는 반일 감정과 맞물려 점점 미국이나 유럽으로 선회하게 됐다. 구미 유학을 먼저 살펴본 뒤 일본 유학을 알아보자.

중국인 최초의 여자 유학생은 저장 성 출신의 진야메이金雅妹로 알려져 있다. 세 살 때 고아가 된 진은 생전에 목사였던 아버지와 교분이 있던 미국인 선교사의 수양딸이 되어 1872년 여섯 살 때 일본으로 갔다가 그 후 다시 미국으로 건너가 1885년 6월 뉴욕 의원 부설 여자의과대학을 졸업한 뒤 귀국해 의사로 활동했다. 그녀가 유학을 떠났던 1872년은 양무운동洋務運動의 일환으로 최초의 국비 유학생, 즉 '유미유동留美幼童'이 미국으로 건너갔던 해다. 유미유동을 기획한 것은 앞서 언급했던 중국인 최초의 미국 유학생 룽훙이었다. 그의 노력에 힘입어 그리고 이홍장李鴻章 등 양무파 관료의 적극적인 지지로 서태후의 재가를 받아 1872년부터 4년 동안 1년에 30명씩 남자아이를 미국으로 보냈다. 그중에는 MIT나 예일 등 동부 명문대를 졸업한 학생도 있었지만 그들이 조국을 잊고 서구 문화에 젖어버릴까 봐 우려한 청 정부의 명령으로 대부분 학

쑹씨 세 자매

업 도중 귀국해야 했다.

진야메이 외에 1880년대에서 1890년대에 걸쳐 허진잉何金英, 캉아이더康愛德, 시메이위石美玉 등도 미국에서 의학을 공부하고 귀국했다. 1896년 귀국한 캉아이더와 시메이위는 징정여학에서 영어 교사로 일하다가 이후 장시 성 난창과 주장九江에서 각각 병원을 설립했다. 이처럼 초기의 여자 유학생은 대부분 선교학교 출신이거나 선교사의 도움을 받아 미국으로 간 경우였다. 그와 관련이 있겠지만 귀국 후에는 주로 교육과 의료 사업에 종사했다.

1907년 장쑤 성에서는 서양으로 유학 보낼 학생을 시험으로 선발했는데 여성도 응시하여 세 명이 뽑혔다. 여학생도 관비 유학 자격을 갖게된 것이다. 이들은 모두 동부의 명문 여대 웰즐리에 입학했다. 이 대학이 낳은 세계적인 인물이 바로 미국의 국무장관을 지낸 힐러리 클린턴과 매들린 올브라이트 그리고 중국의 쑹메이링이다.

1908년 5월 미국 국회는 의화단전쟁의 배상금을 받는 대신 중국 유학생을 적극 유치하고 학술 교류 부문에 자금을 투입하기로 했다. 일단 1909년부터 4년간은 100명씩 유학생을 받기로 하고 5년차부터는 50명씩 받기로 결정했다. 1911년에는 유학생을 위한 예비학교로 칭화학당淸

華學堂(칭화대학의 전신)을 설립했다. 칭화대학을 거쳐 미국으로 유학 간 학생을 가리켜 '부미칭화유학생赴美清華留學生'이라고 한다. 영어시험 때문에 선교학교 출신이 유리하기는 했지만, 덕분에 1925년까지 모두 800명의 남학생이 미국으로 유학을 떠났고, 여학생의 경우 1914년부터 1921년까지 모두 43명이 파견됐다. '베이징대학 최초의 여교수'라는 수식어가 늘 따라다니는 천헝저陳衡哲도 첫해인 1914년에 선발되어 떠났다. 천헝저가 미국에 도착했을 때는 이미 자비 유학생을 포함해 1300명의 유학생이 있었고 그중 여학생은 640명이나 됐다.《송가황조宋家皇朝》라는 유명한 책과 영화의 주인공이기도 한 쑹아이링宋靄齡, 쑹칭링宋慶齡, 쑹메이링 모두 이때를 전후해 미국의 웨슬리언대학(조지아 주)과 웰즐리대학(매사추세츠 주)을 다녔다. 세 자매 모두 앞에서 언급한 상하이의 명문 미션 스쿨인 중시여숙을 나왔다.

제1차 세계대전(1914~1918) 동안 프랑스는 중국에 노동자를 대거 모집해 보내줄 것을 요청했다. 이에 1915년 차이위안페이, 우위장吳玉章 등은 유법근공검학회留法勤工儉學會를 조직해 '노동에 힘쓰고 검소하게 생활하며 학문을 도모한다'는 구호를 내걸고 프랑스로 건너가 일하면서 공부할 청년을 모집했다. 이렇게 하여 1919~1920년에 약 20차에 걸쳐 1600명 정도의 유학생이 프랑스로 갔다. 거기에는 마오쩌둥에게 큰 영향을 미친 차이허썬蔡和森의 누이 차이창 그리고 그들의 어머니이자 유학생 가운데 최고령(54세)이었던 거젠하오葛健豪 등 여자 유학생도 40여 명 있었다. 차이허썬은 프랑스에서 샹징위向警予와 결혼했다. 말 그대로 혁명가 집안이 탄생한 셈이다. 프랑스뿐 아니라 독일 그리고 1919년 러시아

중국공산당 최초의 여성 중앙위원
상징위向警予 (1895~1928)

원래 이름은 상쥔셴向俊賢으로, 초기 중국공산당의 대표
적 인물이자 여성 혁명가다. 1895년 후난 성 쉬푸 현溆浦
縣의 상인 가정에서 출생했다. 일본 유학을 다녀온 오빠
들의 영향을 받아 어려서부터 《민보》 같은 잡지를 읽었
고 '화목란' 같은 애국 여성을 꿈꾸었다. '쉬푸 현 최초의
여학생'이었던 그녀는 오빠가 설립한 신식 소학교를 거
쳐 15세(1910)에는 창더常德여자속성사범학교에 들어갔
다. 이때 딩링丁玲의 어머니이기도 한 위만전余曼貞 등 일
곱 명의 여학생과 의자매를 맺고 평생 남녀평등과 구국
을 위해 봉사하기로 맹세했다.

상징위

1911년 신해혁명이 일어나자 창사로 가서 후난성립제
일여자사범학교와 저우난周南여학교에서 공부했다. 이때 이름을 징위로 바꾸었다. '여성
혁명가의 산실'로 불리던 저우난여학교에 다닐 때는 굴욕적인 '21개조'에 반대하며 동학
들과 함께 가두시위와 강연에 동참했다. 또 동학인 차이창을 통해 차이허썬과 마오쩌둥
등을 알게 됐다. '여성해방'과 '교육구국'을 실현하기 위해 졸업 후 고향에서 소학교사로
일하던 그녀는 1918년 4월 마오쩌둥과 차이허썬이 설립한 혁명 단체 신민학회新民學會에
참여했고, 같은 해 10월에는 차이창 등과 후난여자유법근공검학회湖南女子留法勤工儉學會를
조직했다. 5·4운동이 전국을 휩쓸었을 때는 교사와 학생들을 데리고 와서 가두시위와 일
본상품배척운동 선전에 동참했다.

1919년 12월 차이허썬, 차이창 남매와 그들의 어머니 등과 함께 '근공검학'을 위해 프랑
스로 유학을 떠났고, 거기서 차이허썬과 결혼해 부부가 됐다. 프랑스에서 유학하는 동안
마르크스주의에 경도되면서 여성해방을 사회혁명과 결합시켰다. 귀국 후 중국공산당에
가입했고, 1925년 5월 중국공산당 중앙의 부녀부 주임을 맡은 이래 여성과 노동자의 권
익을 위해 전력투구했다. 또 소련으로 유학을 떠나 코민테른 대회에 중국 여성 노동자 대
표로 참석하기도 했다. 하지만 국민당과 공산당이 분열하고 권력을 장악한 국민당이 백
색 테러를 일으키면서 결국 체포되어 1928년 5월 1일 처형됐다.

혁명 성공 후에는 소비에트 러시아로 유학하는 여성도 많아졌다. 차이 창과 샹징위 그리고 프랑스 유학을 거쳐 각각 독일과 소련으로 유학한 류칭양劉淸揚, 궈룽전郭隆眞 등은 모두 초기 중국공산당 역사에서 이름을 날린 여성 혁명가다.

청 말부터 5·4운동 이전까지는 압도적으로 많은 여성이 일본으로 건너갔다. 1901년 의화단전쟁 패배를 계기로 시작된 신정의 주요 내용 가운데 하나가 유학생 파견이었는데, 특히 일본 유학이 장려됐다. 지리적으로 일본은 중국과 가깝고 비용도 적게 들며 언어와 풍습도 유사하다. 장지동 등 관료나 량치차오 같은 재야 지식인은 일본이 그들 나름의 필터를 통해 섭취한 서양의 방대한 지식을 흡수하는 것이 중국으로서는 비용과 시간을 절감할 수 있는 방법이라고 여겼다. '일본화'된 서양 문화가 중국 지식인의 서양과의 정신적 거리를 축소해주었던 것이다.

유학생의 입장에서 보면 일본 유학을 마치고 귀국하면 학위를 그대로 인정받아 관직으로 나아가는 데 유리했다. 따라서 일본 유학은 과거 폐지 이후 새로운 출세 코스로 기능하게 됐다.

일본 유학이 붐을 이루자 아버지나 남편, 형제를 따라온 여성도 일본 유학의 기회를 얻을 수 있었다. 1899년 6월 9세의 샤쉰란夏循蘭이 집안 사람을 따라 일본으로 건너가 시모다 우타코下田歌子가 교사로 있던 가조쿠여학교華族女學校에서 공부했다. 시모다 우타코는 이후 짓센여학교實踐女學校를 설립하는데, 거기에는 1901년 오빠를 따라 일본에 건너왔던 첸펑바오錢豊保 등 여러 명의 중국 여학생이 입학하게 된다. 하지만 이들 중 학업을 마친 여성은 첸펑바오와 훗날 5·4운동에서 학생들의 표적이

된 장중샹章宗祥의 부인 천옌안陳彦安 두 사람뿐이었다.

중국 여성의 일본 유학은 1905년부터 갑자기 늘어났다. 1905년 후난 성은 20여 명의 여학생을 관비로 일본에 파견했는데, 이는 정부가 여성 유학을 지원한 최초의 사례였다. 짓센여학교는 1905년부터 중국 여성을 위한 교과과정을 따로 설치했고 1914년까지 200여 명의 여자 유학생을 받아들였다.

1907년 "가을바람 가을비, 사람을 죽도록 슬프게 하는구나秋風秋雨, 愁煞人"라는 시를 남기고 형장의 이슬로 사라진 저명한 여성 혁명가 추근도 1904년 짓센여학교에 입학했다. 이미 두 아이의 어머니였던 추근은 베이징에서 의화단전쟁을 경험하면서 청 정부에 실망해 혁명의 길을 걷기로 결심한다. 그녀는 아이들을 친구에게 맡기고 패물을 팔아 일본의 교육가 핫토리 우노키치服部宇之吉의 처 핫토리 시게코服部繁子를 따라 일본으로 유학을 떠났다. 1903년의 '소보사건' 이후 혁명파 인물 가운데 많은 사람이 상하이에서 도쿄로 거점을 옮겨 활동했는데, 그들 앞에 추근은 남장을 하고 나타나 여권을 고취하고 혁명을 선동하는 일장연설을 해 우레와 같은 박수를 받았다. 1905년 청국유학생취체규칙 사건[20]이 발생하자 여학생을 이끌고 각종 집회와 시위에 참가했다.

일본은 중국 유학생을 단속했지만 러일전쟁에서 일본이 승리하자 중

---

[20] 1903년 상하이에서 일어난 소보사건 이후 도쿄는 중국 혁명가의 거점이 됐고, 그중에는 유학생이 많았다. 도쿄에 모인 유학생의 '불온한' 행동과 단결에 위협을 느낀 청 정부는 일본 정부에 청국유학생취체규칙을 제출해 학생의 정치활동을 규제하려고 했다. 이에 8000여 명의 학생이 동맹휴교로 항의하자, 일본의 한 신문은 이것을 "청국 사람 특유의 방종비열한 의지"라고 비판했다. 이에 유학생들은 민족적 모멸감을 느껴 크게 반발했다. 특히 〈절명서絶命書〉를 남기고 오모리 해안에 몸을 던진 진천화陳天華의 이야기는 유명하다.

중국의 대표적 여성 혁명가
추근秋瑾 (1875?~1907)

원명은 윤근閏瑾이다. 조상 대대로 저장 성 사오싱에서 살았지만 부친인 추수남秋壽南이 푸젠 성 제독으로 근무할 때 거기서 태어났다. 개방적인 집안에서 성장했으며, 유년시절 아버지로부터 경학과 역사를 배웠다. 무술에도 뛰어났는데, 역사 속의 영웅을 숭배해 스스로를 '경웅競雄', '감호여협鑑湖女俠'이라 불렀다. 그 후 아버지를 따라 후난 성 상탄湘潭으로 이사해 그 지역 대부호의 아들 왕팅쥔王廷鈞과 결혼해 1남 1녀를 낳았다. 1900년 남편의 관직을 따라 베이징으로 이주한 뒤 우즈잉吳芝瑛과 교류하면서 당시 막 전해진 서양의 민주주의, 여권론 등 새로운 사상을 접했고, 의화단운동을 체험하면서 청 정부의 무능을 절감하고 이후 청조를 타도하는 배만혁명에 공감하게 됐다. 결국 성격과 이상 모두 맞지 않았던 남편을 떠나 홀몸으로 일본으로 건너가(1904) 여학교에 입학하고 동맹회에도 가입해 여성 혁명가를 꿈꾸었다. 하지만 1905년 일본 정부가 청조의 요청으로 청국유학생취체규직을 공포하자 이에 항의해 귀국했다.

1907년 상하이에서 《중국여보》를 창간해 여권 신장과 혁명을 호소했고, 고향인 사오싱으로 가서 다퉁大通사범학당을 운영하기도 했다. 한편 장쑤 성과 저장 성 출신의 혁명파 인물들이 결성한 광복회와 연락을 취하며 광복군을 조직해 서석린徐錫麟과 함께 거사를 준비했지만 1907년 7월 6일 서석린이 안칭安慶에서 체포되어 봉기는 실패했고, 추근도 체포되어 17일 사오싱에서 처형됐다. 추근의 열정과 이상은 이후 중국 여성운동에 계승됐고, 그녀의 희생은 여성계에 영향을 주어 많은 여성이 혁명운동에 참가하는 계기가 됐다.

국인의 일본 유학열은 더욱 고조됐다. 1907년 도쿄에는 약 1만 명의 중국인 유학생이 있었는데, 그중 여학생은 100명 정도였다. 1908년에는 126명, 1909년에는 149명으로 늘었다가 1910년에는 125명으로 다소 줄었다.

여성은 처음에 남편이나 오빠를 따라 유학을 갔지만, 추근처럼 혼자가는 유학도 차츰 증가했다. 누구의 아내나 딸이 아닌 자신의 이름으로 공부하고 활동하게 된 것이다. 일본에 유학한 중국인 여학생은 다양한 단체를 조직하고 잡지를 간행했다. 1903년 4월 8일에 탄생한 중국 최초의 여자 유학생 조직인 일본유학여학생공애회日本留學女學生共愛會(속칭 공애회)는 '국가사상을 갖추어 여국민으로서의 천직을 다할 것'을 목표로 내세웠다. 20세기 초 중국에서 형성되기 시작한 민족주의의 영향을 받아 국민으로서의 소명을 여성에게 일깨우려고 한 것이다.

비록 실행에 옮기지는 못했지만, 공애회는 1903년 제정러시아가 만주 침략의 야망을 드러내기 시작했을 때 긴급회의를 소집해 러시아에 저항하는 운동(거아운동)에 의용대를 결성하여 종군하기로 결의했다. 이러한 여학생의 행동에서 전형적인 유교적 우환憂患 의식과 남녀 모두를 국민에 포함하는 근대 민족주의가 교차하고 있음을 볼 수 있다. 그녀들은 여성으로서의 고유한 권리를 내세우기보다 국가와 민족의 위기를 타개하는 것이 먼저이고, 거기에는 여성도 적극 동참해야 한다고 주장했다. '여권'보다 '애국'이 먼저였다.

페미니즘이 민족주의를 따라 일어났지만 여성의 고유한 권리는 민족주의에 종속되어야 했던 중국 여성운동의 특징은 20세기 내내 지속됐다. 추근처럼 남장을 하고 남성의 행보를 하다가 형장의 이슬로 사라진 '여영웅'은 20세기 중국 여성운동의 한 전형을 보여준다. 추근처럼 일본 유학을 마치고 온 중국 여성 중에는 이후 사회운동과 혁명 활동에 적극 투신하는 경우가 많았다. 다수는 교육 구국을 내세우며 교직으로 나갔다. 중국 근대의 대표적인 여권운동가인 탕췬잉, 팡쥔잉方君英, 선쯔주沈

滋九, 탄서잉談社英 등은 모두 일본 유학 출신이다.

구미권에서 유학했던 여성도 다수가 교직으로 나가기는 했지만 주로 교수나 의사 같은 고위 직업군에서 일했다. 천헝저, 린후이인林徽因, 쩡바오쑨曾寶蓀, 우이팡吳貽芳 등을 보자. 천헝저는 시카고대학에서 석사를 마치고 귀국한 뒤 1920년 베이징대학 최초의 여교수가 되어 서양사와 영문학을 가르쳤다. 중국번曾國藩의 증손녀인 쩡바오쑨은 런던대학에서 학위를 취득하고 귀국하여 1917년 창사長沙에 기독교학교 이팡여교藝芳女校를 설립했으며, 미시간대학에서 생물학 박사학위를 받은 우이팡은 1928

✎ 베이징대학 최초의 여교수
천헝저陳衡哲 (1890~1976)

필명은 소피아 천Sophia H. Z. Chen. 본적은 후난 성 헝산衡山이며 장쑤 성 우진 현武進縣에서 태어났다. 역사학자이자 문학자다. 전형적인 명문가 출신으로 4세 때부터 어머니에게 직접 문자교육을 받았고, 전족을 하지 않았다. 13세에 상하이의 중영여자의학원에 입학해 영어를 배웠고, 1914년 칭화대학이 선발하는 미국 장학생 시험에 합격해 바사여대Vassar College를 거쳐 시카고대학에서 서양사를 전공했다. 미국 유학 시절에는 후스, 런훙쥔任鴻雋과 절친한 사이였고, 후스의 백화문운동을 적극 지지해《하루》라고 하는 백화소설도 발표했다.

한때 독신주의자였지만 컬럼비아대학에서 이학(화학) 석사학위를 취득한 런훙쥔과 결혼한 뒤 귀국해 함께 베이징대학 교수가 됐다. 하지만 임신하자 곧바로 사직을 하고 몇 년간 육아에만 전념했다. '베이징대학 최초의 여교수'라는 수식어가 늘 따라다니지만 정작 그녀 자신은 늘 가정이 우선이었고, 모성과 직업의 조화를 추구했다. 1923년 이후 남편의 근무지를 따라 둥난대학, 쓰촨대학 등에서 교수를 역임하는 한편, 중일전쟁 발발 후에는 구국운동에 적극 동참했다. 신중국 수립 후 상하이의 시정협市政協 위원으로 일하다가 1976년에 사망했다.

단편소설집《소우점小雨點》과 산문집《천헝저 문집》그리고 연구서인《문예부흥사》등을 남겼다. 여성의 시점으로 역사를 서술한《서양사》는 최근 중국에서 다시 출판됐다.

년부터 23년간 모교인 진링여자대학 교장으로 재임했다. 쩡과 우는 모두 평생 독신으로 살면서 교육사업에 헌신했다. 량치차오의 며느리로도 유명한 린후이인은 부미칭화유학생으로 예일대학 등에서 공부했고, 1928년 귀국 후 둥베이대학 건축과 교수 등을 역임했다. 그 밖에 일본, 미국 등지에서 공부한 뒤 1924년 국립베이징여자사범대학 교장으로 부임한 양인위楊蔭楡, 미국 컬럼비아대학에서 존 듀이를 사사하고 우시대학無錫大學, 다샤대학大夏大學 등에 임직한 '민중 교육의 어머니' 위칭탕兪慶棠, 1923년 영국에서 석사학위 취득 후 베이징여자고등사범학교에 재직한 위안창잉袁昌英, 미국 웰즐리대학 문학 석사학위 취득 후 옌징대학燕京大學에 재직한 빙신氷心 등을 꼽을 수 있다.

고등교육을 받은 여성이 늘어나고 그에 따라 여성의 사회 진출이 확대되면서 여성을 바라보는 사회적 시선이 변화하고, 이는 전통적 젠더gender관에도 큰 충격을 주었다. 하지만 전체 여성 가운데 교육의 수혜자는 극히 작은 집단이었다. 1920년대에도 전국의 대학생 중 여학생은 2.5퍼센트에 불과했다. 화베이 지방의 여성 문맹률이 특히 높았는데, 예컨대 1936년 허난 성河南省에는 글을 읽을 줄 아는 여성이 2.02퍼센트에 불과했다. 여성 교육이 가장 발달한 장쑤 성과 저장 성까지 포함해도 1930년대 중국 여성의 문맹률은 여전히 90퍼센트 선을 유지하고 있었다. 교육받은 여성이라도 대부분 소학교 정도 수준이었다.

더욱이 여학생의 졸업장은 상급학교 또는 사회로 진출하기 위한 자격증이기보다는 좋은 혼처를 찾기 위한 '혼수'가 되는 경우가 많았다. 서양의 연애지상주의가 유입되면서 청년 엘리트는 점점 배우자의 조건으로 상호 감정 교류와 소통을 요구하게 됐고, 이에 따라 고등소학이나 사범학교 등 중등교육을 받은 여성은 몸값이 치솟았다. 시집갈 때 자신의 졸업장을 유리 액자에 끼워넣고 가마 옆의 하인으로 하여금 치켜들고 가게 하는 웃지 못할 일도 일어났다. 하지만 대학이나 유학 정도의 고등교육을 받은 여성은 오히려 걸맞은 남성을 구하기 어려워 독신으로 남는 경우도 많았다.

신여성의 탄생과
그 의미

   / '모던걸modern girl', 즉 신新여성은 흔히 영어 '플래퍼flapper'를 말하는데, 플래퍼는 어린 새가 날갯짓을 배우기 위해 '푸드득거린다flap'는 것에서 유래했다고 한다. 이 단어가 처음 쓰인 17세기만 해도 항간에 떠도는 유행어 정도에 불과했지만 제1차 세계대전 이후 구미권, 특히 미국에서 여성의 사회 진출이 확대되고 패션 등 소비나 여가 시장이 발달하면서 '새 유행을 적극적으로 받아들인 신세대 여성'을 지칭하는 단어가 됐다. 영국에서는 여성의 고등교육과 직업의 발전에 따라 1890년대가 되면 '뉴 우먼New Woman'이라는 단어가 자주 등장하는데, 처음에는 신문 매체가 만든 '작품'에 불과했지만, 페미니즘²¹의 발달에 따라 여성 자신을 가리키는 호칭으로도 사용됐다. 플래퍼든 뉴 우먼이든 그 개념은 매우 유동적이며, 때로는 각성한 여성의 상징이기도 했다가, 때로는 퇴폐의 상징으로 그려지는 등 모순에 가득 차 있었다.

  1920년대 한국, 중국, 일본의 동아시아 삼국에도 '신여성 현상'이 등

---

21 프랑스어 '페미니즘féminisme'은 이 말이 처음 등장한 1890년대 유럽에서 '여성해방'과 동의어로 사용됐고, 영어권으로 전파되어 페미니즘feminism이 '우머니즘womanism'을 대신해 사용됐다. 애초에 프랑스어 '페미니즘'은 '여성의 자질'이라는 의미를 내포했다. 오늘날과 같이 '여권', '남성과 동등한 권리'보다는 여성의 특수한 권리에 치중했다.

민국시대 신여성

장했다. 중국에서는 신여성이라는 단어가 일본이나 식민지 조선에 비해 조금 늦게 등장하는데, 후스胡適가 1918년 〈미국의 신부녀美國的新婦女〉라는 글을 《신청년》에 발표하고, 1920년 상하이의 우번여중 남교사를 중심으로 《신부녀》라는 잡지가 창간되기까지, 의미는 같아도 신여성이라는 말 자체는 아직 없었다. 미혼 여성을 가리키는 '여자'와 기혼 여성을 가리키는 '부인'을 합친 '부녀'라는 말이 바로 오늘날 '여성'에 해당하는 단어였다. 하지만 여성 작가 천쉐자오陳學昭가 1923년 상하이의 《시보時報》에 처녀작 〈나의 이상적 신여성我所理想的新女性〉을 발표하고, 또 1926년 상하이에서 장시천章錫琛, 저우젠런周建人 등이 잡지 《신여성》을 창간하면서 '여성'이라는 용어가 점차 '부녀'를 대신해갔다.

1920년대 중국에서 신여성은 비교적 긍정적인 의미를 띠고 있었다. 대체로 중등 이상의 교육을 받고 연애와 결혼, 사회생활 등에서 당시 신청년의 시대정신이라 할 수 있는 자주적이고 자립적인 의식과 행동을 지닌 여성을 가리켰다. 후스가 〈미국의 신부녀〉를 통해 묘사한 신여성의 이미지에 딱 들어맞는다. 하지만 1920년대에는 구미의 부르주아여성해방론뿐 아니라 러시아혁명의 영향을 받아 사회주의여성해방론도 함께 수입됐기 때문에 신여성의 형상은 논자에 따라 다소 차이가 있었다. 어느 경우든 교육을 받은 주체적인 여성을 의미하는 것은 공통점이었다.

1930년대에는 '현대화', '현대 문명' 등과 같은 어휘가 중국에서 유행함에 따라, 영어의 'modern'을 음역한 '마등摩登'을 얹어 '마등소저(소저小姐는 아가씨)', '마등부녀'란 용어가 '신여성'과 혼용됐다.[22] 주로 교육이나 각성을 기준으로 했던 1920년대의 신여성과 달리 모던걸은 양장과 파마나 단발 등 서양식 헤어스타일을 하고 서양식 생활 스타일을 즐기는 등 외적인 특징을 가리키는 경우가 많았다.《월빈패月份牌》같은 당시 대표적인 상업 잡지를 보면 1930년대의 모던걸은 크게 다음 네 가지로 나누어볼 수 있다. 연한 청색 제복을 입은 여학생, 영화배우·가수·댄서·스튜어디스 등 화려한 직업여성, 명문가 규수나 중상류 계급의 귀부인, 누드나 세미누드의 이른바 '유혹'하는 여성(사실은 대부분 창기)이었다.

즉 1930년대가 되면 여학생과 교사로 대표됐던 1920년대의 신여성뿐 아니라, 다양한 업종의 직업여성과 유한부인, 심지어 창기까지 모던걸의 대열에 들어선 셈인데, 이는 소비문화의 확산과 무관하지 않다. '남자는 세계를 지배하지만 남자를 지배하는 것은 여성'이라는 내용의 광고는 남성을 사로잡을 만한 섹시한 여성을 신여성의 전형인 양 내세우고 있다. 이처럼 1930년대에는 자각 의식보다 패션(주로 양장과 단발 또는 파

---

22 식민지 조선에서는 모던걸의 상징인 단발머리를 의식해 '모단モ断'으로 음역하는 경우가 많았다.

마)과 일상 소비생활에 초점을 맞추는 경향이 있었고, 자연히 그 이미지도 나빠졌다. 1930년대에 '마등소저', '모던걸'이라고 할 때는 국가와 민족의 위기를 외면하고 개인의 향락과 사치를 추구하는 위험한 여성을 의미했고, 심지어 '기생충'이나 '해충'으로 낙인찍히기도 했다. 특히 대도시의 새로운 여성 직업군에서 일하는 점원인 '여초대女招待(웨이트리스)'는 전형적인 모던걸로 비판받았다. 항일구국운동이 전개되면서 신여성은 여국민과 모던걸로 양분되어 전자는 민족주의자, 후자는 개인주의자로 형상화되기도 했다.

신여성을 바라보는 중국인의 복잡한 시선은 1936년에 상영됐던, 당대 최고의 여배우이자 이 영화 상영 후 자살로 생을 마감한 롼링위阮玲玉 주연의 〈신여성〉이라는 영화에 상징적으로 드러난다. 영화 속 주인공의 직업은 당시 가장 대표적인 여성 직업 가운데 하나였던 교사다. 연애결혼으로 딸을 낳았지만 남편에게 버림받은 주인공은 다시 사랑하는 남자를 만났으나 결혼하지 않고 지내던 중 직장을 잃고 생활고에 시달리다가 결국 꿈이었던 작가가 되기 직전 자살로 생을 마감한다. 신여성의 조건인 연애결혼과 직업은 충족됐지만 좌절과 죽음으로 끝난 주인공의 삶은 당시 신여성에 대한 세간의 이중적 시선을 그대로 보여주는 것이다. 교육과 각성, 연애, 직업과 자립을 요구하면서도 막상 여성이 연애를 하고 직업세계에서 남성과 경쟁하는 것은 백안시한 것이다. 이 영화가 상영된 다음 해 일어난 전면적 중일전쟁(1937~1945) 이후 이상적 신여성은 더 이상 독립과 자유를 추구하는 여성이 아닌, 국가와 민족을 위해 적극 헌신하는 여성으로 회귀하게 된다. '천하 흥망은 필부의 책임!'이

중국의 국민배우
롼링위阮玲玉 (1910~1935)

롼링위

광둥 성 출신으로 상하이에서 태어나, 중국의 영화산업이 활성화된 1930년대 무성영화 시절 최고 인기를 누리던 여배우였다. 중학 교육까지 받았으나 어머니가 하녀로 일하던 부잣집 아들과 동거하다가 동거남의 경제적 무능력 때문에 영화배우로서 생계를 책임졌다. 생활능력 없이 자신에게 기생하며 도박과 외도를 일삼던 동거남에게 질려 헤어지고 부유한 상인이자 영화 제작에도 투자하던 두 번째 남성과 살았으나 그 역시 유부남에 바람둥이였다. 첫 번째 동거남이 (간통) 소송을 하자 신문·잡지 같은 대중매체와 대중의 관음증에 시달리게 됐고, 음독자살로 20대 중반의 짧은 삶을 마쳤다.

그녀가 출연한 숱한 영화 중에도 〈신녀神女〉는 아들을 키우는 매춘 여성의 모성애를 그린 것으로, 밑바닥 인생으로 지탄받던 성매매 여성을 신녀로 표현한 데서 알 수 있듯이 비판적 지식인의 사회관을 잘 보여준다. 그리고 그녀가 대중 매체의 표적이 된 것도 차이추성蔡楚生 감독의 〈신여성〉(1935)에 출연한 것과 관련이 있다. 영화 〈신여성〉에는 저질 기자에 대한 비판적 시각이 담겨 있었고, 결국 이 영화와 관련된 사람들이 기자들의 지탄 내지 보복의 대상이 됐는데, 이때 롼링위의 스캔들이 터진 것이다.

훗날 차이추성 감독은 〈신여성〉이 국민정부에 대한 저항의 메시지를 담고 있어 결과적으로 국민당계 기자들이 '롼링위를 죽음으로 몰아간 것이므로 그녀의 죽음에 촉매제가 된 것은 국민당'이라는 회고를 남겼다. '소문이 무섭다'라는 제목으로 알려진 롼링위의 유서는 상하이의 진보적 지식인들에게 분노를 불러일으키기도 했다. 이 유서는 두 번째 동거남이 공표한 것인데, 2001년에 이것이 다른 사람이 쓴 가짜라는 점과 진짜 유서의 내용이 밝혀졌다. 1991년 홍콩에서 만든 영화 〈롼링위〉에는 후배 영화인이 다수 출연해 그녀의 삶을 추모했다.

라는 신해혁명기의 호소가 다시 대두한 것이다.

신여성에 대한 이러한 복잡한 함의는 조선이나 일본에서도 마찬가지였다. 일본에서 신여성(新しい女, 모던걸, 모가 등)이라고 할 때 처음에는 여성 참정권이나 여권 확대 등 페미니즘의 이상을 가진 여성을 의미했지만, 1920~1930년대 들어서는 소비 지향적이며 향락적인 여성을 부정적으로 표현할 때 쓰는 경향이 강해졌다. 영어 '뉴 우먼New Woman'의 번역어인 '신여자新しい女'가 서구(영국이나 스웨덴 등)의 여성운동에 영향을 받아 정치사회적 권리를 주장하는 페미니즘 운동을 전개한 세이토青鞜(블루스타킹)류의 집단을 가리키는 말이었다면, 모던걸은 서구식 외모로 꾸미고 경제적 독립과 성적 자유를 구가한 여성을 상징적으로 가리키는 말이었다. 이러한 점은 조선에서도 크게 차이가 없었다.

외부의 무력으로 강요된 근대화는 식민지, 반식민지 국가에서 서구에 대한 복잡한 시선을 자아냈다. 그것은 아마도 '애증복합증후군'일 것이다. '여성의 지위는 문명의 척도'라고 하면서도 여성의 남성 영역으로의 진출은 경계한다. 서구적 교육을 받고 서구적 복장을 하고 서구 문명의 이기利器를 소유한 여성을 흠모하는 한편, 동시에 혐오를 느낀다. 1929년 미국 월가에서 시작된 전 세계적 불황은 1930년대 아시아 각국에도 영향을 미쳐 제1차 세계대전을 전후하여 누려온 중국과 일본의 일시적 호황도 종지부를 찍게 됐다. 불황을 타개하기 위해 일본이 도발한 만주사변(1931)과 전면적 중일전쟁(1937 이후)을 거치면서 이제 더 이상 신여성에 대한 너그러운 시선은 찾아보기 어려워졌다.

4

청말 이후 여성의 경제활동

여성에게 열린
다양한 직업의 세계

✎　근현대 중국의 지식인 다수가 여성해방의 제1보는 교육, 제2보는 직업과 경제권이라고 했다. 중국 여성이 법적으로 재산상속권을 인정받는 것은 1930년 난징 국민정부가 반포한 이른바 '신민법(중화민국민법)' 이후다. 그것은 5·4운동 시기 점화된 다양한 여성해방론, 그리고 여성을 개혁의 대상이자 주체로 포섭하려 했던 국민혁명운동의 열매이기도 했다. 하지만 대부분의 여성에게는 그림의 떡일 뿐인 재산상속보다 스스로의 힘으로 생존할 수 있는 직업을 갖는 것이 더 절실하지 않았을까? 중국에서도 여성 교육의 확산에 따라 다양한 직업이 등장했다. 개항 이후 1890년대까지는 여공 외에 다른 직업이 많지 않았지만 이어 교사, 의사 등 이른바 '지적 여성 직업'이 등장하며 1920년대를 전후해서는 직업이 보다 세분화한다. 직업 종사는 더 이상 하층 여성의 생계 도모 수단만이 아니라 중상층 여성의 시대적 조류가 된 것이다. 이 장에서는 압도적 다수를 차지했던 농부나 하층 여성의 직업을 포함해 청말민국 시기 다양한 여성의 경제활동을 개관해보려 한다. 아울러 재산권 확립의 입법화 과정도 간단히 살펴보기로 하자.

개항 이후 산업화와 여성 교육의 발전에 따라 여성의 직업은 보다 다양해지고 전문화됐다. 지식 여성이 주로 종사한 교사나 간호사, 의사가 등장하는 것은 미션 스쿨을 포함해 여학교 졸업생이 본격적으로 배출되고 나서의 일이었고, 그전까지는 주로 제사와 방직 업종에서 일하는 여공이 많았다. 하지만 여공이 등장하기 이전에도 해외 이주 노동자, 흔히 '쿨리(저자猪仔)'라 불리는 남성의 성문제를 해소하기 위해 해외로 나간 '저화猪花'라든가 아편관에서 남성의 시중을 들던 '여당관'도 있었다. 하층 여성이 주로 종사한 직업에서 시작해 교육받은 여성의 직업에 이르기까지 살펴보기로 하자.

저화

19세기 중엽 이후 자본주의 생산체제의 전 지구적 확립에 따라 서구 자본주의 제국은 염가의 노동력 확보가 절실해졌다. 이에 더해 노예폐지운동으로 19세기 중반 이후부터 식민지의 노동력 확보에 비상이 걸렸다. 아편전쟁(중영전쟁, 1840~1842)과 태평천국운동(1851~1864) 등 전쟁과 내란이 이어지면서 중국의 광둥 지방은 그야말로 직격탄을 맞았는데 자연재해까지 더해지면서 수많은 농민과 수공업자가 삶의 터전을 잃고 유랑하게 됐다. 인도어 쿨리coolie의 한자음역인 '쿠리苦力' 또는 광둥어로 '저자'라 불리는 저임금 노동자는 바로 중국의 반半식민지화와 구미의 자본주의가 결합해 낳은 존재였다. 그들은 '바다를 떠다니는 지옥'으로 불리던 열악한 조건의 외국 배로 수송되어 현지에서 노예처럼 사역됐다. 이들은 남북아메리카와 서인도제도, 동남아시아, 오스트레일리아를 비롯해 일부 인도양에 걸쳐 글로벌한 규모로 대량 수송됐다.

그런데 이들 쿨리는 극도로 가난하고 기술도 없었기에 기혼이라 해도 대부분 고향에 처자식을 남겨두고 홀몸으로 떠났다. 따라서 당연하게도 이민지의 성비 불균형은 극심했다. 예컨대 1850년 미국에는 약 4000명의 중국인이 있었는데 그중 여성은 겨우 일곱 명이었다. 제2차 아편전쟁 패배(1860) 후 중국은 쿨리 무역과 함께 중국인의 이민을 합법화하는데, 그로부터 한참 지난 1876년에도 캘리포니아 주에서 중국인 남성 1000명당 여성은 24~30명에 불과했다.

남성 노동자는 성생활이나 가족의 따뜻한 보살핌이 없다 보니 도박이나 마약, 싸움 그리고 비정상적 성행위에 빠지기 쉬웠다. 이국땅에서 노동하는 이런 중국인 노동자의 범죄를 줄이고 이민지의 질서와 안정을 유지하기 위해 팔려나간 여성이 '저화'였다. 저화란 저자(쿨리)를 상대하는 여성이라는 뜻이다. 광둥 지방에서는 쿨리를 '새끼 돼지'라는 의미의 '저자'라고 했는데 쿨리는 대개 광둥이나 푸젠 출신이다 보니 이런 말이 유행한 것이다. 저화의 '화'는 광둥 지방에서 젊은 여자를 가리킬 때 붙이는 접두어다. 저화는 이미 1850년대부터 있었지만 1860년대에 그 수요가 급증한 것으로 보아 쿨리 무역과 직접적인 관련이 있음을 알 수 있다. 특히 1848년의 캘리포니아 금광 발견, 1868년의 대륙횡단철도 건설은 중국인의 북미 이민을 촉진하는 계기가 됐다. 저화 역시 여러 나라로 떠났지만 1870년대까지는 미국으로 간 비율이 가장 높았다.

저화의 수요가 급증하면서 창기를 대량 사들여 선상에서 결혼식을 거행해 마치 쿨리의 아내인 것처럼 위장하기도 했고, 멀쩡한 여성을 유괴하거나 납치해 보내기도 했다. 그녀들은 쿨리와 마찬가지로 좁은 범선에 짐짝처럼 구겨져 2~3개월간 바다를 떠돌다 북미 지역뿐 아니라 서인도제도와 동남아시아 등 에스파냐와 영국의 식민지로 보내졌다. 그녀들 중에는 아예 스스로 기원妓院을 설립해 거부가 되는 경우도 있었다. 하지만 대부분 쿨리를 상대로 매춘을 했고 낮에는 쿨리의 집안일을 돌보기도 했다. 1870년대 미국은 중국인 이민을 제한했고, 특히 저화에 대한 도덕적 비난이 쇄도하면서 저화의 수는 점점 줄었다. 20세기 초 미국에 온 중국 여성은 대개 가족을 따라와 음식점이나 세탁업에 종사하는 경우가 많았다.

말레이 반도의 페낭, 믈라카와 싱가포르 그리고 인도네시아의 방카섬 등 영국이나 네덜란드령 식민지로 간 저화도 초기에는 주로 성매매를 했지만 점차 노동력 수요가 급증하면서 고무농장이나 주석광산에서 노동자로 일하게 됐다. 열악한 환경이지만 미주나 동남아시아로 건너간 쿨리 중에는 계약 만료 후 업종을 바꾸어 사업가로 성공하는 사람도 있었는데, 대부분 광둥 출신인 그들은 광둥 요리를 할 줄 아는 가정부를 선호했다. 이에 20세기 초가 되면 '마저媽姐'나 '아마阿媽'라고 불리던 광둥 출신 가정부(일반적으로는 '여용女傭'이라 불림)가 대거 바다를 건넜다. 특히 1930년대 세계공황이 급습하면서 제사공장에서 일했던 수많은 실직 여공이 싱가포르나 말레이 반도로 건너가 가정부로 일했다. 최근 정리되고 있는 구술 자료에 따르면 외지에서 일을 계속하기 위해 그녀들은 대부분 '자소自梳(스스로 머리를 올리고 평생 독신으로 사는 여자)'가 됐다. 노동을 하기 위해 개인의 행복을 포기한 것이다. 하지만 그녀들은 자기희생으로 부모에게 효도하고 형제를 가르칠 수 있다는 사실에 상당한 자부심을 가졌다. 꼬박꼬박 돈을 모아 송금하자 부모가 "네가 아들보다 낫다"라고 했다면서 그녀들은 비로소 여자가 아닌 인간으로서 행복을 느낀다고 말했다.

여당관과 여초대

평범한 어촌이었던 상하이는 개항 이후 상점이 즐비하고 인구가 밀집한 신흥 상업도시로 변모했다. 이에 따라 서비스업과 유흥업도 크게 발달했다. 특히 규모가 큰 유흥업소가 바로 '대연관大烟館' 또는 '연관'이라 불리는 공개된 아편굴로, 1872년의 조사에 따르면 당시 상하이에는 1700개가 넘는 연관이 있었고 주로 상업 중심지인 조계(외국인 거류지) 안에 집중해 있었다.

처음에는 '남포당男跑堂'이라 불리는 남자 종업원을 고용했지만 경쟁이 치열해지면서 1860년대 말부터 일부 연관에서 여종업원을 고용하기 시작했다. 그녀들은 '여당관女堂倌'이라 불렸다. 창기처럼 성매매를 하는 것은 아니었지만 여성이 시중을 드는 것 자체가 신기하고 또 비용도 저렴했기에 다양한 계층의 남성이 이곳을 찾았다. 특히 소매상이나 점원, 품팔이꾼(용공), 가마꾼, 잡역부 등 수입이 낮은 남성이 이곳을 찾아 종일 노닥거렸다. 흡연자는 마음껏 흡연할 수 있고 흡연하지 않는 사람은 여당관을 희롱하며 소일했다. 결국 다들 골초가 되어버렸다. 여당관은 성매매를 하지 않으면서 비교적 자유롭게 돈을 벌 수 있어서 도시로 흘러들어온 농촌 여성에게 인기 있는 직업이었다. 하지만 건강을 해치고 가산을 탕진한 남자들의 사례가 보도되면서 비난이 폭주해 차츰 사라져갔다.

1930년대가 되면 소비문화 확산에 따라 베이핑, 톈진天津, 상하이 등 대도시를 중심으로 '여초대'라 불리는 서비스직이 중하층 여성의 중요한 직업으로 자리 잡는다. 술집이나 각종 오락장에서 일하는 웨이트리스뿐 아니라 백화점이나 상점의 점원도 여초대라 불렸지만, 후자는 여점원이라는 호칭으로 구분하기도 했다. 모두 화려한 외모와 성적 매력으로 남성 고객을 끌어들이는 역할을 했기에 여권운동의 적이라는 지탄을 받았고, 남성에게서도 '화병花瓶'이라는 비판을 받았다. 그럼에도 여초대는 계속 증가했는데, 특히 1927년 난징으로 수도를 옮긴 뒤 베이핑에서는 영업 부진을 만회하기 위해 여초대를 고용하는 것이 유행병처럼 번져갔다.

여공

중국에서 최초로 여공이 등장한 것은 1870년대였다. 1872년 화교 상인 진계원陳啓源(1834~1903)이 광둥 성 난하이南海에 계창륭소사창繼昌隆繅絲廠이라는 제사공장을 설립해 600~700명의 여공을 고용했다. 하지만 남녀가 섞여서 일하면 '풍속이 어지러워지고 윤리가 무너진다'는 비난이 쇄도하자 결국 마카오로 공장을 이전했다.

여공은 가족의 만류 속에 출근했고, 심지어 시집 식구들이 공장에 쳐들어와 행패를 부리는 일도 있었다. 그럼에도 여공은 계속해서 증가했다. 여공이 급증한 것은 청일전쟁 이후 중국 내지에 외국 자본이 직접

업종	여공 수	여공 비율 (%)
직물(제사, 방직, 염색)	135,781	46.5
기계	143	0.8
화학	8,612	20.5
식료	15,616	42.5
잡업	2,215	16
계	162,367	40.5

표 1. 업종별 여공 비율 (1920)

침투해 공장을 지을 수 있게 되고부터다. 서구 열강이 사활을 걸고 전쟁하던 틈을 이용해 중국의 민족자본주의가 비약적으로 성장했던 1910년대까지도 성장 추세는 멈추지 않았고, 이는 미국에서 시작된 대공황의 영향을 받게 되는 1920년대 말까지 이어졌다.

통계에 따르면 1913년에 중국의 여공은 대략 산업노동자 총수의 33퍼센트였고, 1920년에는 40.5퍼센트, 1933년에는 48.7퍼센트였다. 전국의 여공 중 약 65퍼센트가 장쑤 성, 특히 상하이에 집중해 있었다. 1924년 기준 12세 이하 유년공을 제외한 상하이의 여공은 모두 10만 5502명으로 집계됐으며, 그중 80퍼센트 이상인 9만 861명이 제사와 방적 등 섬유업, 8391명이 식료업, 2472명이 기계, 550명이 화학 분야에 종사했다. 상하이의 공장에서 일하는 여성 노동자의 전형적인 하루는 다음과 같았다.

오전 4시 30분에 기상해 집안일과 식사를 마치고, 5시 30분에 집을 나와 동료들과 함께 서둘러 공장에 간다. 공장 문 앞에는 행상인이 일찍부터 나와 아침밥을 팔고 있다. 공장 문은 5시 45분경 열리고, 여공들은 아침 6시부터 저녁 6시까지 일한다. 휴식시간은 점심시간 30분뿐이다. 아이를 데리고 온 사람은 이 짧은 휴식시간에 빨리 식사를 마치고 아이를 보살펴야 한다.

하지만 노동조건은 사실상 천차만별이었고 혼인 여부에 따라서도 여공의 생활은 크게 달랐다. 비교적 나이가 많고 가정이 있는 사람은 공장일과 집안일, 육아를 양립해야 했기에 고역이 이만저만 아니었지만, 나이가 어리고 미혼인 여성은 유행하는 옷을 입거나 스카프, 액세서리를 착용하는 등 다소 여유를 누렸다. 여학생처럼 단발을 하고 교복을 입기도 했다.

1929년에 공포되고 1931년부터 시행된 중국의 공장법에는 임신부의 경우 분만 전후 8주 유급휴가와 같은 모성보호조례 및 제24조에 '동일노동 동일임금同工同酬'의 규정이 있었지만, 대부분의 공장은 이를 시행하지 않았다. 실제로는 남녀 간 임금 차이가 상당했고 심지어 3 대 1인 경우도 있었다. 여공은 대부분 야근은 물론 12~16시간의 장시간 노동에 시달렸고 대소변을 보는 시간조차 제한됐다. 일본인 소유의 방직공장인 재화방在華紡의 노동 강도가 특히 높았기 때문에 남녀를 불문하고 재화방 노동자의 파업이 가장 많이 발생했다.

노동자는 대개 대도시 인근 농촌 출신이었다. 대부분 학교를 다니지 못했기에 남공 중 60퍼센트, 여공 중 85퍼센트가 일자무식이었으며 자기 이름을 쓸 줄 아는 남공은 40퍼센트 정도, 여공은 3퍼센트에 불과했다. 그러나 1930년대 이후 타오싱즈陶行知의 '글을 아는 자가 모르는 자를 가르치는' 교육법이 보급되고, 여공의 생활수준과 문맹률을 개선하려는 YWCA의 꾸준한 노력과 공산당의 노력까지 더해져 여공의 문맹은 점차 개선되어갔다.

오랫동안 공장생활을 하면서 여공 가운데는 전통적 가정의 구속에서 벗어나기 위해 상상하기 어려운 행동을 감행하는 이도 있었다. 기혼녀가 정부情婦를 두고부터 더 이상 농촌의 남편에게 돈을 보내주지 않는가 하면, 어떤 미혼 여성은 부모와 연락을 단절해버리기도 했다. 선배로부터 기술을 전수받는 과정에서 단순한 우정 이상의 감정이 싹터 아예 결혼을 거부하고 동거하는 여성도 있었다.

창기

창기는 성교를 포함한 성적 봉사의 대가로 금전을 취득하는 여성이다. 아편전쟁과 태평천국운동을 비롯하여 나라가 전란으로 황폐해지면서 많은 농촌 여성이 입을 하나 줄이기 위해 혹은 가족의 생계를 꾸리기 위해 도시로 들어와 공장에서 일하거나 혹은 창기가 됐다. 사치스러운 생활이 부러워 자발적으로 혹은 속아서 창기로 전락한 여공도 적잖았다. 그 밖에 전란으로 가족을 잃고 창기가 된 명문가의 규수도 있었다. 이래저래 뛰어난 자질과 미모를 갖춘 여성이 청루를 가득 채워 민국시기 상하이는 전 세계적으로 인구 한 명당 창기 수가 가장 많은 '윤락의 외딴섬(孤島)'이라는 오명을 안게 됐다.

창기업의 발전은 도시화에 따른 인구 이동과도 무관하지 않다. 자연 재해나 전쟁 등으로 농촌이 파괴되면서 일자리를 구하러 도시로 흘러 들어온 농촌 남성이 급증했고, 이로 인해 대부분의 도시에서 심각한 성 비불균형 현상이 나타났다. 그들 대다수가 혈기왕성한 미혼 남성이거나 고향에 처자식을 두고 홀몸으로 도시 생활을 하는 이들이었기에 노동 에서 오는 스트레스를 풀 오락거리나 성욕을 해소할 대상이 필요했던 것이다.

기녀의 등급은 엄격했다. 상하이의 경우 '장삼長三'이 최상등이고, 그 다음이 '요이소二'다. '장삼'이라 불린 것은 그녀들이 불려와 술자리 시 중을 들면 은전 세 닢을 받았기 때문이다. 고객은 주로 상층 관료와 대 자본가이며, 따라서 수입은 매우 높았다. '야계野鷄'는 하등급 기녀로 대 개 추위와 굶주림에 허덕이다 집안 어른의 강요로 기원에 들어왔거나 사기를 당해 기녀가 된 경우다. 지독한 착취와 압박 속에 수입은 겨우 입에 풀칠하는 정도였다. 그 밖에 '짠 내 나는 여자'란 의미의 '함수매鹹 水妹'가 있었는데, 이들은 외국 수병水兵을 상대했다.

중국에서 일하는 기녀의 국적은 다양했다. 중국 외에 미국, 일본, 조 선, 프랑스, 베트남 출신 기녀도 있었다. 1931년 만주사변 이후에는 일 본과 조선의 기녀가 점차 많아졌다. 기녀는 크게 공창과 사창으로 구분 되는데 공창은 공식 허가를 받아 정부의 관리 아래 세금을 내며 정기적 으로 신체검사를 받는 기녀이고, 사창은 영업허가 없이 자유롭게 매음 하는 기녀다. 사창을 가리키는 용어로 반개문半開門, 반엄문半掩門, 사와 자私窩子 등이 있었다. 1927년 성립한 난징 국민정부는 '창기와의 전쟁'

청말에 유행한 깃이 높은 옷

을 슬로건으로 내걸고 공창폐지운동에 나섰지만 기껏해야 정부의 손길이 미치는 수도 주변에만 효과가 있었고 암암리에 영업하는 사창은 불황과 맞물리며 오히려 번성했다.

불경기로 오입쟁이가 줄어들면서 1930년대 중반경이면 창기의 공급 과잉 현상이 나타나 창기의 몸값은 계속 하락했다. 더욱이 혼인은 남녀의 감정에 기초해야 한다고 하는 연애자유론과 혼인자주권이 청년의 시대정신으로 떠오르면서 높은 등급의 기녀라 해도 더 이상 남성에게 매력적인 존재가 아니었다. 위생 면에서도 기녀는 성병의 최대 매개자로 지목되어 지탄을 받았다.

하지만 일부 대도시의 기녀는 패션리더로 주목받았다. 기녀들 사이에서 유행하는 패션을 일반 여성이 모방하기도 했다. 청말민초에 크게 유행했던, 볼에 닿을 정도로 옷깃이 높은 '위안바오링元寶領' 스타일도 처음에는 기녀들 사이에서 유행하다가 전체 여성에게 번져 나간 것이다. 이에 "1860~1870년대까지는 일반 여성과 기녀의 옷차림이 명확히 구분됐지만 1890년대가 되면 기녀의 복장을 모방하는 일반 여성이 늘어나 양자를 구분할 수 없게 됐다"라고 푸념하는 기사가 종종 등장한다. 기녀는 이미 1890년대에 안경을 끼고 손목시계를 찼으며, 민국 시기에는 스타킹·양산·향수·스카프 등 장식품을 즐겨 착용했다. 또 특수한 신분 덕에

항일전쟁 시기 애국 여성의 화신
싸이진화賽金花 (1864?~1936)

청말민국 시기의 기녀. 원래 이름은 자오멍란趙夢蘭 또는 푸차이윈傅彩雲이라고 한다. 안후이 성 출신으로 어린 시절 쑤저우蘇州의 '화선花船'에 팔려 기녀가 됐다. 화선은 배를 화려하게 꾸민 뒤 성매매를 하던 장소다. 그 후 톈진의 진화반金花班이라는 기원에서 일하면서 싸이진화로 불리게 됐다. 1887년 과거에서 장원급제한 홍쥔洪鈞의 마음에 들어 그의 첩이 됐다.

그 후 홍쥔은 러시아, 독일, 오스트리아-헝가리 제국, 네덜란드 4개국에 공사로 파견됐는데, 그의 본부인은 외국의 풍속에 물들기 싫어 첩인 차이윈에게 자신을 대신해 남편을 따라갈 것을 명령했다. 홍쥔은 귀국 후 얼마 안 되어 병으로 죽었다.

싸이진화

1894년 차이윈은 홍쥔의 관을 모시고 쑤저우로 가는 길에 상하이로 도망쳐 기녀가 됐다. 그 후 톈진으로 가서 이름을 싸이진화로 바꾼 뒤 다시 베이징으로 갔다. 그녀가 유명해진 것은 1900년 8국 연합군이 베이징을 공격했을 때다. 독일어를 할 줄 알았던 그녀는 발더제 장군을 설득해 중국인 다수를 구해냈다고 한다. 하지만 1903년 어린 기녀를 학대한 혐의로 감옥 생활을 했고 그 후 여기저기 전전하며 어렵게 살다가 1936년 베이징에서 사망했다. 말년에 가난과 병마에 시달리던 그녀를 위해 당시 '성 박사'로 불리던 장징성張競生은 모금을 하려 했지만 도리어 비웃음을 샀다. 하지만 항일전쟁 시기 그녀는 애국 여성의 화신으로 부활했고, 그녀의 이야기가 무대에 오르게 된다. 그녀와 홍쥔의 이야기는 소설 《얼해화孽海花》에 남아 있다.

아무 거리낌 없이 찻집, 극장, 공원 등 공공장소에도 드나들 수 있었다.

일부 고급 창기는 유명인이나 자산가의 첩이 되어 중상류층 마님으로 변신하기도 했으며 영화배우가 되어 사회적 지위를 얻기도 했다. 1917년에는 상하이에서 '화국花國 대통령'을 선출하는 기녀 콘테스트가 개최됐는데 시민투표 결과 빈민 구제활동에 적극적이었던 기녀가 당선됐다. 또 싸이진화賽金花처럼 외국어 구사 능력으로 국난 시 큰 역할을 하기도 했다.

교원

스승을 존경하는 것은 전통 유가 문화의 핵심 가운데 하나다. 유명한 맹자의 '군자의 세 가지 즐거움君子三樂'에도 나타나듯이, 유가에서는 정치적 성공보다 교육사업을 더 가치 있게 여기기도 했다. 하지만 현실에서 대부분의 지식인은 관료가 되는 것을 가장 성공한 삶으로 생각했다. 교육 종사자는 교육을 평생 직업이라 생각해서라기보다 달리 생활의 방편이 없어서인 경우가 더 많았다. 1905년 과거가 전면 폐지된 후 생계가 막막해진 지식인 중 다수가 속성 훈련을 받아 교직으로 나가기는 했지만 대부분 임시직이었다. 정식 사범학교 졸업자라 해도 교육보다는 행정직이나 연구직으로 가는 경우가 많았다.

'여자는 천부적인 교육자'라는, 오늘날에도 익숙한 이 표현은 사실 근대에 등장했다. 19세기 후반 근대적 성별 분업에 기초한 가족이 성립함에 따라 구미에서는 교육자로서 어머니의 역할이 강조됐다. 캐서린 비처Catherine Beecher 같은 여권운동가들은 '교직은 여성에게 적합하다'면서 여성의 활동 무대를 확대하려 했고, 여성이 가진 온유함과 침착함, 인내가 아동교육에 더없이 적합하다는 남성의 젠더관이 먹혀들면서 여성의 교직 진출이 본격화됐다. 처음에는 유아교육과 초등교육에 한정됐지만 차츰 중등교육, 고등교육으로 확대된다. 이처럼 '교직이 여성에게 적합하다'는 관념은 메이지유신 시기 일본의 정치가와 교육자에게 그대로 수용됐고, 일본에서 교육 개혁의 길을 찾으려던 청 말의 관료에게도 영향을 주었다.

1904년에는 남성 교육이, 1907년에는 여성 교육이 제도화되면서 교사, 특히 소학교 교사 수요가 폭주했다. 선교사가 설립한 여학교에서는 대부분 사범반(유아 사범반)을 두어 교사를 양성했고, 그들은 선교사와 함께 제도화 이전 여성 교육을 담당했다. 중국인이 설립한 최초의 여자 사범반은 1902년에 개교한 상하이의 우번여숙이었는데, 이때를 전후해 사립여자사범학교가 다수 설립됐다. 1907년 청 정부가 '여자사범학교 장정'을 반포한 뒤 1908년에는 징스여자사범학교를 비롯해 다수의 여자사범학교가 설립되어 그 졸업자는 학제 반포 이후 활성화된 여성 교육의 담당자가 됐다.

사범학교 출신 남성은 가르치는 일로 만족하지 않았기 때문에 정규 사범학교 출신 비율은 여교사가 압도적으로 높았다. 출신 계층도 여교사가 높았는데 대부분 농촌 출신인 남교사와 달리 여교사는 도시 출신이 많았고 상인이나 관료, 지식인의 딸도 적잖았다. 하지만 상류층에서는 딸을 선교학교에 보내거나 유학 보내는 경우가 더 많았고 그런 여성은 혼인시장에서 가장 높은 대우를 받았다. 1930년대 난징 국민정부 시절 도시의 신관료와 각 분야의 명사, 매판자본계급, 금융자본가의 부인은 대개 기독교학교 출신이었다.

여교사는 지식 여성의 이상적인 직업이었고 사회의 여론 또한 그것을 여성의 '고상한 직업'으로 여겼다. 교육받은 여성의 증가, 교사에 대한 호감 등은 많은 여성으로 하여금 교직을 선택하게 만들었다. 하지만 취업 인구 전체에 비하면 극히 미미한 수였고 또 남교사에 비해서도 적었다. 현재도 그렇지만 소학교의 여교사 비율은 높은 편이었다. 1928년 27개 각 현에 등록된 소학교원은 모두 9885명이었는데, 그중 여성은 969명으로 약 10퍼센트였고, 1935년의 조사에 따르면 약 23퍼센트였다. 하지만 소학교원을 포함한 전체 여교사의 비율은 높지 않았다. 1930년 전국 중등학교 및 소학교 여교사는 모두 3만 9342명으로, 전체 중등초등 교사의 6.3퍼센트였다.

당시 소학교육계에서 통용되는 말 중에 '가난하지 않다면 소학교원이 되지 마라', '가장 불운한 것이 소학교원'이라는 말이 있을 정도로 소학교 교사는 '고상함'과는 사실상 거리가 멀었다. 수업시간이 많게는 34시간까지도 있었다고 한다. 소학교 여교사의 평균 근속 기간은 3년 8개월이고 20세 전후의 미혼이 가장 많았다는 조사가 있는데, 열악한 근무조건이 결혼 후 일을 그만두게 만드는 한 원인이 됐을 것이다. 교사는 여공에 비해 비교적 대우가 좋았지만 같은 업종의 남교사에 비하면 차이가 컸다. 1927년 상하이의 소학교사 평균 월급은 41.9원이었는데, 여교사는 보통 20~30원이었다.

여성의 학력이 높아지면서, 또 외국 유학 출신이 속속 귀국하면서 1920~1930년대에는 여교수, 심지어 여성 총장까지 등장한다. 앞에서도 보았지만 시카고대학에서 석사학위를 받고 귀국한 천헝저는 당시 베이징대학 총장이던 차이위안페이의 초빙을 받아 1920년 베이징대학에 부임했고 1924년 미국 컬럼비아대학에서 교육학 석사학위를 받고 돌아온

진링여대 1기 졸업생이자 23년간 재직한 총장
우이팡吳貽芳 (1893~1985)

중국인이 설립한 최초의 사립여자대학 중 하나인 기독교계의 난징 진링여대金陵女大 1기 졸업생이자 23년간 이 학교 총장으로 일한 여성이다. 독실한 기독교 신자로 국민당과 공산당 어느 쪽에도 속하지 않았지만 평생 독신으로 살면서 여성 교육과 중국의 독립 및 발전을 위해 헌신했다. 차이위안페이와 함께 각각 민국 시기 대표적인 남녀 교육가로 일컬어진다. 상하이의 치밍啓明여자학교와 쑤저우의 징하이景海여학당을 졸업한 뒤 1914년부터 베이징여자사범학교(1919년 이후 '베이징여자고등사범학교')와 부설 소학당에서 영어 교사로 일했다. 2년 뒤 미국인 교사의 추천을 받아 기독교계의

우이팡(앞에서 두 번째 줄 오른쪽에서 두 번째)의
미시간대학 동창들

진링여대에 들어갔고 1919년 졸업 후 베이징여자고등사범학교 교사가 됐다. 1921년 베이징여자고등사범학교를 방문한 한 미국 여대 총장의 강연을 유창하게 통역한 것을 기회로 미시간대학에 입학해 35세(1928)에 생물학 박사학위를 취득했다. 곧바로 귀국해 23년간 모교인 진링여대의 총장으로 일하면서 진링여대를 중국 여성 지식인의 산실로 성장시켰다. 1937년 중일전쟁 발발 이후 진링여대는 한커우漢口, 청두成都 등지로 이전해야 했다. 1938년 7월 6일 국민정부가 한커우에서 제1차 국민참정회를 개최했을 때 우이팡은 중공 대표인 마오쩌둥, 둥비우董必武 등과 함께 참의원에 선출됐다. 1943년 3월에는 '중국 6교수단'을 조직하고 직접 미국으로 가서 전쟁의 참상을 알리고 정부와 민간으로부터 지원을 이끌어냈다. 1945년에는 무당파無黨派 대표로서 국민당의 쑹쯔원宋子文, 중공 대표 둥비우 등과 함께 샌프란시스코로 가서 연합국 제헌制憲대회에 출석했고 '연합국헌장'에 서명한 첫 번째 여성이 됐다. 쑹메이링은 그녀를 교육부장에 임명하려 했지만 거절했다. 1949년 신중국 수립 이후 1985년(92세)에 사망하기까지 장쑤 성 교육청장, 장쑤 성 부성장副省長 등을 역임했다. 그녀가 총장으로 일했던 진링여대는 1951년 남녀공학인 진링대학과 합병되어 현재 난징대학이 됐다. 쑹메이링과 함께 미국에서 가장 잘 알려진 중국 여성의 한 사람으로, 루스벨트 대통령과 모교인 미시간대학은 그녀를 '지혜의 여신'으로 칭했다.

양인위는 당시 최고의 여성 교육기관이던 국립베이징여자사범대학 교
장(총장)이 됐다. 그 밖에도 위칭탕, 우이팡, 쩡바오쑨 등이 모두 구미권
에서 학위를 받고 귀국해 교수나 총장이 됐는데, 대부분 독신으로 살면
서 평생 교육사업에 헌신했다. 고학력의 우수한 여성 인재가 결혼하지
않고 사회사업에만 몰두하는 것에 대해 우생학적 관점에서 비난이 쇄
도하기도 했지만 "내가 만일 결혼했다면 기껏해야 10여 명의 자녀를 길
러냈겠지만 교육에 종사함으로써 나는 수천 명의 자녀를 길러낼 수 있
었다"라고 하는 쩡바오쑨의 당당한 목소리에 감동하지 않은 여성은 드
물었을 것이다. 《전국고등교육통계》에 따르면 1930년 전국에서 대학교
수로 일하는 여성은 313명에 달했다.

소학교나 중학교 여교사는 대부분 국내 사범학교나 중학교 출신이었
지만 여교수는 선교학교 졸업 후 구미나 일본에서 공부한 유학파가 비
교적 많았다. 당시 대학교수와 소학교사의 임금 차는 평균 20 대 1, 최
대 100 대 1로 양자는 전혀 다른 계층에 속했다. 성별뿐 아니라 모든 업
종에서 여성 간의 차이 또한 무시할 수 없었는데, 이는 여성이 속한 계
층에서 결정되는 경우가 많았다.

의사

개항 후 미국과 영국은 광저우, 샤먼, 닝보, 상하이, 푸저우 등 개항장
을 중심으로 교회병원을 설립했다. 1905년까지 전국의 교회병원은 155
개, 의료소는 241개에 달했다. 또 1906년에는 베이징에 셰화의학당協和醫
學堂을, 1908년에는 한커우漢口에 다퉁의학당大同醫學堂 등을 설립했다. 교

회병원은 대부분 간호학교를 부설했다.

당시 중국의 통치자 또한 여러 목적에서 의학교를 설립했다. 이홍장이 1881년 톈진에 설립한 의학관醫學館은 그 후 베이양의학당北洋醫學堂, 해군의학당海軍醫學堂 등으로 개명했다. 위안스카이도 1902년 톈진에 베이양군의학당北洋軍醫學堂을, 1903년에는 징스대학당에 의학관을 부설했다(1906년부터 징스전문의학당이 됨). 신해혁명 이후 각지의 군벌도 베이징, 항저우, 장쑤, 장시, 허베이, 산시 등지에 의학전문학교를 설립했다. 1934년 전국에는 공사립고등의학원이 30개 있었고, 재학생이 3616명, 졸업생이 532명이었다.

초기에 여의사는 주로 교회학교 졸업 후 유학을 가거나 여자의학교를 졸업한 뒤 의사가 됐다. 진야메이와 장주쥔의 예를 보자.

진야메이(1864~1934)는 2세에 부모를 여의고 교회의 주선으로 장로회 목사 매카티D. B. McCartee의 양녀가 됐다. 양부를 따라 일본에 건너가 12년간 교육을 받고 1881년 17세에 미국으로 가서 뉴욕대학병원 부설 여자의과대학에 입학했다. 유일한 중국인이었던 그녀는 수석 졸업 후《뉴욕 의학잡지》에 논문을 발표하는 등 미국 의학계에서도 인정을 받았다. 1888년 귀국한 그녀는 샤먼 등지에서 진료소를 개설해 중국인의 환영을 받았다. 이후 외국인과 결혼해 외국에서 살다가 이혼하는 슬픔을 겪지만, 다시 귀국한 후 1907년 톈진의학당의 초빙을 받아 후진을 양성했다.

진야메이 외에도 허진잉, 시메이위, 캉아이더 등 최초의 미국 유학생들 모두가 선교사의 도움으로 미국에 건너가 의학을 공부하여 의사가 되어 귀국했다.

연도	법法	여성 비율 (%)	교육	여성 비율	의학	여성 비율	합계	여성 비율
1934	11,029	7.75	4,059	32.05	2,633	17.89	41,768	15.02
1936	8,253	8.88	3,292	34.17	3,395	20.32	41,922	15.21
1938	7,024	13.44	2,031	40.67	3.623	30.03	36,180	18.37
1940	11,172	14.45	2,606	44.78	4,271	28.40	52,376	19.47
1942	12,598	13.48	2,257	38.72	5,108	32.20	64,097	19.15
1944	15,990	12.44	2,608	42.18	6,343	32.11	78,909	18,81
1947	37,780	11.50	5,548	43.98	11,855	28.13	155,036	17.80

표 2. 각 부문의 여성 비율

20세기 초에는 국내파 여의사도 등장한다. 1903년에는 광저우의 기독교계 여학교 샤거여자의학교夏葛女子醫學校가 최초의 졸업생 두 명을 배출하는데 그중 한 사람이 장주쥔이다. 평생 독신으로 살면서 여성의 자립을 위해 분투했던 그녀는 그 기초가 되는 여성 교육에도 열심이었다. 1904년에는 위셴여학교育賢女學校와 여자중시의학당女子中西醫學堂을, 1909년 6월에는 중국 최초의 근대적 병원인 상하이의원을 설립해 근대 의학의 보급에 노력했다.

이후 여자의학원, 산과학교産科學校, 간호학교 졸업자가 계속해서 배출됐다. 그중 여의사는 대개 산부인과를 비롯해 소아과, 내과, 치과 업무에 종사했다. 소수이긴 하나 가업인 중의中醫에 종사하기도 했다. 1919년 여성 의학박사는 전국에 170명 정도 있었다. 민국 시기 각급 병원에는 여의사가 일정한 비중을 차지했다. 산부인과에서는 10분의 9가 여성이었으며 간호사는 대부분 여성이 전담했다. 약사도 10분의 7, 8이 여성이었다.

의사는 수입이 높아 선망의 대상이었지만 교육 기간이 너무 길어 꿈을 이루기가 어려웠다. 부유한 가정 출신이 아니면 진야메이처럼 선교사의 도움을 받는 경우가 많았다. 그 때문인지 기독교 신자가 많았다. 진야메이, 장주권 모두 기독교 신자이며, 그녀들의 활동을 보면 그 소명감을 느낄 수 있다. 1930년대에 의사로, 사회활동가로 활약한 푸옌(傅岩)이나 선후이롄(沈慧蓮)도 모두 기독교 신자다. 광둥 성 출신인 선후이롄은 1910년 동맹회에 가입하여 지하혁명 활동을 했으며 이후 광둥과 상하이의 의학원과 소아과대학에서 공부했다. 중일전쟁 발발 이후 아동 구호와 여성 계몽운동에 적극 동참했다. 그녀는 구국의식은 남녀 모두 가져야 하며, 여자도 남자와 마찬가지로 군사훈련을 받아 전장에 나가야 한다고 주장했다. 당시 난징구제원(南京救濟院) 원장으로 재직 중이던 푸옌 역시 여성의 사회활동 참여를 적극 고취했다. 그녀는 고염무의 이른바 '천하의 흥망은 필부(匹夫)의 책임!'이라는 말은 여성도 국민의 한 사람이 된 현시대에 맞지 않으므로 '천하의 흥망은 필부(匹婦)의 책임!'이라고도 써야 한다며 여성도 구국과 구국민(救國民)운동에 동참할 것을 호소했다.

이처럼 교사와 의사는 지식 여성이 종사한 가장 대표적인 직업군이었다. 1948년 상하이에서 만들어진 제2차 교육연감의 통계표(앞의 표 2 참조)에서 알 수 있듯 신중국(중화인민공화국) 성립 이전에는 지식 여성 중 교육계 종사자가 가장 많았으며, 그다음이 의료 부문이고, 법조계는 미미한 편이다.

재산상속권의 확립

／ 스스로 벌었든 물려받았든 역사상 여성의 독립성은 여성이 경제 적으로 자립했을 때 신장됐다. 재산권은 여성의 경제적 지위뿐 아니라 인격적 독립을 위해서도 반드시 필요한 조건이다. 《슬픈 이별傷逝》 같은 소설과 '노라는 집을 나가 어떻게 됐는가' 같은 강연을 통해 루쉰이 적 확하게 지적했듯이 그 어떤 자각이나 자유 그리고 사랑도 경제적 뒷받 침 없이는 신기루에 불과한 것이다. 다양한 직업 세계로 진출하여 임금 을 거머쥐기 전까지 여성의 경제권이라고 하면 주로 재산계승권을 의 미했다.

과거에도 여성은 '장렴粧奩'이나 '가장嫁妝' 등으로 표현되는 지참금을 통해 친정의 재산을 어느 정도 상속했다. 특별히 딸을 사랑하거나 부귀 한 집에서는 상당한 규모의 토지와 현금, 금은보석을 주기도 했다. 남송 대 강남의 일부 지역에 한정된 일이기는 하지만, 시집가지 않은 딸은 남 자 형제 몫의 절반을 유산으로 상속받기도 했다. 당唐 이후로는 '호절戶 絶', 즉 법정상속자인 친자親子나 양자養子가 없는 경우에 한해 딸(기혼 미 혼 불문)도 부모의 재산을 상속받을 수 있었다. 유촉遺囑을 통해 사위에게 재산을 상속하기도 했다.

하지만 이들은 특별한 예에 속한다. 비록 성문법전은 아니지만 후세에 법률을 제정하고 민사를 처리하는 주요 이론 근거가 됐던 《예기禮記》등 유교 경전에 따르면 "부녀는 사재私財를 지닐 수 없다"라고 명확히 규정되어 있다. 여성은 가정의 '비유卑幼'로서 개인재산을 소유할 수 없었다. 지참금을 많이 갖고 온 여성이라 해도 재산에 대한 소유권이나 처분권은 없었다. 가족 공동의 재산일 뿐이었다. 호절이라 해도 실제로는 딸이 부모의 재산 전부를 상속받는 경우는 드물었고, 부모는 유촉을 통해 딸의 상속권을 박탈 혹은 제한할 수 있었다. 명대 이후부터는 '질자계사侄子繼嗣'라 하여 호절의 경우 종친의 남조카를 제사와 재산의 상속인으로 세우도록 법제화했다. 호절재산(絶産)이 발생할 가능성은 더욱 줄어든 것이다. 청 중기가 되면 질자계사를 강제하지 않고 과부 스스로 후사를 세울 권리를 갖게 되지만 후사가 성인이 될 때까지의 '관리권'일 뿐이고 대체로 재산에 대한 처분권은 갖지 못했다.

그렇다면 여성의 고유재산인 지참금에 대해서는 어떠했을까? 원대元代부터는 (재가하여) 시집을 나갈 때 처는 지참 자산을 두고 가야 한다는 법이 생겨 여성의 경제적 권리가 더욱 약화됐다. 이후 명청시대까지도 남편과 사별한 뒤 개가하는 여성은 시집의 재산은 물론 자신이 가져온 지참금마저 전남편의 집안에 주고 떠나야 했다. 과부가 된 며느리를 강제로 시집보내려다 발생한 소송도 내막을 들여다보면 이런 돈 문제가 얽힌 경우가 많았다.

물론 이것은 어디까지나 법 규정에 불과하고 실제 판결은 다른 경우도 적잖았다. 1장에서 보았듯이 명청시대 여성은 실제로 상속을 받기도 했고 재산처분권을 행사하기도 했다. 아이러니하게도 '과도한 정절 숭배'가 수절 여성의 재산권을 강화했는데, 명 중기 이후로는 수절하는 과부의 경우 대개 질자계사를 거부할 수 있도록 판결이 났다. 또 청 중기 이후부터 수절 과부는 후사를 자유롭게 선택할 수 있었고 이를 이용해 재산권을 행사할 수도 있었다. 본처뿐 아니라 첩이라 해도 개가하지 않는 한 이러한 권리를 누릴 수 있었다. 정절 윤리가 처첩의 구분을 능가한 것이다.

물론 전체적으로 보면 중국 여성은 기혼이든 미혼이든 대부분 재산상속권이나 자신의 재산에 대한 지배권을 갖지 못했지만, 이는 사실 유럽에서도 큰 차이가 없었다. 1874년 스웨덴이 여성의 재산권을 보호하는 법을 제정하고서야 비로소 유럽에서는 기혼 여성이 자신의 재산에 대해 다소나마 통제권을 갖게 됐고 기혼 여성은 자신이 벌어서 얻은 소득을 스스로 관리할 수 있게 됐다. 그전까지는 사회적 지위에 상관없이 결혼하면서 갖고 온 재산에 대한 권리를 인정받지 못했다.

중국 역사상 기혼과 미혼을 막론하고 법적으로 여성에게 동등한 계승권(재산상속권)을 부여한 것은 1930년에 발포하고 그다음 해부터 시행한 '신민법'으로, 이는 5·4운동 이후 교육, 정치, 직업 등 각 방면에서 분출된 남녀평등 사조의 결실이었다. 이제 그 과정을 살펴보자.

비록 시행 여부는 불분명하지만, 약 15년간 지속됐던 태평천국운동(1851~1864)은 여성에게도 토지를 분배하고 생산노동에 종사하게 하는 등 여성의 재산권 및 경제활동과 관련해 진보적인 정책을 제시했다. 변법운동 시기를 전후하여 정관응, 량치차오 등은 부국강병을 위한 여성

취업의 필요성을 언급했으며, 1898년에 창간된 중국 최초의 여성 잡지 《여학보》에서는 여성이 다양한 직업의 세계로 진출할 것을 주장하기도 했다. '자유를 사랑하는 자 김일愛自由者金一'이라는 서명으로 발표한《여계종女界鐘》(1903)이라는 책자에서 필자 진톈허는 "여자가 노예의 지위에서 벗어나려면 교육, 교제, 직업 종사, 재산, 혼인 자유, 행위 자유의 여섯 가지 권리를 회복해야 한다"라고 하여 중국의 지식인 중 최초로 재산상속권을 여권의 하나에 포함했다.

그러나 전체적으로 볼 때 5·4운동 이전까지 여성 문제는 전족이나 조혼 같은 악습 폐지, 교육권, 참정권 등에 집중되어 있었고 재산계승권이나 직업권에 관한 구체적인 논의는 거의 없었다. 여성의 수절을 표창한 위안스카이와 펑궈장馮國璋 등 베이징 정부의 복고 정책에 대한 반발로 신해혁명 이후부터 신문화운동 초기까지는 여성의 일방적 수절을 비판하고 남녀의 사교 자유와 자유연애를 호소하는 논조가 한때를 풍미했다.

1919년 8월에 일어난 '리차오李超 사건'은 여성의 재산상속권 토론에 불을 지폈다. 리차오는 남자 형제가 없는 부유한 집 딸이었지만 부모가 돌아가시고 난 뒤 사촌오빠인 웨이천惟琛이 고스란히 재산을 물려받게 됐다. 그는 베이징여자사범학교에 진학한 리차오에게 학비를 보내주기는커녕 자꾸 시집갈 것을 종용했다. 할 수 없이 리차오는 제부의 도움을 받았지만 제부의 형편마저 어려워지면서 결국 학업을 중단해야 했다. 병까지 얻은 리차오는 울분을 가득 안고 1919년 8월 16일 병원에서 죽음을 맞이했다.

어떻게 보면 평범한 사건이지만 여성해방, 특히 여성의 인격적 독립

문제에 관심이 많았던 후스 등 당대의 대표적 지식인들이 이 사건에 주목하면서 여성의 재산상속권 논의가 급물살을 타게 됐다. 리차오가 죽고 나서 후스와 천두슈陳獨秀는 잡지《신청년》에 각각 〈이초전李超傳〉, 〈남계제와 유산제男系制與遺産制〉를 발표해 그녀의 죽음을 애도하고, 친딸인데도 남자 친척에게 부모의 재산을 고스란히 빼앗겨야 하는 불합리한 현실을 비판했다. 그 밖에 리다李達, 장뤄밍張若名, 리한쥔李漢俊 등도 글을 발표해 여성의 인격적 독립을 위해서는 경제적 자립이 필요하며, 이를 위해서는 직업의 평등권을 보장해야 한다고 주장했다.

1920년대에는 구미의 다양한 여성해방론이 소개됐는데, 그중에는 여성의 경제적 독립을 적극 주장한 길먼Charlotte Perkins Gilman과 모성보호를 역설한 엘렌 케이Ellen Key의 책도 있었다. 길먼에게 동조하는 사람은 여성도 남성과 같은 직종에 종사할 수 있다고 한 반면, 케이를 지지한 사람은 여성의 직업 종사는 피할 수 없는 시대적 명제지만 가급적 여성에게 적합한 일을 하고 또 어머니가 될 여성의 모성보호를 지원해야 한다고 했다. 노동운동의 발전에 따라 1920년대 중반 이후에는 단순히 직업상의 기회균등뿐 아니라 동일노동 동일임금 같은 남녀의 대우 평등과 모성보호에 대한 호소도 일어났다.

5·4운동 이후부터 1920년대 초에 걸친 이 같은 여성의 재산권보호나 직업종사권 요구를 수용해 1924년 중국국민당 제1차 전국대표대회에서는 남녀의 법률, 정치, 경제, 사회, 교육상의 평등 원칙을 확정했다. 또 1926년 1월 국민당 제2차 전국대표대회에서는 〈부녀운동결의안〉을 제정하여 '부녀계승', '남녀직업평등', '남녀임금평등', '모성보호' 등을 제출했다. 베이징 정부도 비록 초안으로 끝나기는 했지만 1925년 〈민국민률초안〉에 재산권과 이혼 시 남녀불평등 개선안을 포함했다.

여성의 재산계승권과 직업권이 정식으로 법제화된 것은 1930년에 반포되고 다음 해 시행된 '신민법'에서다. 신민법[23]은 총칙·채권·물권·친속·계승 다섯 편으로 구성되는데, 이 중 1931년 시행된 친속과 계승 두 편에서는 아들만이 대를 잇는다는 의미의 종조宗祧계승 규정을 없애고 유산상속의 남녀평등을 인정했다. 아내는 남편 사망 후 남편의 재산을 상속할 권리를 갖게 됐으며, 아들과 딸이 동등하게 상속권을 갖게 됐다. 또한 출가한 딸도 상속받을 수 있게 됐다.

신민법은 중국 최초의 독립적인 민법전이라 할 수 있는 1911년의 〈대

---

23 중국에는 이전부터 전문 민법이 없었기에 민사사건은 모두 형률에 부속되어 있었다.

청민률초안〉 그리고 앞서 언급한 〈민국민률초안〉과 비교하면 남녀평등이라는 시대적 과제가 비교적 잘 구현된 것이다. 1925년의 〈민국민률초안〉에서는 오직 남편만이 아내의 재산을 상속할 수 있었으며, 1911년의 〈대청민률초안〉에서는 남편 사망 후 수절하는 여성에게만 남편의 재산을 상속받도록 제한했던 것이다.

이에 더해 신민법은 "만 20세 또는 비록 성년은 아니지만 기혼자나 자기 일을 독립적으로 처리할 판단력과 인지력을 갖춘 자라면 완전한 행위능력을 구비한 것"으로 보고, 더 이상 여성의 행위와 능력을 제한하지 않는다고 규정했다. 여성의 직업 종사 활동을 정식으로 인정한 것이다.

이렇게 하여 최소한 법적으로는 1930년대 이후 중국의 여성은 부모의 재산을 당당히 물려받을 수 있게 됐고 또 직업 세계로 진출할 수 있게 됐다. 하지만 현실에서 여성의 삶은 크게 바뀌지 않았다. 계층과 지역에 따라 큰 차이가 있었는데, 1930년대 사회조사 자료에 따르면 화베이 지역 농촌에서는 새로운 민법의 존재조차 몰랐고 딸은 여전히 부모의 재산을 상속받지 못했다. 심지어 호절이라 해도 어떻게든 남자 계승자를 세웠고, 그마저 안 될 때는 아예 문중 재산에 귀속해버렸다. 반대로 데릴사위를 들여서라도(초서혼招婿婚이라는 혼인 형태로 일종의 처가살이) 딸에게 재산을 상속하는 일도 있었다. 이 부부가 낳은 아이는 어머니의 성을 따른다. 결국 딸을 대하는 부모의 태도가 중요했던 것이다.

농촌 여성의 경제활동

／ 여성 교육의 발달과 도시화에 따라 다양한 직업의 문이 열렸고 여성의 상속권도 법적으로 인정받게 됐다. 그러나 1940년대까지도 98~99퍼센트 이상이 문맹자였던 농촌 여성에게는 그림의 떡이었다. 개항 이후 중국의 자급자족적 자연경제는 급속히 와해됐고 이에 따라 농촌 여성의 생활방식도 크게 변화했다. 하지만 도시에 비해 농촌의 변화는 비교적 완만했다. 대부분의 농촌에서 자급자족적 자연경제와 농촌수공업이 그대로 이어졌다. 여성의 전족 비율이 훨씬 높고 보수적인 화베이 지역과 전족 여성이 상대적으로 적고 양잠과 제사 등 여성의 생산노동이 활발했던 화난華南 지역 간에 차이는 있었지만 대부분의 농촌 여성은 새벽같이 일어나 방아를 찧고 밥을 짓고 가축을 돌보며 빨래를 하고 자녀를 돌보는 등 가사노동에 매달렸다. 가족을 위해 베를 짜고 옷과 신을 만들기도 했지만 솜씨가 좋은 여성은 시장에 내다팔기도 했다. 농번기에는 남성과 함께 들로 나가 일했으며 농한기에도 일을 멈출 수 없었다.

광둥의 하카 여성은 아마도 중국의 전체 여성 가운데 가장 열심히 일했을 것이다. 1933년 한 신문 기사에 따르면 "(부녀들은) 농번기에는 농사를 짓고 농한기에는 상점을 빌려 화물을 운송하며 밤에는 방직을 하여 소득이 적잖았다. 부녀의 소득은 일가의 생활비를 유지하는 데 충분했을 뿐 아니라, 심지어 자녀들이 중소학 교육을 받을 수 있게" 해주었다. 과거에도 또 근대에도 이처럼 농촌 여성의 가정과 사회에서의 기여도는 매우 높았던 것이다.

개항의 충격이 비교적 완만했던 내지의 농촌과 달리 개항장 인근의 농촌은 타격이 컸다. 서양의 값싼 상품이 유입되고 공장이 세워지면서 가격경쟁에서 밀린 농산물과 전통 가내수공업품이 특히 큰 타격을 입었다. 농촌의 황폐화와 도시의 발전은 수많은 농촌 실업자를 도시로 끌어들였고, 그중에는 저자(쿨리)처럼 해외로 일자리를 찾아 떠나는 이들도 있었다. 여성의 바깥출입을 좋게 보지 않았기에 여성은 도시로, 해외로 일하러 나간 남편이나 아버지의 빈자리를 채우며 농사를 짓고 길쌈을 해서 시부모와 가족을 부양했다.

하지만 모든 여성이 농촌에 남아 농부農婦가 된 것은 아니다. 도시화에 따라 인근 농촌 여성에게도 일자리가 열렸다. 광둥의 주장 강 삼각주 일대는 일찍부터 양잠과 제사가 발달해 농촌 여성을 끌어들였다. 청일전쟁 이후 외국 자본의 공장이 급증하면서 수많은 농촌 여성이 가까운 대도시의 공장에 취업해 출퇴근하거나 공장 기숙사에서 생활하며 일했다. 1920년대 말의 한 조사에 따르면 공장에서 일하는 아내와 딸의 수입을 합칠 경우 가계 전체 수입의 3분의 1을 차지할 정도였다.

공장 다음으로 농촌 여성이 많이 일한 직종은 창기업이었다. 도시에서 일하는 남성 노동자는 형편상 미혼이 많았고 기혼이라 해도 가족과 떨어져 살았기에 여성을 상대하기 어려웠다. 그 밖에도 대도시의 조계지를 중심으로 수많은 외국인이 거주하게 되면서 창기업은 확대일로를 걸었다. 민국 시기에 상하이는 전 세계에서 인구 대비 가장 많은 창기를 보유한 환락의 도시가 됐다.

도시 여성 중에는 가사노동은 물론 출산 후 몸매를 관리하기 위해 아기에게 젖을 물리려 하지 않는 경우가 많아 가정부나 유모의 수요가 급증했다. 이들을 보통 '여용女傭'이라 통칭했다. 1930년대 초 신문 기사를 보면 '돼지 가격으로 팔리는 농촌의 부녀'라는 제목의 기사가 종종 등장하는데, 이런 여성은 대개 도시의 가정부로 들어가 일했다. 하지만 워낙 뼈만 남았을 정도로 말랐기 때문에 실제로는 돼지만도 못한 가격에 팔려나갔다.

근대 이전에도 자주 있었지만 1930년대 중국은 세계에서 여성 인신매매가 가장 많은 나라 중 하나였다. 농촌 여성은 빚을 갚거나 입을 하나 줄이려는 목적으로 부모나 시부모, 심지어 남편에 의해 팔렸다. 유괴나 납치로 여러 차례 전매轉賣되는 여성도 점점 늘어났다. 창기나 가정부뿐 아니라 저화처럼 해외로 나가 성매매를 한 여성, 말레이 반도나 인도네시아 등지의 고무농장이나 주석광산에서 고된 노동을 한 여성 중에는 이렇게 인신매매나 유괴로 팔려온 여성이 적잖았다. 하지만 특히 1930년대 초 불황의 영향으로 점점 많은 여성이 자발적으로 일을 찾아 떠났다. 대부분 가족을 위해서였지만 이는 그녀들이 막다른 골목에서 겨우 찾아낸 생존 전략이기도 했다. 또 도시의 화려하고 자유로운 생활을 선망해 농촌을 탈출한 여성도 적잖았다.

도시 생활은 순종적이던 농촌 여성을 변화시키는 계기가 됐다. 정부

情夫를 두고 농촌에 남아 있는 가족이나 남편과 관계를 단절하기도 했다. 1930년대 초 상하이에서 일하던 쑤저우 출신의 선씨 아주머니는 정부가 생기고부터 농부인 남편에게 더 이상 송금을 하지 않았다. 심지어 따지러 온 남편에게 "사내대장부로 마누라 하나 먹여 살리지 못하고 이제 마누라가 겨우 자활해 살려고 하니까 돈을 달라고 하다니 무슨 낯짝이냐"라며 퍼부어댔다. 다음 장에서 살펴보겠지만 이미 청 말부터 상하이 등 대도시에서는 도시에서 일하는 중하층 노동자 사이에 '평두'라고 하는, 동거 사례가 자주 등장한다. 도시 생활에서 오는 삭막함을 달래고 임대료를 줄이기 위해 기혼 남녀가 방을 함께 빌려 동거한 것이다.

5

일상 속 다양한 여성의 삶

여성해방과
새로운 연애 풍속

✎ 도시화와 인구 유동에 따라 대도시에서는 오늘날의 동거 비슷한 새로운 성 풍속이 유행하고 여성의 정조 관념도 느슨해져갔다. 청년은 부모의 간섭을 벗어나 남녀가 자유롭게 교제하고 결혼하기를 갈망했으며, 외국 유학을 다녀온 지식인은 결혼에 구애받지 않는 자유로운 연애를 꿈꾸었다. 하지만 현실에서 그런 이상은 실현되기 어려웠고 농촌에는 조혼이나 민며느리, 남의 아내를 빌리는 등 옛날 풍속이 그대로 남아 있었다.

한편 광고매체의 발달로 민국 시기 도시의 여학생과 직업여성은 복장이나 헤어스타일 등의 유행에 민감하게 반응했고, 심미관의 변화에 따라 전족 풍습도 도시에서는 거의 사라졌다. 이 장에서는 청말민국 시기에 등장한 새로운 연애 풍속도 그리고 도시 여성의 새로운 패션을 중심으로 여성의 생활상을 들여다보기로 한다.

청 말의 새로운 성 풍속도와 정조 관념의 변화

송대 이후 명청대에 이르러 통치 이념으로 떠받들어진 성리학은 '굶어죽는 것은 사소한 일이나 절개를 잃는 것은 큰 일餓死事小 失節事大'이라고 가르쳤으며, 조정은 통치 질서의 안정을 위해 정조를 지키려다 죽은 여성을 '정녀貞女', '열부烈婦'로 표창했다. 송대 이후 정사正史의 열녀전列 女傳은 재능 있는 여성까지 포함했던 이전의 구성과 달리 온통 열녀 이 야기로 도배됐다. 부부 사이의 윤리여야 할 '정貞'이 모든 여성에게 부과 된 최고의 도덕규범이 되어 '충', '효' 와 함께 왕조 체제를 지탱하는 핵 심 윤리가 된 것이다.

　지역이나 계층에 따라 차이는 있었지만 기혼이든 미혼이든 여성은 가급적 친속이나 남편을 제외한 남자와는 왕래하지 않는 것이 좋았다. 여성 스스로도 정절 윤리를 내면화해 혹시라도 외간 남자와 몸이 부딪 치거나 실수로 살짝 속살이 비친 경우 자살을 하는 일도 많았다. 하지만 내막을 들여다보면 그중에는 가문의 명예를 위한 혹은 현실적 이익을 얻기 위한 가장의 강요가 적잖았으니, 말이 정절이지 실은 '사람 잡아먹 는 예교'나 다름없었던 것이다.

　역대 왕조의 '절렬' 표창은 뒤집어 생각해보면 그만큼 자발적으로 실 천하는 여성이 많지 않았음을 드러내는 것이 아닐까? 일반 민중의 경우 먹고사는 일이 절박했기에 여성의 정조는 지켜지기 어려웠다. 오히려 남편이 죽고 수절한다고 하면 시집에서 방해를 하거나 심지어 팔아넘 기는 경우도 있었다. 이때 재가하느니 차라리 자살을 택함으로써 열녀 전의 한 페이지를 장식하려는 여성도 있었지만, 이런 일은 극히 드물었 다. 심지어 '일처다부'의 사례도 보인다. 불구가 된 남편이 홀어머니와 자신의 가족을 먹여 살리기 위해 혼자 사는 건장한 남자와 아내의 동침 을 허락하는 것이다. 새로운 남편과 몸을 맞대면서 정분이 난 아내가 새

남편의 도움을 받아 전남편을 살해하려다 발각되어 사형에 처해지기도 했는데, 만일 이런 형사사건이 없었다면 알려지기 어려웠을 일종의 '생존을 위한 책략으로서의 일처다부'의 사례는 민국 시기에도 계속 등장한다.

개항 이후 서구 문명이 유입되면서 전통적 결혼제도에도 큰 변화가 일어났다. 농촌 인구의 도시 유입과 새로운 일자리의 등장에 따라 도시를 중심으로 새로운 연애 풍속이 유행했으며 정조 관념도 느슨해졌다. 주목되는 것은 개항 후 20~30년이 지난 뒤 상하이에 등장한 '대기臺基' 풍속이었다. 대기란 부부가 아닌 남녀가 정을 통하기 위해 빌리는 장소를 가리킨다. 오늘날 성매매가 이루어지는 러브호텔과 비슷한 개념이다. 단속은 있었지만 대기 이용은 성행했는데 비용이 저렴했기 때문이다. 기원보다 저렴한데다 기생질 했다는 소리 듣지 않고 양가의 부녀와 사사로이 교제할 수 있는 것이 매력이었다.

정작 대기를 드나드는 여성의 목소리를 들어볼 수는 없지만 남성이 남긴 기록을 통해 짐작해보건대, 여성은 결혼생활에서 만족을 얻지 못해 또는 자유로운 남녀교제를 위해, 심지어 오직 향락을 누리기 위해 대기를 드나들었다. 도시에 거주하는 중하층 여성의 정조 관념은 이미 크게 약화된 것이다.

대기 외에 '평거姘居(또는 평두姘頭)'도 유행했다. 평거란 남녀가 사회적으로 인가된 정식 혼인 절차를 거치지 않고 동거하는 것이다. 대기가 단순히 성관계를 위해 장소를 빌리는 것이라면, 평거는 상당 기간 동거하는 것을 말한다. 평거 하는 남자는 대개 큰 부자는 아니지만 일정한 수입이 있는 소매상이나 점원, 유흥업소 종업원 등이었다. 그들은 대개 중하층 독신자로 남녀 모두 각자 노동하여 생활비를 분담하거나 남자가 돈을 벌어 파트너(姘婦)를 부양했다. 하지만 이러한 동거는 정식 혼인이 갖는 가정에 대한 의무와 책임이 결여되어 있기에 대부분 오래 지속되지 못했다.

그 밖에 청말민초에는 한족과 소수민족 간의 통혼도 빈번했다. 1901년 말에 시작된 이른바 '신정' 개혁에는 만주족과 한족의 통혼을 허용한다는 내용이 포함됐다. 이후 만주족과 한족의 통혼뿐 아니라, 한족과 소수민족 및 소수민족 간의 통혼도 점차 일상화되어갔다.

상하이, 광저우, 한커우, 톈진, 베이징 등 대도시에서는 유학생을 중심으로 외국인과 통혼하는 경우가 늘어났다. 많은 유학생이 서양이나 일본 여성과 결혼해서 돌아왔고, 이때 '국제결혼'이라는 말도 등장했다. 과거에도 중국 남성과 동남아시아 여성이 결혼한(이들의 후손을 페라나칸 Peranakan이라고 함) 예는 꽤 있었지만 서양인, 특히 중국 여성과 서양 남성이 결혼한 것은 개항 이후의 일이다. 이에 '화양연혼華洋戀婚'이라는 말도 등장했다.

'중국 제일의 미녀, 재녀, 궁녀'로 불린 저명한 작가 위더링裕德齡이 서양인과 결혼한 최초의 중국 여성이다. 9세 때 주일대사로 파견된 아버지를 따라 일본에 갔고 4년 뒤에는 프랑스로 가서 피아노와 무도를 배웠다. 뛰어난 미모와 세련미, 외국어 실력에 감탄한 서태후는 위더링과 그녀의 자매를 궁으로 불러들여 비서 겸 외교 업무를 맡겼다. 그 후 그녀는 상하이 주재 미국 영사관의 부영사이던 영국인과 결혼식을 올렸다.

잔스차이

중국 남성 중 서양 여성과 결혼한 사람으로는 317센티미터의 세계 최장신 거인으로 알려진 잔스차이詹世釵가 유명하다. 상하이의 영국 조계지에서 일하던 그는 한 영국 상인의 눈에 띄어 1861년 런던으로 건너갔고 '세계에서 가장 큰 사나이'로 전시됐다. 1871년 30세가 된 잔스차이는 영국 국적을 얻고 여덟 살 아래의 어여쁜 영국 여성과 결혼했다. 그 밖에도 수많은 중국 예능인이 1870년대부터 20세기 초에 걸쳐 구미 국가로 팔려갔고, 거기서 서양 여성과 결혼해 아이를 낳고 살았다.

외국으로 나가 장사를 하던 중국 남성도 서양 여성과 결혼하는 일이 많았다. 1850년대에 파리로 건너가 거부가 된 뒤 프랑스 여성과 결혼한 왕청룽王承榮을 비롯해 프랑스, 영국, 미국, 독일, 이탈리아, 포르투갈 등지로 간 중국 남성은 현지 여성을 아내로 맞는 일이 많았다. 그들은 모두 해당 국가의 국적을 취득하고 자녀를 출산하여 이국땅에 뿌리를 내렸다. 해외로 건너간 남성의 본적은 푸젠과 광둥이 가장 많았는데, 푸젠 사람은 주로 말레이시아나 인도네시아 등 동남아시아로, 광둥 사람은 미국으로 많이 갔다.

'여성'의 발견과 연애 : 서구적 연애관의 수용

18세기 이전 서구 사회에서도 크게 차이가 없기는 했지만, 두 가문의 결합을 통해 후손을 생산하는 것이 목적이었던 중국에서 혼인은 가문과 가문의 결합일 뿐이고 당사자의 의지는 철저히 배제됐다. 민국 시기까지도 중매와 정혼(약혼)은 혼인 성립에 불가결한 조건이었다. "시집, 장가 모두 조부모나 부모가 주관한다. 조부모와 부모가 모두 없는 경우 나머지 친척이 혼사를 주관한다"라고 되어 있는 청대의 법률(대청률례大淸律例)이 여전히 권위를 갖고 있었다. 혼인의 성립에서 매작媒妁, 즉 중매인을 거치지 않으면 '사분私奔'이라 하여 손가락질을 받았다. 혼인 당사자는 철저히 배제되고 중매인의 말과 부모의 뜻이 남녀의 종신대사를 결정하는 것이다. 또 일단 정혼하고 나면 파혼하기가 매우 어려웠다. 특히 여자 측에서는 거의 불가능했다.

남녀 당사자가 결혼에서 철저히 배제되다 보니 부부관계는 운명에 맡길 수밖에 없었다. "부부유별은 있어도 부부유애夫婦有愛는 없었다"라고 하는 철학자 펑유란馮友蘭의 말처럼 사회 통념상 부부가 애정을 표현하는 것은 경박한 일로 비난받았다. 이상적 부부관계란 마치 손님처럼 서로 공경하고, '침대 위에서는 부부, 침대 아래서는 군자'가 되는 것이었다. 여색을 멀리하는 것은 보다 고상한 정신의 표현으로 간주됐으며, 여성에 대한 친밀한 행위는 비록 부부 사이라 해도 인정받지 못했다.

부부간의 일은 극히 개인적인 것이기 때문에 액면 그대로 받아들여서는 안 되지만, 이렇게 서로 손님을 대하듯 하는 부부관계에서는 정서뿐 아니라 성생활 면에서도 친밀감을 갖기 어렵다. 더욱이 성생활에서 남녀는 극히 불공평했다. 무후無後, 즉 아들을 낳지 못했다는 것을 핑계로, 또 불로장생을 위해 남성은 여러 명의 첩을 둘 수 있었다. 그것으로도 모자라 여종을 건드리고 기방을 넘나드는 등 혼인제도 바깥에서 수많은 여성을 상대할 수 있었다. 반면 여성의 성은 오직 출산, 정확하게는 아들을 낳기 위해서만 존재했다. 성적 욕구를 표현했다가는 음란한 여자라고 남편에게 욕을 먹거나 뺨을 맞았다.

근대 이후 중국에 소개된 서양의 문화 중 가장 주목을 끈 것 중 하나가 바로 영어 love에 대한 메이지 일본의 번역어인 '연애'였다. 그것은 '여성'의 발견과 거의 동시에 이루어졌다. 중국에서 여성해방론이 의제로 등장한 19세기 말 이래 그 주안점은 여성의 교육권, 그와 관련한 전족 폐지론에서 시작해 여성의 재산권과 직업권, 정치 참여 등으로 확대됐다. 이것들을 관통하는 것은 천부인권론에 근거한 남녀평등 사상이었다. 남녀 간의 성적性的 차이에 대해서는 거의 논의되는 일이 없었다. 그런데 1920년대에 들어와 여성이 가진 생리적, 문화적 가치가 활발하게 논의되면서 남성과 여성의 차이에 주목하게 됐고 '여성'이라는 단어가 차츰 '부녀'나 '여자'를 대신하게 됐다.

'여성'이 women이나 female의 번역어였던 것처럼 '여성'의 발견은 사실 1920년대 초 활발하게 수용된 서구의 다양한 사상과 무관하지 않다. 특히 1922년 중국을 방문한 미국의 저명한 산아 제한론자 마거릿 생어가 공개석상에서 생물학적 남녀 성기의 구조와 피임법을 노골적으로 설명한 뒤 성교육 열풍이 일어났고, 비슷한 시기에 '연애는 독립적 인격을 갖는 자유로운 남녀의 정신적, 육체적 결합'이라고 하는 스웨덴의 저명한 사상가 엘렌 케이의 영육일치적 연애론이 '근대적 연애관'이라는 제목으로 소개되면서 공개석상에서 말하기 어려웠던 성욕이 연애의 중요한 부분으로 인정받게 됐다.

생어든 케이든, 연애와 결혼, 성교와 임신 등 모든 면에서 여성의 자기결정권을 강조했다. 자기결정권은 자주와 독립, 개인주의와 개성의 해방 등 신문화운동이 추구한 시대정신과 딱 맞아떨어졌다. 생어의 방중과 엘렌 케이의 연애론이 소개되기 직전 노르웨이의 극작가 입센의 《인형의 집》이 소개됐는데, 자신을 오해한 남편에게 "나는 그 누구의 아내이자 어머니이기 이전에 한 사람의 인간이에요"라는 말을 남기고 집을 나간 노라는 이후 신여성의 상징이 됐다. 하지만 사실 노라는 가부장권의 자장에서 벗어나고 싶었던 5·4운동기 신청년(특히 남성)의 열망이 담긴 아이콘이었다. 인간(개성)의 발견은 여성의 발견, 연애의 발견과 거의 동시에 이루어진 것이다.

민국 초기 소학교까지 포함해도 여학생은 전체의 6퍼센트 정도밖에 안 됐음을 감안할 때 대부분 남학생의 의견으로 봐야 하지만, 학생들의 혼인관을 조사한 1921년의 한 논문에 따르면, 당시 학생은 인생에서 가장 중요한 문제로 '택우擇偶', 즉 배우자 선택을 꼽았으며, 인생 최대의 고민도 바로 결혼 문제였다. 중국에서 혼인자주권이 법제화된 것은 1930년이지만, 그전은 물론 그 후에도 대부분의 농촌 지역에서는 여전히 중매혼이 이어지고 있었다. 신식 교육과 서구 문화의 세례를 받은 도시의 청년 학생과 지식인은 부모가 정해준 고향의 조강지처와 정서적으로 교감하기 어려웠고 결국은 도시에서 만난 여학생이나 신여성과 사랑에 빠지는 경우가 많았다. 유학생 중에는 서양 여성과 결혼해서 돌아오는 사람도 적잖았다. 후스는 그 자신도 부모의 명령으로 사랑 없는 결혼생활을 이어가고 있었기에 청년의 연애에 대한 열망을 누구보다 잘 알았고, 따라서 부모가 정해준 상대를 거부하고 연애를 위해 가출한 것으로《인형의 집》을 각색했을 것이다. 한동안 '항혼抗婚'이니 '도혼逃婚'이니 하여 부모가 정한 혼사를 거부하고 자결하거나 연인과 동거하기 위해 가출을 시도하는 현상이 이어졌다. 1920년 창사 여성인 리쉰쑤李欣淑의 '도혼'은 비교적 성공적이었다. 부모가 정한 혼인에서 벗어나기 위해 리쉰쑤는 친구의 열렬한 지지와 남동생의 경제적 지원을 받아 베이핑으로 도피한 뒤 오빠 집에 살면서 후스 등으로부터 경제적, 학업상의 원조를 받았다. 하지만 부모가 일방적으로 결정한 결혼에 저항해 시집가는 가마 안에서 목을 찔러 자결한 창사의 '자오우전趙五貞 사건' (1919)처럼 대부분의 항혼은 비극으로 끝났다.

그 밖에도 외국 유학을 마치고 돌아온 지식인은 결혼식을 올리기 전에 일정 기간 동거를 해보는 '시혼제試婚制'라든가, 마음에 맞는 여러 상대와 연애하며 서로 간섭하지 말자고 하는 '정인제情人制'를 주장하기도 했다. 그들은, 정조는 더 이상 절대 도덕이라 할 수 없으며 굳이 지켜야한다면 남녀 모두에게 적용해야 한다고 했다. 이에 성도덕을 둘러싸고 논쟁이 벌어지기도 했다.

농촌 여성의 결혼과 가정생활

영국인 선교사 아서 스미스는 20세기 초 직접 중국의 농촌을 답사하며 쓴 책《중국의 농촌 생활Village Life in China》에서 농촌 여성의 특징으로 문맹, 인신매매, 극단적 조혼과 만혼, 여아 살해, 축첩, 높은 자살률 등을 꼽았다. 또 다른 관찰자에 따르면 1940년에도 중국의 농촌은 상하이 같은 대도시의 영향을 전혀 찾아볼 수 없었다. 물론 어느 정도 교육을 받은 도시 여성에 한정된 일이기는 하지만, 전족을 하지 않은 채 가죽구두를 신고 단발에 세련된 옷차림으로 자유롭게 거리를 활보하거나 연애를 추구하고 영화나 전화 같은 문명의 이기를 누리는 삶은 여성의 절대다수를 차지하는 농촌 여성에게는 전혀 다른 세상의 일일 뿐이었다.

민국 시기까지도 '(농촌에서) 글자를 아는 여성을 발견하기란 하늘을 오르기보다 어려운 일'이라고 할 정도였다. 여성은 여전히 전족을 했다. "전족을 하지 않으면 큰 발이 되잖아요. 게다가 학력도 없으니 돈 있는 남자나 하이칼라 학생에게 시집가는 것은 무리예요. 가난한 집으로는 시집가기 싫고, 괜찮은 집안에서는 작은 발의 처녀를 좋아하거든요. 큰 발로는 여전히 시집가기 어려워요"라고 하는 농촌 아가씨의 고백처럼 고된 농사일을 하는데도 전족을 하는 이유는 대개 결혼으로 신분 상승을 꿈꾸기 때문이다. 도시 여성에게 졸업장이 신분 상승의 보증수표였다면 농촌 여성에게는 전족이 유일한 자산이었다. 전족을 혐오하는 도시의 지식인과 달리 농촌의 나이 든 남성은 여전히 전족을 선호했다.

여성 교육이 확대되면서 다양한 직업의 문이 열렸지만 문맹인 농촌 여성에게는 그림의 떡이었다. 쑤퉁蘇童의 소설《처첩성군妻妾成群》을 영화화한 〈홍등〉의 여주인공 쑹롄頌蓮처럼 고등교육을 받은 여성이라 해도 집안이 어려우면 돈 많은 지주의 첩으로 들어갔다. 1920년대를 배경으로 한 이 영화에서 보듯 농촌에서는 여전히 축첩이 성행했으며 간통한 여성은 남편에 의해 처벌됐다. 1930년의 새 민법은 축첩과 중혼을 금했지만, '말은 사온 사람이 때리고 처는 남편이 알아서 처리한다'는 오랜 속담은 여전히 유효했다. 10대 후반이면 결혼하는 '조혼'이나 아이가 배 속에 있을 때 어른끼리 미리 정혼하는 '복위혼腹爲婚', 일찌감치 어린 여자아이를 며느리로 데려와 혼례비를 줄이고 노동력으로도 이용하는 '동양식(민며느리)'의 풍속도 민국 시기 농촌에서는 거의 일상적이었다. 심지어 남의 아내를 빌리는 '전처典妻'나 '조처租妻', 가난한 농민이 돈을 모아 여자 하나를 사서 번갈아 소유하는 '과처夥妻' 현상도 여전했다. 전처나 조처는 후손을 낳기 위해 또는 오직 성욕을 충족하기 위해 급전이 필요한 남자의 아내를 일정 기간 빌리는 것이다. 양자는 혼용되기도 했지만 차이가 있다면 전처의 경우 원래 남편이 보증금을 받는 대신 기한이 길고(3~10년), 조처는 보증금을 받지 않고 짧은 기간 동안 아내를 빌려주는 경우가 많다는 것이다. 또 전자는 주로 저장 성 등 강남 지역에서, 후자는 화베이 지역에서 자주 등장한다. 또 과처는 대개 형제들 사이에 이루어졌다.

농촌은 도시에 비해 가부장의 권한이 강했다. '시집가기 전에는 아버지를, 시집가서는 남편을, 남편이 죽으면 아들을 따라야 한다'는 삼강의 가르침은 변함없이 이어졌고, 법적으로도 전통적 관념상으로도 남성 가장은 한 가정에서 절대적인 위치에 있었다. 경제적으로나 의사 결정 면에서도 가부장의 위치는 거의 흔들림이 없었다. 막강한 가부장권의 행사는 일상적인 가정폭력을 수반했다. 1930년대 산둥 성 쩌우핑鄒平 마을의

한 농민 집에서는 "남편은 채찍으로 처를 멋대로 심하게 때렸다. (처는) 몹시 고통스러워 보였지만 소리조차 내지 못했다"라고 하는 조사도 있었다.

반면 여성이 가정폭력의 가해자인 경우도 적잖았다. 동양식을 소재로 한 샤오훙蕭紅의 소설《후란 강 이야기》에 생생하게 묘사돼 있듯이 시어머니의 며느리 학대는 심각했다. 1940년대 항일전쟁기 화베이 지역에서 이루어진 가정폭력에 대한 조사를 보자. 15세에 시집온 인진추이尹金翠의 시어머니는 걸핏하면 며느리에게 "네 발은 크고 얼굴은 추악하며 몸은 마치 철봉 같다"라며 욕을 해댔다. 심지어 "네가 우리 집에서 욕먹는 게 싫으면 나가 죽어라. 그래야 내가 욕을 덜 먹지. 집에 손님이 오면 너는 절대 나오지 말고 숨어 있어야 한다. 손님 앞에서 왔다 갔다 하면 안 된다. 그랬다간 손님이 네 추악한 모습과 왕발을 보고 비웃을 테니까"라고 했다. 1940년대에도 화베이의 농촌에서는 전족을 하지 않은 여성이 비웃음거리가 됐음을 알 수 있다.

타이항산 산太行山의 항일 여성 영웅 한얼화韓二花는 "열다섯 살에 시집을 왔는데 시어머니는 마치 '암컷 이리' 같았다. 먹을 것도 주지 않고 밤낮으로 일을 시켜 잠을 못 자게 했다. 구타는 일상적이었다"라고 했다. 동양식의 가정 내 지위는 더욱 열악했다. 산시, 허난 성 일대에서는 동양식을 '돈양豚養'이라 불렀다. 마치 새끼 돼지처럼 길러진다는 의미다. 잭 벨든Jack Belden[24]은 동양식의 생활을 이렇게 묘사했다. "시집 식구

---

24 중일전쟁 시기 중국에 온 미국의 종군 기자. 저서에《중국이 세계를 흔들다China Shakes the World》가 있다.

들은 그녀를 가족으로 대하지 않았다. 땋은 머리의 심부름꾼 정도로 여겼다. 식탁에서 밥을 먹을 수도 없었고 식구들이 먹다 남긴 밥을 먹었다. 그래서 그녀는 늘 배가 고팠다. 혹시라도 남편과 말다툼을 하면 시어머니와 남편이 호되게 두드려팼다."

물리적, 정신적 폭력 외에 농촌 여성이 평생 벗어나기 힘든 일 가운데 하나가 임신이었다. 아서 스미스는 중국의 농촌 여성이 일생의 대부분을 임신으로 보내는 것 같다며 10대 초반에 시집와서 해마다 아이를 낳은 여성은 10대 후반이면 이미 초로의 할머니 같은 모습이었다고 했다. 1940년대에 화베이의 농촌 지역을 답사한 잭 벨든이 만난 중국 여성 진화는 거의 매일 밤 남편에게 얻어맞아 얼굴이 피범벅인 상태에서 성관계를 했고 거부할 경우 차가운 바닥에 내팽개쳐지고 밥도 굶었다고 한다. 정이 뚝뚝 떨어질 정도로 못생기고 나이 많은 남편이었지만 생존을 위해 진화는 밤마다 남편에게 몸을 맡길 수밖에 없었다. 연애신성주의의 영향을 받아 '연애 없는 성은 간음일 뿐'이라고 주장하는 도시 청년에게는 그야말로 야만적인 성생활이었다.

1929~1933년 각국 여성의 결혼 연령 분포 조사에 따르면 중국은 20세 이하가 78.1퍼센트로, 이는 모성보호운동의 선진국인 독일이나 스웨덴의 7.3퍼센트에 비해 10배 이상 높은 비율이다. 선진국에 비해 중국 여성의 조혼은 뚜렷했다. 하지만 가임 기간 동안 거의 해마다 아이를 가졌는데도 오히려 농촌 여성의 실제 자녀 수는 많지 않았다. 1920년대의 농촌인구조사표에 따르면 농가의 평균 가족 수는 부부를 포함해 대체로 네다섯 명 정도다. 오히려 도시 여성의 자녀 수가 많다. 사회학자이

자 인구학자인 천다陳達의 조사에 따르면 어머니가 외국 유학까지 다녀온 경우 생존 자녀는 무려 7.62명이며, 소학교 출신은 4.52명으로 학력이 낮을수록 생존 자녀는 적었다.

농촌 여성의 생존 자녀 수가 적은 것은 피임 지식이나 의료 혜택에서 소외되어 사산율과 영아사망률이 매우 높았기 때문이다. 물론 여아를 물에 빠뜨려 살해하는 '익녀溺女' 풍습도 한 원인이었다. 이처럼 성인이 되기까지 자란 자녀는 많지 않았지만 농촌은 도시와 달리 여러 세대의 친척과 공동체를 이루며 거주하는 경우가 많아 가족 구성원 간에 불협화음이 일어날 가능성은 높았다. 하지만 칠거七去의 하나가 구설口舌인 만큼 여성은 하고 싶은 말도 꾹꾹 누르고 살 수밖에 없었다. 중국인과 결혼한 한 미국 여성은 가정의 화목을 위해서인지 중국 여성은

농촌 여성

가족에게 절대 불평을 표현하지 않는 것 같다며 놀라움을 금치 못했다. 그러면서 그녀는 중국 가정의 화목은 여성의 피땀과 눈물의 대가 그리고 개성을 희생한 대가라고 했다.

참다못한 여성의 자살 사건도 빈번히 일어났다. 자살에 관한 통계 자료를 보면 20세기 내내 중국은 줄곧 여성의 자살률이 높았다. 같은 여성이라도 도시보다 농촌, 그것도 20세 이하 여성의 자살률이 높았다. 중국

농촌 여성의 높은 자살률은 20세기 초 타이완의 한족 여성을 대상으로 한 인류학자 마저리 울프Margery Wolf의 조사와 1930년대에 활발했던 사회조사, 심지어 1990년대의 조사에서도 마찬가지였지만, 그 원인은 대부분 결혼생활에서 오는 어린 신부의 극심한 스트레스였다.

그렇다고 모든 여성이 늘 종속적이고 부차적인 지위에 있었던 것은 아니다. 여성의 지위는 친정이나 시집의 경제적 배경뿐 아니라 연령에 따라서도 크게 차이가 났다. 전통시대에도 그랬지만 여성의 가정 내 지위는 나이에 따라 변했다. 며느리가 된 직후 가장 지위가 낮지만 어머니가 되고 나서, 특히 남편이 죽고 재가하지 않은 과부의 경우 최고조에 달해 이때는 가정의 중요한 문제를 결정하고 재산도 관리할 수 있었다. 시집온 직후 며느리는 시부모에게 심하게 학대받는 경우가 많았고 아들을 낳지 못하면 쫓겨나기도 했지만 며느리들끼리 우물이나 빨래터 같은 곳에 모여 시부모나 남편을 흉보면서 어느 정도 스트레스를 풀었고, 이것이 입에서 입으로 전해지면서 악독한 남편과 시부모는 마을 사람들의 비난을 받거나 따돌림을 당하기도 했다. 체면 때문에 며느리를 함부로 대하지 못하는 시부모도 많았다.

루쉰이나 마오쩌둥을 비롯해 대부분 농촌 출신인 중국의 남성 지식인은 비록 부모가 정해준 아내에게는 소홀했을지 몰라도 어머니만큼은 깊이 동정하고 그 그림자에서 벗어나지 못했는데, 그것은 어머니가 가부장제의 최대 피해자라는 생각 때문이었다. 이러한 애증 섞인 '연모(戀母)' 감정이 한편에서 그들로 하여금 중국의 여성 문제에 적극 간여하게 만들기도 했다.

패션과
심미관의 변화

✏ 도시 여성의 복장과 헤어스타일

아편전쟁 이후 변법유신 시기까지는 서구의 영향이 물질과 정치 제도에 집중됐다면, 20세기 초에는 문화에까지 스며들었다. 청말민국 시기에는 여성의 복장과 헤어스타일에도 큰 변화가 왔다. 여성은 요역이나 징병의 대상이 아니었기 때문일까, 만주족이 세운 청 왕조는 한족 남성에게는 변발을 강요하고 만주족 복식을 따르게 했지만 여성에게는 비교적 관대했다. 예를 들어 전족을 그다지 엄격히 단속하지 않았고 심지어 모방하기까지 했다. 복식도 만주풍을 강요하지 않았는데, 만주족 여성의 전형적인 복장은 헐렁한 치파오에 굽 낮은 가죽신을 신는 것이지만 한족 여성은 대개 저고리와 바지를 입었다. 다만 남녀를 불문하고 몸매를 드러내서는 안 됐다. '음란은 모든 악 중에서도 으뜸萬惡淫爲首'이라는 관념으로 인해 남녀 모두 대체로 단정한 옷차림을 했다. 청 말까지도 남성은 주로 장포마괘長袍馬褂라는 기다란 마고자를 입었고 여성은 아래위로 분리된 헐렁한 옷을 입어 몸매가 드러나지 않았다.

하지만 서구 문명이 유입되면서 중국 여성의 복장은 크게 변화했다. 청 말, 즉 20세기 초 10년 동안 중국에서는 서양의 옷감, 모자, 복장이

5·4운동이 일어난 다음해인 1920년 상하이에서 태어나 홍콩에서 학교를 다니고 상하이와 홍콩이 일제치하에 들어간 1940년대 초반부터 작품 활동을 했다. 첫 남편은 왕징웨이 괴뢰정부에서 일한 적이 있었던 연상의 유부남이었다. 일본이 패한 뒤 남편과 이혼하고 신중국이 들어서자 홍콩을 거쳐 1952년 미국으로 건너갔다. 30년 연상의 미국인 작가와 결혼해 살다가 사별하고 로스앤젤레스에서 홀로 죽었다.

타이완과 홍콩에서는 여전히 장아이링의 작품이 인기를 끌었지만 대륙에서는 '역사를 외면한' 작가로 분류돼 비난의 대상이 됐다. 그녀의 단편소설을 토대로 만든 영화〈색·계〉(2008)의 내용을 보면 그녀가 비난받는 이유가 짐작된다. (친일 괴뢰정부인) 중화민국 유신 정부를 세운 왕징웨이 정권의 정보부장을 미인계로 암살하려던 여성 주인공이 사랑 앞에 무릎을 꿇고 결국 애국의 대의를 저버림으로써 자신도 동지들도 처형되게 만든다는 내용이니까 말이다. 그런데 대륙에서도 개혁개방 이후에는 그녀의 작품이 재평가되고, 특히 1990년대 이후 독자가 늘고 있다. 애국이라는 대의명분을 내세운 작품은 없지만 여성 작가의 눈으로 바라본 1940년대 상하이 여성의 연애와 결혼 등 일상생활에 천착한 수작들이 있기 때문이다. 괴뢰정부 관리와의 짧은 결혼생활이나 작품에 드러난 정치에 대한 무관심을 이유로 그녀를 친일파로 분류할 수 없다는 시각도 있다. 그보다 앞서 태어나 청소년기에 애국운동 경험을 가질 수 있었던 선배 신여성 작가와 달리 그녀의 청소년기는 일제 점령이 기정사실화된 시점이었다. 할머니는 청 말 이홍장의 딸이고, 아버지는 축첩과 아편 흡식을 일삼는 구시대의 전형적인 가부장적 인물이며, 어머니는 이혼하고 외국 유학을 한 집안 출신이었다. 이러한 그녀의 배경을 이해한다면 허울 좋은 상류층 대가정의 가부장적 권위에 대한 저항을 축으로 삼은 그녀의 작품을 보다 잘 해석해볼 수 있을 것이다.

유행했다. 높은 옷깃의 통이 좁은 상의에 굽 있는 가죽구두를 신는 것이 가장 일반적인 여성의 패션이었다. 아직 헤어스타일은 크게 변하지 않아 미혼 여성은 대개 한 갈래나 양 갈래로 머리를 땋았는데 시집가는 날 전문가를 불러 올림머리를 했다.

20세기 초에 여권 사상이 퍼지면서 여성도 긴 바지에 재킷을 걸쳐 남성복처럼 입는 것이 한때 유행했다. '남장미인'으로 불리던 추근은 일본으로 건너가기 전부터 이미 남장을 즐겼다고 한다. 아마도 여성의 나약한 모습을 감추기 위해서 그랬을 것이다.

선망의 대상이었기 때문인지 여학생 복장을 모방하는 여성도 많았다. 특히 기녀가 그랬다. 장식 없는 상의와 긴 바지를 입고 술 달린 모자를 쓰는 것이 신선한 느낌을 주었던 것 같다. 교회 여학생은 대개 제복을 입고 다녔는데 그 또한 선망과 모방의 대상이 됐다.

민국 시기에 여성은 점점 몸매를 드러내기 시작했다. 바지를 입어도 시거렛 팬츠처럼 허리선을 드러내고 몸에 꼭 달라붙는 것을 선호했고, 원래 만주족 여성의 복장으로 헐렁했던 치파오를 개량해 가슴과 허리의 곡선을 살리고 소매는 짧게, 허벅지까지 솔기를 터서 더욱 섹시하게 보이도록 만들었다. 이러한 치파오는 청대의 치파오와 구별해 '중화치파오中華旗袍'라 불렸다. 민국 시기를 대표하는 '신여성', '재녀'로 꼽히는 장아이링張愛玲은 중국인의 복장 변화를 다룬 《갱의기更衣記》(1942)라는 수필에서 이 새로운 치파오를 '청교도식의 단정한 스타일'에서 '인체의 곡선을 충실히 드러낸 스타일'로의 변화라고 설명했다. 몸매를 드러낸 밀착형 치파오가 등장한 것은 1920년대인데, 당시 서양 여성이 즐겨 입던 이브닝드레스를 모방해 여성의 곡선미를 강조하려 한 것으로 보인다. 옷깃이 귀에 닿을 정도로 높고 몸을 움직이기 어려울 정도로 조이는 치파오도 있었지만, 평소에는 활동하기 편한 치파오를 입었다. 도시에서는 위로는 고관의 부인이나 명문가 규수에서 아래로는 여학생과 가정주부에 이르기까지 대부분 치파오를 정장으로 인식하게 된다.

인체의 곡선이 드러나지 않는
청대 여성의 치파오

몸매가 드러나는 치파오를 입은 여인들.
1930년대 상하이의 비누 광고

　미국에서 10년 넘게 유학 생활을 마치고 돌아와 얼마간 사회활동을
하다가 1927년 12월 당시 최고 실권자가 된 장제스와 결혼한 쑹메이링
은 중일전쟁 발발 후 미국에 자주 가서 지원을 요청했다. 그녀의 유창한
영어 실력도 한몫했겠지만 미국인은 그녀가 공식석상에서 즐겨 입던
아름다운 치파오에 열광했고 그녀를 가리켜 '용 부인(마담 드래건)'이라고
불렀다.《타임》은 치파오 차림의 쑹메이링을 표지 모델로 삼기도 했다.
어느새 서양인에게 치파오는 중국 여성의 전통 복장으로 각인됐다. '중
국 혁명의 아버지'로 불리는 쑨원(호는 중산中山)이 즐겨 입었다 해서 '중
산복'으로도 불리는 하이칼라의 남성복과 함께 치파오는 지금도 중국
의 '국복國服'으로 통한다.
　민국 시기에 여성은 치파오 외에 다양한 양장과 예복, 승마복이나 골
프복 등 운동복도 즐겨 입었다. 몸에 꼭 끼는 옷이 유행하면서 비단이

나 모피로 만든 숄을 두르거나 호주머니 장식을 달고 장갑을 착용해 멋을 내는 여성도 많았다. 하지만 치파오는 일상복으로 입기에는 다소 불편했다. 민국 시기에 들어와 여성 교육이 보급되고 사회활동을 하는 여성도 많아지면서 일상생활에서 여성은 행동하기 편한 바지를 선호했다. 바지는 노동자에서 대갓집 규수에 이르기까지 계층을 불문하고 많은 여성의 사랑을 받았다.

청 말에 여학생은 양 갈래로 머리를 땋는 경우가 많았지만, 민국 시기에는 단발도 유행했다. 2013년 개봉한 영화 〈위대한 개츠비〉의 여주인공 데이지의 세련된 단발머리는 그 영화의 배경이 된 1920년대에 미국의 신여성(플래퍼) 사이에서 크게 유행했는데 1920년대 중국의 신여성에게도 인기가 있었다. 파리에서 유행한 옷이 3~4개월이면 상하이에서 유행할 정도로 도시 여성은 유행에 민감했다. 상하이를 가리켜 '동방의 파리'라 부르는 데는 다 이유가 있는 것이다.

청 말 혁명파 사이에서 유행하고 민국 시기에는 아예 강제로 시행됐던 남성의 전발剪髮, 즉 변발 자르기가 단순히 위생 차원을 넘어 만주의 풍습에 대한 한족의 저항의식을 담고 있었던 것처럼, 서양의 신여성을 모방한 단발은 그 자체로 진보와 지식의 상징, 구사회에 대한 저항과 해방의 의미를 담고 있었다. 그렇기 때문에 1920년대의 보수적 군벌은 단발 여성만 보면 무조건 위험하다고 여겨 체포하기도 했다. 심지어 '단발 여성은 공산당'이라는 공식까지 생겨나기도 했다. 하지만 단발 여성 중에는 어떤 각성이 있어서라기보다 그저 유행에 편승한 경우도 많았다.

잡지 광고에 자주 등장하는, 단발에 스카프나 모피 숄을 두르고 서양의 시계와 안경, 모자를 쓰고 시가를 피우는 민국 여성은 욕망을 상품화하려는 자본주의가 만들어낸 모델일 뿐이다. 상하이의 한 미용실은 고객을 끌기 위해 '여자의 단발은 전 세계에서 유행하는 것으로, 우아하고 아름다우며 또 경제적이다. 스타일도 멋지고, 빗고 감기도 편하다'라는 내용의 기사를 신문에 올렸다. 하지만 여학생이나 일반 여성의 단발은 광고에서처럼 언밸런스 형태의 세련된 단발과 달리, 귀 밑 3~10센티미터까지 자른 일자형의 평범한 단발이었다.

1920년대 상하이의 한 미용실이 파마를 시작한 이래 파마머리도 크게 유행했다. 1940년대에 전기 파마 기계가 들어오면서 파마 스타일은 더욱 성행했다. 2014년 개봉한 영화 〈황금시대〉는 1930~1940년대에 활약한 여성 작가 샤오훙의 전기인데, 샤오훙 역을 맡은 배우 탕웨이는 당시 유행하던 파마머리를 완벽히 재현했다. 단발이든 파마머리든 헤어밴드나 핀 등으로 머리를 장식하는 경우가 많았다.

단발이나 파마머리 모두 대도시의 패션리더나 여학생 사이에서 유행한 것이고 대다수 여성, 특히 농촌 여성은 여전히 미혼일 때는 머리를 땋고 다니다가 결혼하면 둥글게 올리거나 S자 모양으로 빗어 올린 후 옥 등의 장식품을 꽂기도 했다. 결혼식 날 웬만한 집에서는 전문 미용사를 불러 신부에게 올림머리를 해주었다. 계속해서 일하기 위해 결혼을 거부하고 평생 독신을 고수하는 광둥 여성을 가리켜 '자소녀自梳女'라고 한 것은 그녀들이 독신을 맹세하는 의식을 치른 뒤 스스로 머리를 빗어 올렸기 때문이다.

신체의 해방과 심미관의 변화 : 방흉과 천족

중국의 4대 미녀로 꼽히는 서시, 왕소군, 초선, 양귀비 중 유일하게 양귀비만 풍만한 몸매를 갖고 있었다. 그것은 양귀비가 선비족 계통의 북조를 계승한 당나라 미녀이기 때문일 것이다. 대체로 한족 미녀는 서시나 한나라 때의 말 그대로 '물 찬 제비' 조비연趙飛燕처럼 가냘픈 경우가 많았다. '남자는 강하고 여자는 부드럽고 약해야 한다'는 관념이 청순가련형 여성을 아름답게 보게 만든 것이다. 또 '음란은 모든 악 중에서도 으뜸'이었기에 여성이 속살을 드러내는 것은 그 자체로 악행이었다. 발은 전족을 해서 꽁꽁 동여매고 가슴도 평평해야 고귀한 여성으로 간주됐다.

명청시대를 이어 민국 시기까지도 여성은 가슴가리개인 말흉抹胸을 착용하는 경우가 많았다. 유두가 드러나지 않도록 만든 밀착형 내의였다. 대개 수를 놓은 화려한 비단으로 만들었는데 네 개의 끈이 달려 있어 두 개는 목에, 두 개는 허리에 묶어 고정했다.

청 말 이래 민국 시기까지 여성 사이에서는 '속흉束胸(束奶)'이라 하여 가슴을 납작하게 하는 것이 유행했다. 전족이 3~4세가량 여자아이의 발을 천으로 묶어 더 이상 자라지 못하게 한 것이라면, 속흉은 흰 천으로 여성의 가슴을 꽉 조여 유방의 발육을 막는 것이다. 대개 2차 성징이 시작되는 사춘기 무렵부터 시작했던 것으로 보인다. 민국 초기, 특히 1920년대가 되면 풍만한 가슴을 드러낸 여성의 사진뿐 아니라 젖을 물리는 어머니의 모성을 찬미하는 논조와 그림이 신문이나 잡지를 장식하지만, 이러한 서양적 심미관이나 우생학의 영향을 받기 전까지 중국에서 여

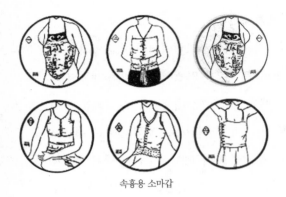

성의 커다란 유방은 천박
함, 심지어 음탕의 상징 혹
은 죄악의 원천으로 여겨
졌다. 밋밋하고 작은 유방
이야말로 고귀함과 정숙
함의 상징이었다. 유방이
크면 맵시가 나지 않는 전

속흉용 소마갑

통 복장도 한 원인이겠지만 신분이 높은 집에서는 어머니가 직접 젖을
물릴 필요 없이 건강한 유모를 고용했던 것도 중요한 이유가 될 것이다.
수유하지 않는 것이 높은 신분의 상징이었던 것이다.

서양의 코르셋처럼 속흉도 여성의 건강에 큰 장애가 됐다. 숨을 쉴 수
없을 정도로 가슴을 조일 때의 고통도 고통이지만, 일부 여성은 흉부가
심하게 변형되기도 했고 유두가 막히기도 했다. 심지어 곱사등이 되거
나 병에 걸려 아이를 낳지 못하는 여성도 있었다. '소마갑小馬甲(小背心)'
이라고 하는 조끼 형태의 옷이 바로 속흉용으로 나온 내의였다. 초기의
코르셋처럼 앞트임을 하여 단추나 끈으로 꽉 조이는 것이다. 상체를 꽉
조이므로 옷맵시를 내는 데 도움이 됐기에 민국 시기 내내 많은 여성이
즐겨 입었다. 특히 단정한 교복을 입은 여학생이나 여교사 사이에서 크
게 유행했다. 농촌 여성은 속흉을 하는 일이 거의 없었는데 속흉을 하지
않은 여성은 대개 비웃음의 대상이 됐다.

그런데 1920년대 이후부터 여성의 성과 출산이 더 이상 개인의 일이
아닌 국가와 민족의 미래와 직결되는 '중요한 사업'이라는 담론이 나타

나면서 주로 남성 지식인을 중심으로 여성의 '방흉放胸', 즉 가슴 풀기를 하자는 논의가 등장했다. 방흉이란 흉부를 속박하던 흰 포를 풀고 내의를 입지 않는 것으로, 여성의 유방을 자유롭게 하고 건강하게 성장하도록 한다는 것이 목적이었다. 영국의 저명한 성심리학자 해블록 엘리스Havelock Ellis의 책이 《부녀잡지》, 《신여성》, 《신문화》 같은 잡지에 번역되어 실리면서 우생학적 견지에서 방흉이 하나의 담론으로 등장한 것이다.

프랑스 유학을 다녀온 베이징대학 철학과의 장징성張競生 교수는 《아름다운 인생관》 등의 저술과 논문을 통해 큰 유방은 수치가 아닌 건강의 상징이며, 중국 여성도 프랑스 여성처럼 건강한 유방을 드러내고 다닐 것을 주장했다. 그는 여성이 여성스러울수록, 예컨대 2차 성징의 하나인 유방이 발달한 여성일수록 머리 좋고 건강한 자녀를 출산한다고 주장했다.

속흉은 주로 여학생과 교직원 등 엘리트 여성 사이에서 유행했기 때문에 '(속흉을 하는) 여학교는 살인자를 제조하는 공장이며 이로 인해 민족은 쇠약해질 것'이라는 비난이 쇄도했다. 난징의 국민정부 관료 중에는 앞으로 어머니가 될 여학생의 발육을 위해서는 속흉을 철저히 금지하고 이를 어기면 벌금을 부과해야 한다고 제안하기도 했다. 하지만 전족에 비해 속흉은 쉽게 사라지지 않았다. 속흉 반대론자가 '가슴 압박은 야만적인 습관이고 문화 수준이 높을수록 여성의 가슴 곡선을 드러나게 한다'라며 서구적 심미관을 기준으로 천족과 방흉의 가치를 역설했지만, 정작 많은 여성이 속흉을 도시 여성의 신분적 상징으로 여겨 잘 따르지 않았기 때문이다. 농촌 여성은 여전히 전족을 했고, 도시 여성은 비록 전족은 하지 않았지만 속흉은 하는 경우가 많았다. 1930년대에 서양에서 브래지어가 수입되기는 했지만 가격도 비싸고 불편해 널리 유행하지는 못했다.

한편 도시 여성 사이에 오늘날의 시스루 옷 비슷한 것도 유행했다. 망사처럼 속이 훤히 비치는 속옷을 입고 비단옷을 걸쳐 입는 것이 기녀 사이에 유행했는데 점차 양가의 여성도 이를 모방했다. 1930년대 국산품보호운동의 주창자는 걸핏하면 여성용 망사, 레이스, 스타킹 때문에 심각한 무역 적자가 발생한다고 경고하곤 했다. 신생활운동 시기에는 여성의 노출 패션을 '기장이복奇裝異服'이라 하여 단속하기도 했다.

방흉에 비해 천족은 비교적 빨리 보급됐다. 전족은 가느다란 허리와 마찬가지로 남성의 성적 욕망을 극대화하기 위한 것이었다. 즉 전족은 여성을 집 안에 가두고 행동을 제한하는 데 유용했으며, "양은 강함을 덕으로 삼고 음은 부드러움으로써 쓰임이 있다陽以剛爲德 陰以柔爲用"라고 한 전한시대 반소의 《여계》 이래 중국의 젠더관을 지배한 음양관과도 부합한다. 전족은 대체로 10세기경 당송변혁기에 시작됐고 명청대에 와서 크게 유행했는데, 전족이 그처럼 확대된 데는 여성의 동조와 내면화도 한몫했다. 전족은 그 자체로 고귀한 신분의 상징이었기 때문이다. 중상층 여성은 전족을 통해 자신의 신분을 드러내려 했고 가난한 여성은 신분 상승을 위해 전족을 했다.

무술변법의 중요한 내용 중 하나는 장차 어머니가 될 소녀의 전족과 조혼의 악습을 철폐하는 것이었다. '교육구국'이니 '우생강국'이니 하는 구호가 등장하면서 20세기를 전후해 각지에 설립된 공사립여학교와

1907년 '여학당장정' 반포 이후 등장한 관립여학교 모두 여학생의 전족부터 금지했다. 많은 지식인은 중국인이 약골이 된 것은 전족과 문맹 때문이라고 했다. 이제 더 이상 전족은 고귀함의 상징이 아니라 야만과 무지의 상징이 돼버렸다. 비교적 여학교가 많았던 개항장의 대도시를 중심으로 전족 풍습은 급속히 사라져갔다. 단발 또는 양 갈래로 땋은 머리와 건강한 발에 가죽구두를 신은 여학생은 그 자체로 문명의 상징이 됐다. 처음에는 가난한 집 여자아이가 대부분이었던 여학교에 학생 수가 늘어나고, 심지어 귀한 집안의 딸도 다니기 시작하면서 여학생은 그 자체가 고귀한 신분을 상징하는 존재가 됐고, 그녀들의 일거수일투족이 부러움의 대상이 됐다. 그 때문에 여학생을 모방해 전족을 하지 않는 여성이 점점 더 늘어났다.

전족이 점차 사라지면서 가죽신이 유행했다. 청말민초에는 천족에 맞추어 방족베신(放足布鞋)·가죽구두(革履)·비단양말이 등장했고, 1920년대에는 원피스형 치파오에 맞춰 하이힐이 유행했다. 하이힐을 신으면 키가 커 보이기 때문에 여성에게 대환영을 받았다. 여성계 명사나 배우뿐 아니라 직업여성, 가정주부, 여학생 사이에서도 크게 유행했다. 비교적 경제가 낙후한 내지의 도시에서도 유행했다. 그러나 이는 어디까지나 도시에서의 일이고, 농촌에서는 1930년대까지도 여전히 전족을 하는 여성이 많았다. 학력도 기술도 없는 여성에게는 결혼만이 신분 상승의 수단이었고, 농촌의 지주나 군인은 여전히 전족 한 여자를 좋아했기 때문이다.

2

1

현대 중국과
여성 삶의 획기적 변화

1949년 10월 1일 옛 청조의 황궁인 자금성 앞 천안문 위에서 마오쩌둥을 국가수반으로 하는 중화인민공화국(중공)의 수립이 전 세계에 선포됐다. 9·18사변(만주사변)으로부터 치자면 15년 그리고 본격적인 중국대륙에서의 항일전쟁으로 8년간 일본과 싸운 끝에 1945년 일본의 항복을 이끌어낸 지 4년 뒤의 일이었다. 일본과의 전쟁은 물론이고 그 뒤를 이은 국민당과 공산당 간의 충돌(국공내전)로 국토가 피폐해질 대로 피폐해진 다음의 건국이었지만, 공산당은 자신들이 세운 나라를 구중국과 대비되는 새로운 중국, 곧 신중국이라 불렀다.

그러나 건국 초기 신중국은 급격한 사회주의로의 이행을 보류하고 '신민주주의' 경제, 즉 자본주의와 사회주의의 공존을 목표로 했다. 그동안 공산당이 농촌에서의 경험 외에 도시를 운영하는 경험을 축적하지 못했기 때문이었다. 그런데 건국 다음 해인 1950년 한국전쟁이 일어나고 중국이 참전하면서 중국은 미국과 군사적으로 대치하는 상황이 벌어졌다. 참전으로 인해 중국은 서방 세계에서 고립됐고 건국 초에 기획했던 신민주주의 경제를 포기하고 사회주의 체제로의 이행을 서두를 수밖에 없게 됐다. 급격한 사회주의화를 추진하던 끝에 1950년대 말 혁명적 군중의 집단적 힘에 의지해 자력갱생하려는 대약진운동을 벌였으나, 이는 엄청난 아사자를 낳고 참담한 실패로 끝났다.

1960년대 초반 마오쩌둥 대신 국가주석이 된 류사오치劉少奇와 덩샤오핑鄧

小平을 중심으로 한 조정 정책으로 경제는 회복됐으나, 중반부터 문화대혁명(문혁)이라는 세계 역사상 드문 밑으로부터의 혼란이 초래됐다. 문혁을 일으킨 마오쩌둥(과 4인방)은 사회주의 종주국이었던 소련이 수정주의의 길로 걸어가게 되자 류사오치 등 기존의 당권파가 그를 뒤따라 혁명을 배반하게 됐으므로 젊은 학생과 하급 노동자로 구성된 홍위병 및 조반파造反派가 반혁명분자를 처단하고 혁명을 수호해야 한다고 주장했다. 마오쩌둥의 혁명 선동에 호응한 숱한 젊은이가 학교와 각급 정부기관 및 일터에서 교사, 간부, 지식인을 반혁명분자로 몰아 물리적으로 타도하는 이른바 '10년 동란'이 일어났다. 그러나 홍위병 파벌 간의 무력을 동원한 싸움까지 벌어지는 등 사회와 경제가 혼란해지자 마오쩌둥은 오지와 농촌으로 젊은이들을 보냈다. 그리고 문혁 후반기에 들어서자 중국은 그동안 적대시했던 미국과 화해하면서 서방 세계와도 문호를 열고 세계무대에 등장하는 모습을 보여주었다.

1976년 정무원 총리 저우언라이周恩來와 국가주석 마오쩌둥이 차례로 사망한 뒤 4인방이 체포되고 덩샤오핑이 권좌에 오르는 계기가 마련됐다. 마오쩌둥의 뒤를 이어 실권을 장악한 덩샤오핑 치하의 중국은 1978년 말부터 개혁개방 정책을 선포했다. 덩샤오핑이 농업, 공업, 국방, 과학기술의 4대 현대화를 추진해 나가던 중 베이징에서는 제5의 현대화로 정치의 현대화를 주장하는 시위가 일어났다. 이들 시위대를 유혈 진압한 천안문사건(1989년 6월)으로 개혁개방 정책이 중단될지도 모른다는 전망이 있었으나 덩샤오핑은 개혁개방 정책을 가속화했고, 21세기 시진핑習近平 체제로 들어선 오늘날에 이르기까지 중국의 개혁개방은 지속되고 있다. 그동안 악화됐던 소련과의 관계도 개선했고, 한국과는 1992년 국교를 수립했다. 중국은 개혁개방의 그늘진 면을 갖고 있음에도 미국과 더불어 강대국으로서의 면모를 보이고 있다.

신중국의 우여곡절 속에 여성의 삶도 과거 그 어느 때보다 짧은 시간 안에 급격한 출렁임을 보여준다. 신중국을 건국한 중국공산당은 건당 초기부터 획기적인 여성 정책을 입안하고 여성을 사회주의 혁명에 동원해왔던 만큼 전 중국을 차지하게 되자 체계적인 남녀평등 정책을 실시했다. 여성은 법률상 평등하게 정치에 참여할 수 있게 됐고 남성과 대등한 교육을 받게 됐다. 무엇보다도 노동자와 농민의 국가를 표방한 신중국에서 여성이 노동자로서 대거 일터에 나서게 된 것은 여성의 지위 향상에 큰 힘이 됐다. '혼인법' 반포와 함께 자신의 의사에 따른 결혼과 이혼이 가능해졌고, 매매춘제도가 소멸하면서 성적 불평등이 해소되는 모습이 나타났다.

일하는 여성의 목소리는 대약진기와 문혁기에 이르러 더욱 커져서 일부 지역에서는 공동식당과 공동 육아를 통해 여성은 가사와 육아에서 해방됐다. 문혁기에는 남녀의 절대적 평등이라는 구호 아래 여성의 생리적 특성을 무시한 고된 노동으로 힘겨운 생활도 감내해야 하고, 여성 조직인 부련이 해체되면서 여성 고유의 문제를 해결할 수 없는 상황이 초래되기도 했으나, 뒤를 이은 개혁개방기에 다시 여성 문제가 부각됐다.

 개혁개방기의 구조 조정에서 여성은 우선적으로 실직하게 되고 되살아난 구사회의 악습으로 인해 성매매의 대상이 되는 등 그늘진 면이 우선적으로 드러났다. 한편으로는 부련 조직이 부활되면서 여성 문제 해결에 매진하고 있고, 여성학이 도입되고, 세계여성대회(1995년 베이징)를 개최해 전 세계 여성과 연대하는 등 여성 문제 해결에 매진하고 있어 오늘날 중국은 적어도 아시아에서는 성별 격차가 가장 적은 나라에 속한다. 비록 미완의 과제가 남아 있기는 하지만, 근현대 내내 역사의 전면에서 능동적으로 자신들의 지위 향상을 위해 싸워온 중국 여성의 경험은 과제 해결에 큰 자양분이 될 것이다.

1

중화인민공화국의 건국과 여성의 삶에 미친 영향

여성의 조직화와
여성단체(부련)의 조직

1949년 10월 1일 출범한 중화인민공화국은 중국공산당이 세운 국가다. 그리고 공산당 초기 지도자들은 여성 문제가 폭발적으로 쏟아져 나온 신문화운동기에 활동한 사람들이었다. 그래서 창당한 다음 해인 1922년 중국공산당 제2차 전국대표대회에서 '부녀운동에 관한 결의'를 채택해 여성 노동자의 이익 보호와 예교의 속박 타파, (남녀 차별 없는) 보통선거권 등을 주장했다. 그들이 이 결의를 채택한 시기는 여성에 대해 아주 보수적이었던 군벌이 여기저기 권력을 쥐고 난립해 있던 군벌시대였다.

심지어 어느 시기에는 정부가 수절한 과부를 표창한다는 명령을 내리기도 해 진보적 지식인에게 역사를 뒤로 돌린다는 비난을 받기도 했다. 이와 같이 여성에게 아주 엄혹한 시대에 공산당은 일찌감치 여성 문제와 여성운동에 주목했던 만큼 여성 문제에서 줄곧 전향적인 자세를 보였다. 그래서 1930년대 장시 성 루이진瑞金에 수도를 두었던 소비에트 시기에는 비록 잠깐 동안 일부 지역에 한해서긴 했지만 일찌감치 획기적인 여성 정책을 폈다. 내용을 보면 우선 헌법대강에 남녀평등을 명문화했다. 그리고 토지법을 반포해 농촌 여성에게 토지를 분배했으며, 딸을 팔다시피 결혼시키는 매매혼을 반대하는 등 진취적인 면이 강했다.

그랬기 때문에 공산당이 전 중국의 권력을 장악한 중공의 출현은 상당수 여성에게 그야말로 새로운 중국의 출현을 의미했다. 이제 이른바 신중국의 출범이 여성의 삶에 미친 영향을 살펴보기로 하자. 편의상 여성 조직의 출현, 참정권 획득, 교육 확대, 경제적 기회 확대, 혼인법 반포와 창기 소멸 및 여성 동원과 여성의 국가 정책 참여 등의 순서로 전개하려 한다. 이를 통해 신중국 수립 초에 여성이 국가 정책에 기꺼이 동참한 까닭을 이해할 수 있을 것이다.

중국에서 여성 문제가 본격적으로 수면에 떠오르기 시작한 것은 청말 서구 문물이 도입되기 시작하면서부터였다. 그리고 5·4운동이야말로 여성 문제가 논의된 본격적인 계기가 됐다. 또 이런 상황에 힘입어 일부 여성은 정치 참여를 촉구하는 조직적 행동에 나섰다. 예컨대 중화민국 초기 국가 건설에 즈음하여 임시약법臨時約法에 남녀평등 구절을 넣어달라고 요구한 여성 조직으로 선저우여계공화협제사神州女界共和協濟社와 여자참정동맹회 및 여자참정동지회 등이 있었다. 또 1920년대 헌법 제정 논의 때 역시 여성 참정을 요구한 여권운동대동맹이 있었고, 국민회의운동이 한창이던 1924~1925년에는 국민당과 공산당 여성 당원이 주도한 여계국민회의촉성회도 전국 각지에 출현했다. 1930년대 후반 국민참정회가 소집되고 헌법 제정의 전망이 보이자 임시정부 충칭重慶의 여성계는 헌법상 남녀평등을 다시 요구했다.

이들 모든 여성단체는 일단 참정 문제에 한정해 활동했던 일회적 조직이었고, 또 소수 엘리트로만 구성돼 있었다는 한계를 가졌다. 그리고 1920년대의 여계국민회의촉성회를 제외하고는 대도시 몇 군데에서만 활동했을 뿐이었다.

그러던 것이 전국 각지의 (일부 엘리트가 아니라) 모든 중국 여성을 대표해 (참정 문제에서 그치지 않고) 여성 문제 전반을 모두 해결해 나갈 전국적인 조직이 신중국의 성립 전야에 만들어졌다. 중화전국민주부녀연합회(부련)라는 이 여성계의 조직은 신중국의 출현이 여성계에 가져다준 변화를 주도한 중요한 기구였다. 베이핑(현재의 베이징)을 인민해방군이 점령한 것이 1949년 1월 말. 그런데 그로부터 불과 2개월도 안 된 3월 하순부터 4월 초에 걸쳐 중국 여성계는 베이핑에 모여서 제1차 대표대회中國婦女第一次代表大會를 열었다. 여기서 앞으로 통일된 여성운동을 지도할 기구인 부련을 조직하기로 했다. 이 대회에는 노동자, 농민, 전사, 기술자, 지식인, 민주당파, 다양한 종교를 가진 여성계, 소수민족 및 여성운동 종사자를 망라한 여성 대표 474명 중 265명이 참석했다.

이 대회에서 1920년대부터 공산당원으로서 여성운동을 지도한 경험이 있던 덩잉차오가 〈중국 여성운동이 당면한 방침과 임무〉를 보고했다. 그리고 군벌 펑위샹馮玉祥의 아내이자 기독교여성운동을 지도했던 리더취안李德全이 〈국민당 통치지구 민주여성운동〉을 보고했다. 이 대회는 비록 공산당 지배 지역에서 소집한 것이었지만 국민당 지배 지역, 이른바 국통구國統區에서 활동하던 여성 대표라든가 국공 양당에 속하지 않던 세력의 여성까지 광범위하게 포함했다. 그래서 항일전쟁기에 잠시 통일전선을 이뤘다가 내전기에 단절됐던 여성계의 통일을 상징적으로

광동 성 판위 현番禺縣에서 태어난 쉬광핑은 근대 중
국의 문호 루쉰의 말년 10년간을 함께한 아내로, 루
쉰 사후 (루쉰이라는 거목의 그늘을 벗어나) 민주당파 지도
자로 활약했고, 중화인민공화국 수립 후에는 여성
계와 문화계의 지도자로 활동했다.

베이징여자사범대학 시절 학생운동을 하다 루쉰과
가까워졌고 졸업 후 국민당에 입당해 고향에서 교사
로 잠시 일했으나 국민당이 반공 우경화하자 반발했
다. 1927년부터 상하이에서 루쉰과 결혼생활을 했
다. 1936년 루쉰이 사망한 후 남편의 작품을 정리하
는 한편, 일제강점기에는 상하이에서 여성계 지도자
로 활동하다 일본군 헌병대에 체포돼 수감 생활도
했다.
일제에서 해방된 뒤 민주촉진회의 지도급 인물로
활동하며 국민정부의 내전 도발에 반대하다가 국민

상하이 시절의 쉬광핑(1928)

정부의 탄압이 심해지자 공산당 지배하의 둥베이 지역으로 갔고, 베이징에서 전국인민정
치협상회의에 참가해 신중국의 초석 작업에 참여했다. 중화인민공화국 수립 후 중앙인민
정부 정무원 부비서장, 전국부녀연합회 부주석, 중국문인연합회 부주석 등을 맡아 활동
하다가 1961년 공산당에 입당했다.
그녀 자신은 사회주의 혁명 덕분에 여권이 신장됐다고 했지만 5·4운동, 국민혁명, 항일
운동 및 내전기의 민주운동에 참여한 그녀의 일생이야말로 변혁에 참여해 스스로의 지위
를 높여간 중국 여성의 전형을 보여준다.

보여주었다. 그리고 부련 지도부도 구성했다. 허샹닝何香凝이 명예주석,

차이창蔡暢이 주석, 덩잉차오·리더취안·쉬광핑許廣平이 부주석으로 선

출됐다.

　　허샹닝은 쑨원의 동맹회 시절부터 남편 랴오중카이廖仲愷와 함께 혁

명운동에 투신했고 국민혁명기에는 여성운동을 지도했던 그야말로 원로 국민당원이다. 내전기에 국민당에서 떨어져 나와 이른바 민주당파 지도자로서 대륙에 잔류한 인물이다. 1920년대 국민당원으로 활동하던 시절에도 여성운동을 지도한 경력이 있었다. 쉬광핑 역시 공산당원이 아니라 남편(루쉰) 사후 민주당파 지도자로 대륙에 잔류한 인물이다. 여성 문제에 관한 논설을 발표하는 등 일각에서는 여성운동 지도자로도 알려졌다. 리더취안은 독실한 기독교 신자로 군벌 평위샹과 결혼한 뒤 그의 부대 전체를 기독교로 개종시키는 데 일조한 인물이다. 내전기에 귀국하다가 남편이 사고로 죽었으나 그녀는 대륙에 잔류했다.

차이창과 덩잉차오는 초기 공산당원으로 역시 초기 공산당원인 남편들(리푸춘李富春과 저우언라이)과 함께 신중국 수립에 일조한 이들이었다. 둘 중 1920년대부터 여성운동에 꾸준한 관심을 보인 것은 덩잉차오였지만 차이창이 부련 주석으로 선출된 것은 아마 덩잉차오가 정무원 총리 저우언라이와 함께 정치 일선에서 큰 역할을 맡게 된 점과 차이창이 연상이었던 점이 작용했다고 보인다.

이상 부련의 지도급 인물에 대한 간단한 소개에서 알 수 있듯이 이들의 공통점은 일단 유명한 인물을 남편으로 두었다는 사실이지만, 그렇다고 이들이 남편의 이름에 기대어 요직에 오른 것은 아니었다. 모두 신해혁명으로부터 5·4운동을 거쳐 국민혁명, 항일전쟁과 국공내전에 이르기까지 격동기에 여성 문제와 구국 문제에 대한 관심이라는 화두를 잡고 치열하게 활동하다가 사회주의 혁명을 표방한 신중국에 와서 여성 문제를 해결하고자 한 것이었다. 바로 이 대목에서 우리는 신중국 수

립 전야에 전국적인 여성 조직이 공산당 지역에서 가능했던 것은 민국
시기에 이미 여러 차례에 걸쳐 여성 문제를 해결하고자 노력했던 여성
지도자들이 (비록 일회적이고 국부적이기는 했지만) 여성단체를 조직했던 경
험을 토대로 했기 때문이었음을 주목하게 된다. 이후 부련의 1, 2, 3기
주석은 차이창이 연임했고, 차이창 지도하의 부련은 1978년에 캉커칭康
克淸(4, 5기)으로 주석이 바뀔 때까지 지속됐다.

차이창 주석이 재임 중이던 1957년에 부련의 명칭이 바뀌는데, 즉 중
화전국민주부녀연합회가 중화인민공화국부녀연합회로 개명된 것이다.

중화인민공화국 선포 전에 개최된 대표대회에서 정한 명칭에는 '전국 민주'가 들어가서 전 중국의 민주적인 여성을 모은 단체라는 의미가 담겨 있었다. 국호가 정해진 뒤엔 개명의 필요가 당연히 있었다. 그런데 중화인민공화국 수립 후 곧바로 명칭을 바꾼 것이 아니라 1957년이었다는 시점이 눈에 띈다. 이 해는 전 중국에서 우파에 대한 반대 투쟁이 일어난 해이자, 대약진운동을 개시하기 직전이었다. 허샹닝이나 쉬광핑, 리더취안 같은 민주당파와 무당파라 할 수 있는 부련의 지도급 인물들이 우파로 몰려 비판받은 것은 아니었지만, 어쨌든 중공 건국 초 다당합작의 형식을 취하는 데 보탬이 됐던 민주당파와 무당파 지식인 상당수가 우파로 몰리면서 부련의 명칭에서도 민주라는 용어가 사라진 것이 아닐까 싶다. 그리고 앞선 시기에 독자적인 여성계의 움직임을 배경으로 태동한 부련이 결국 공산당과 국가에 종속되어감으로써 이후 여성 문제의 해결 과정에서 곡절을 낳게 된 점 역시 주목하게 된다.

그렇기는 하지만 어쨌든 전 중국을 아우르는 여성 조직의 출현은 신 중국하의 중국 여성 대중에게 여러 면에서 획기적인 변화를 가져왔다. 부련은 전국 규모의 노동자 조직(중화전국총공회), 청년 조직(중화전국민주청년연합회), 학생 조직(중화전국학생연합회), 지식인 조직(중화전국문화예술계연합회) 등과 더불어 공산당이 여러 계층을 조직화한 것 중 하나였다. 이들 단체는 당연히 당이 중국의 미래 건설에 동원하려는 면이 강한 관변 조직이었다. 덩잉차오가 부련의 대표로서 인민정치협상회의 제1차 회의(1949년 9월 21일)에 참여해서 '여성운동의 중심 임무는 새로운 중국의 건설'이라고 발언한 것은 당과 부련의 상하관계를 단적으로 보여준다.

그렇지만 부련은 다른 단체와 마찬가지로 사회주의 중국에서 여성이 자신의 목소리를 낼 수 있는 대변 기구이기도 했다. 특히 부련의 경우 남녀평등과 여성의 권익 보호 등 오래된 여성계의 희망을 당과 국가의 정책에 반영하는 역할을 하기도 했다. 즉 부련을 통해 전 중국의 여성이 조직화되면서 여성은 새로운 중국에서 자신들의 지위를 제고할 전략적 요충지를 마련한 것으로 볼 수 있다. 이제 이 요충지를 중심으로 여성계가 우선 정치적인 면에서 어떤 변화를 불러왔는가 하는 점을 살펴보기로 하자.

정치 참여의 확대와
남녀평등의 법적 실현

중화민국이 들어서면서 여성 참정권을 주장한 일부 여성은 정권이 바뀌고 제헌 논의가 있을 때마다 헌법에 '남녀는 차별 없이 평등하다'는 구절을 넣어달라는 운동을 벌였지만 매번 실패로 돌아갔다. 이 선구적인 남녀평등 주창자들은 신해혁명에 동참했던 여성 동맹회 회원들이었다.

처음에 중화민국이 수립되고 의회격인 임시참의원에서 헌법의 전신이라고 할 임시약법을 제정할 때 이들은 남녀평등을 명문화해달라고 요구했지만 같은 동맹회 출신 남성 의원들에게 거부당했다. 또 위안스카이가 정식 총통이 되면서 베이징에 소집한 정식 참의원에서도 국회의원 선거 때 여성의 선거권과 피선거권을 보장해달라는 이들의 청원을 무시하고 남성에게만 선거권과 피선거권을 부여했다. 참의원에 이어 정식으로 만들어진 국회에서 기초한 헌법 초안에서도 남녀평등 구절은 여전히 빠졌다. 이어 군벌시대에 접어든 뒤에도 제헌 논의를 하던 의회를 향해 헌법 초안에 남녀의 평등한 권리를 명문화해달라고 청원했지만 역시 거부됐다. 끝으로 국민당이 군벌시대를 종식하고 천하를 통일한 뒤인 1931년(중화민국훈정시기약법)과 1936년(중화민국헌법 초안) 국민정부가 헌법상 남녀평등 원칙을 명문화하려 했지만 일본군의 침략으로 헌법 제정이 무산됐다. 그래서 1938년 국민정부가 대의기관에 유사한 국민참정회를 소집하여 헌법 제정을 논의할 때 1939~1940년에 걸쳐 여성계가 헌법에 남녀의 평등한 권리를 명문화하자는 요구를 했지만 헌법 자체가 무산되면서 다시 또 실패로 돌아갔다. 이와 같이 중화민국 내내 헌법에 남녀평등을 명문화하고 나아가 여성의 참정권을 확보하고자 한 시도는 모두 실패로 돌아갔다.

그렇지만 바로 이와 같이 참정에 대한 여성계의 끊임없는 요구가 있었기에 신중국에 들어와 여성 참정권 문제가 해결될 수 있었던 것이다. 특히 공산당은 여성을 혁명에 동원할 필요성 면에서도 중화소비에트공화국의 헌법대강(1931년 11월 통과)에 남녀평등을 명문화했던 만큼 공산당 집권 후 전국적인 여성 참정권 확보는 예견된 일이기도 했다. 즉 신중국의 임시 헌법이라 할 수 있는 '공동강령' 제6조를 보면 "중화인민공화국은 부녀를 속박하는 봉건제도를 폐지한다. 부녀는 정치, 경제, 문화, 교육, 사회생활 각 방면에서 남자와 평등한 권리를 가진다"라고 상세하게 규정했다. 정치적인 면에서의 남녀평등을 주장해온 여성계의 그간의 요구를 뛰어넘어 모든 분야에서의 평등한 권리를 규정한 것이다. 이를 기초로 해서 1953년에 만들어진 전국인민대표대회(전인대)[25] 선거법에서 여성은 남성과 마찬가지로 동등한 선거권과 피선거권을 가지게 됐다.

이어 1954년 정식 헌법이 제정되자 제86조에 "중화인민공화국의 18

---

25 전국인민대표대회는 전국의 각 성과 자치구 그리고 직할시라는 지방의 각급 인민대표대회와 군인대표대회에서 선출되는 임기 5년의 대표로 구성된다. 헌법과 기본 법률의 제정과 개정, 국가 지도자의 선출, 국민경제 계획과 예산을 결정하는 등 우리나라의 국회에 해당하는 기구다.

세가 되는 공민은 민족, 종족, 성별, 직무, 사회 출신, 종교 신앙, 교육 정도, 재산 상황, 거주 기한의 구분 없이 선거권과 피선거권을 가진다. 부녀는 남자와 평등한 선거권과 피선거권을 가진다"라는 규정을 두었다. 성별 구분 없이 참정권을 가진다고 해놓고 나서 다시 여자가 남자와 마찬가지로 평등한 참정권을 가진다고 강조한 것은 어떻게 보면 사족과도 같다. 그렇지만 그만큼 여성의 참정권을 강조하고 또 강조하는 취지에서 그렇게 한 것이 아닐까 싶다.

또 헌법 제96조에는 "중화인민공화국 부녀는 정치, 경제, 문화, 사회와 가정생활 각 방면에서 남자와 평등한 권리를 가진다"라는 규정을 두었다. 이는 여성의 정치 참여 권리에 그치지 않고 경제, 문화, 사회, 가정생활 각 방면에서의 평등한 권리를 국가 대법에 못박아놓은 것으로 중국 여성에게 파격적인 신세계를 열어준 것이었다. 물론 앞서 중화민국 시대의 국민정부에서도 내전 중인 1947년 1월에 공포한 헌법에서 법률상의 남녀평등을 규정했다. 그러나 1947년 헌법은 국민정부가 내전에서 패함으로써 휴지로 돌아갔고 신중국의 완전한 법률상 평등 규정과는 현격한 차이가 있다. 그렇기는 하지만 중화민국 시기의 법률상 남녀평등에 대한 모색이 꾸준히 있었기에 신중국에 들어와 이것이 완비될 수 있었던 점을 잊어서는 안 될 것이다.

기본법상의 이런 평등 정신을 기초로 해서 당연히 여성의 정치 참여가 큰 폭으로 이루어졌다. 앞서 헌법상 남녀평등을 인정했던 소비에트 시기에도 공산당은 여성에게 선거권과 피선거권을 주었고 여성 간부를 배출해냄으로써 여성의 정치 참여의 길을 열어놓았지만, 신중국 성립

중국을 사랑한 여인
쑹칭링宋慶齡 (1892~1981)

쑹씨 가문의 세 자매 중 둘째로 상하이에서 태어난 쑹칭링은 쑨원의 혁명을 지원해준 찰리 쑹의 둘째 딸이다. 아버지뻘인 쑨원의 아내가 되어 쑨원의 사상 변화에도 상당한 영향을 미쳤다. 1차 국공합작과 2차 국공합작에도 막후에서 기여했고, 항일전쟁기에는 동생 쑹메이링(장제스의 아내), 공산당원 덩잉차오 등과 함께 여성계의 역량을 항일전쟁에 동원하는 데 힘썼다. 쑨원 사후 쑹칭링이 자기 목소리를 내온 것이 오늘날의 중국에 큰 영향을 미쳤다. 쑹씨 가문의 다른 자녀들은 장제스의 국민정부가 내전에서 패한 뒤 타이완이나 미국 등지로 떠났으나 국민당의 내전 도발에 반대해온 그녀는 대륙에 남았다.

그래서 중화인민공화국 수립 후 마오쩌둥은 덩잉차오를 그녀에게 보내 새 정부에 참여토록 간곡히 요청했다. 그녀의 대륙 잔류는 쑨원의 공화

쑨원에게 큰 영향을 미친 아내 쑹칭링.
두 사람의 결혼사진이다.

혁명과 중국공산당의 연계를 상징적으로 보여주는 것이기 때문이었다. 그녀는 새 정부의 부주석 직함을 가졌으나 현실 정치보다는 사회복지 활동, 외빈 접대 등 중국을 대표하는 역할을 맡았고, 사망 시에는 명예 주석에 추대됐다. 혹자는 그녀의 대륙 잔류를 국공합작이라는 쑨원의 유지를 잇기 위해서라고 하지만, 어떻게 보면 5·4운동 후 국민혁명으로, 국공합작으로 쑨원이 전환하는 과정에 그녀가 큰 역할을 했던 만큼 자신의 뜻을 관철하기 위한 것으로 볼 수 있다.

후에는 이런 추세가 가속화되고 전 중국에 걸쳐 이루어졌다는 점이 주목할 만하다. 여성 참정권 확대의 한 지표로는 우선 우리나라 국회에 해당하는 중요도를 가진 제1회 전인대(1954)의 여성 대표가 11.9퍼센트를 차지했다는 점을 들 수 있다. 새로운 중국의 가장 중요한 정책과 지도자

선출 등에 간여하는 전인대에 여성이 두 자릿수의 비율로 뽑혔다는 것은 여성 참정에서 상징적인 의미를 가진다.

전인대와 쌍두마차처럼 병칭되는 중요한 정치기구인 인민정치협상회의(정협)에 여성이 10.6퍼센트(662명 중 69명)를 차지한 것[26] 역시 파격적인 참정 확대였다. 정협은 본래 내전이 일어나기 전 국민당과 공산당 및 기타 세력의 대표가 일본에 승전한 뒤 만들어 나갈 새로운 중국을 구상하기 위해 모이기로 한 기구였다. 그런데 국민정부가 정협을 통한 중국 구상을 파기하고 내전으로 치달려갔고, 게다가 내전에서 패하고 대륙을 떠나자 공산당이 자신들의 정통성을 보여주기 위해 계속 이어간 기구였다. 국민당을 배제한 채 신정치협상회의라 이름 붙였다가 나중에 인민정치협상회의로 확대해 여기서 중공 수립의 골격을 논의했고, 그 뒤에도 문자 그대로 국가의 중요한 정치적 사안을 협상하는 기구로 남겨두었다. 다당 합작을 표방하는 공산당으로서는 대내외적으로 정협의 존재가 상당히 중요한 비중을 가진다.

물론 신중국은 어디까지나 공산당이 주축이 된 국가였다. 따라서 공산당 내에서, 그리고 공산당이 주축이 되어 조직한 정부 내에서 여성이 어느 정도 활약했는가 하는 것이야말로 여성 참정의 또 하나의 중요한 지표였다. 공산당 안에는 전에 언급한 덩잉차오라든가 차이창을 비롯한 최고위급 여성 당원도 있었지만, 항일전쟁기와 국공내전기를 거치면서 공산당을 지지하는 쪽으로 돌아선 민주당파계의 여성 지도자도 있었다.

---

[26] 1949년 9월 공산당, 민주당파, 민간단체, 인민해방군, 각 지구, 각 민족, 화교 대표 662명이 베이핑에서 모인 것이 제1회 정협 전체 회의였는데, 여기에 여성 69명이 참가했다.

이들이 신중국의 고위급 관직에 오른 것은 당연한 일이었고, 이는 여성 참정의 또 하나의 상징적인 모습이었다. 예컨대 국민당의 최고 지도자 쑨원의 부인 쑹칭링이 인민정부 부주석에 올랐고 리더취안을 비롯한 세 명의 여성이 부장(우리나라의 장관 격)에 임용됐다.

비단 상층부 자리에만 오른 것이 아니었다. 1956년의 제2차 각 지역 인민대표선거에서는 여성이 20.3퍼센트를 차지했다. 불완전한 통계이긴 하지만 1952년 화베이 구華北區에서 현장과 부현장이 된 여성이 51명, 1953년에 이르면 공직에 있던 여성 간부가 34만 명이나 됐다. 그중 구區 이상 지역에서 여성 사업을 전문적으로 맡았던 간부가 4만여 명이었고, 구 아래에 있는 향과 촌의 여성 대표와 도시의 말단 행정구인 가도街道에서 일하는 여성 대표 수는 훨씬 더 많았다. 아쉽게도 여성 간부가 전체 간부 중 차지한 비율이 어느 정도인지 알 수 없고 또 상급보다는 하급 행정구 간부가 많기는 했지만, 어쨌든 과거제가 원천적으로 막혀 있던 왕조시대는 물론이고 중화민국에 들어와서도 여성 관리가 대거 출현하지 못한 상황에서 이런 변화는 정말로 새로운 세계로의 진입을 의미했다.

그렇지만 이런 변화에도 여전히 미진한 부분이 남아 있었다. 예컨대 1949년의 한 통계를 보면 화베이 지구 여성 간부 4470명 중 현급과 현급 이상의 여성 간부는 235명으로 5퍼센트에 불과했다. 또 차하르에서는 성구급省區級 이상 여성 간부 1200명 가운데 문맹, 반문맹이 51퍼센트나 됐다고 하니 보다 많은 여성이 간부 혹은 관리가 되려면 교육이 필수적인 전제였다.

여성 교육의 확대와
교육에서의 남녀불평등 타개

1부에서 살펴보았듯이 과거제와 무관한 대다수 여성에게 교육은 살림에 필요한 가내 교육이 전부였다. 후한의 반소, 송의 이청조李淸照처럼 유명한 문인이나 지식인도 나왔지만 극히 일부였다. 그리고 명청시대에 접어들어 경제적 선진 지역에서 문인으로 활동한 여성이 집단이라고 할 정도로 많이 등장했다 해도 그것은 집 안에서 행하는 사교육 덕분이었다. 전근대 여성은 계층을 막론하고 공교육에서는 단절되어 있었다. 그러던 것이 청 말에 들어와 일부 지역에서는 집 밖에서 여성을 교육하기 시작했다. 특히 20세기 초에 서태후가 신정개혁을 실시하면서 여성은 전 중국에 걸쳐 공교육의 대상이 됐다.

개혁이나 혁명을 추구하던 이들과 청 당국이 여성 교육을 시작한 것은 대체로 현모양처를 양성하기 위해서였다. 즉 서구 열강의 막강한 힘에 맞서 중국이라는 국가가 살아남으려면 국민이 튼튼해야 하고, 튼튼한 국민을 육성하기 위해서는 어머니로서, 아내로서 여성이 교육을 받아야 한다는 취지였다. 물론 일부 혁명파는 여학생에게 혁명과 폭동을 위한 기술도 가르쳤다고는 하지만, 그것은 극히 예외적인 현상이었다. 20세기 들어 여성에게 공교육의 문이 열리고 중화민국 이후에는 여성 교육의 문호가 더욱 확대되어 일부 신여성은 교육을 통해 전문직에도 진출했다. 예컨대 미국 유학을 다녀온 빙신冰心처럼 대학교수가 된 여성이라든가 여의사도 나왔다.

그러나 여성 대중에게 교육의 문호가 크게 열린 것은 역시 신중국 이후의 일이었다. 1930년대의 소비에트 시기부터 항일전쟁기와 내전기를 거치는 동안 공산당 지배하에 있던 지역에서는 여성이 상당 부분 생산을 맡으면서 여성 간부 양성을 위한 여성 교육이 함께 이뤄졌다. 공산당 근거지가 주로 농촌 지역에 있었기에, 남녀 모두 문맹률이 높았지만 어쨌든 농촌의 보통 여성이 교육의 기회를 가진다는 것은 전에 없던 일이었다. 바로 이런 여성 교육의 확대 추세가 신중국 수립 이후 전국 도처에서 나타난다는 것이 큰 의미를 가진다. 중국처럼 농촌 인구가 많고, 이른바 봉건적인 분위기에서 빈곤한 여성까지 초보적이기는 하지만 교육을 받게 된 것은 이후 중국의 발전에도 큰 기여를 하기 때문이다.

중화민국과 신중국 이후 여학생의 비율만 단순 비교해도 확대 정도를 알 수 있다. 1923년의 한 통계에 따르면 대학교와 전문학교의 여학생 비율이 2.1퍼센트였던 것이 점차 높아져서 25년 뒤인 1948년의 또 다른 통계를 보면 대학교와 고등전문학교의 여학생 비율이 17.8퍼센트로 늘었다. 그리고 신중국 수립 후인 1952년에는 불과 4년 만에 대학교와 고등전문학교의 여학생 비율이 23.4퍼센트로 그 증가폭이 가팔라진다. 그래서 마침내 2001년이 되면 대학교와 고등전문학교의 여학생 비율이 42퍼센트를 차지하게 된다. 참고로 소학교의 경우 1948년 25.5퍼센트였던 것이 1952년에 32.9퍼센트로 늘었고, 2001년에는 47.3퍼센트에 달한다. 1923년과 그 뒤의 통계치는 서로 다른 기관에서 낸 것이므로(전자는 《부녀잡지》이고, 후자는 국가통계국 자료) 단순 비교가 어렵기는 하다.

그러나 신중국에 들어와서 여성 교육에 대한 관심이 얼마나 넓어졌는지는 충분히 이해할 수 있다. 중등전문학교와 중등보통교육기관의 여학생 비율도 이런 관심을 반영하여 1952년 각각 24.9퍼센트와 23.5퍼센트였던 것이 지속적으로 늘어나서 2001년에는 각각 57.4퍼센트와 46.5퍼센트를 차지한다. 물론 신중국에 들어와서도 여전히 문맹자는 있었고 남성보다는 여성 문맹자의 비율이 높았다는 점을 간과할 수는 없다. 앞에서 언급한 2001년의 대학교와 고등전문학교에서 남녀 비율이 58 대 42였다는 통계치와 더불어 생각할 때 여전히 교육에서 완전한 남녀평등이 실현됐다고는 볼 수 없기 때문이다. 그렇기는 하지만 불과 100여 년 전까지 과거제에서 원천 배제되어 공교육의 기회가 없던 여성에게 교육 기회가 이렇게 확대됐다는 것은 과거와 달리 여성이 사회에 나가 일할 수 있는 기회를 확보했다는 점에서 괄목할 만한 변화였다. 게다가 남녀가 받는 교육의 질에 차이가 없어졌다는 점이 이전 시대와 다른 특기할 만한 점이었다.[27]

---

27 1990년 여성 과학 기술자가 32.8퍼센트를 차지했다는 통계도 참고할 만하다.

여성 노동자의 증가와
여성의 경제적 지위 향상

／　왕조시대에도 중국 여성은 엄연히 경제활동을 하고 있었으나 사회적 인정을 받지는 못했다. 청 말에 들어와 금녀의 영역이었던 분야로 여성이 직업 세계를 넓혀가긴 했지만 극히 소수를 제외하면 일하는 여성에 대한 사회의 시선은 여전히 냉담했다. 사회적 노동자로서 가장 큰 비중을 차지했던 산업체 여성 노동자에 대한 천시가 대표적인 경우였다. 그러나 노동자와 농민 등 일하는 인민을 주축으로 하는 중화인민공화국에서는 노동에 대한 사회적 통념 자체가 혁명적 변화를 겪었고 도시와 농촌을 막론하고 여성은 경제활동을 하는 중요한 노동자의 일원으로 대접받았다.

국가주석 마오쩌둥은 일찍이 1927년 그 유명한 〈후난 농민운동 시찰 보고〉라는 글에서 '봉건사회'에서 여성은 남성과 마찬가지로 정권, 족권, 신권神權의 지배를 받는 것에 더하여 부권夫權(남성)의 지배까지 받는다며 여성에 대한 남성의 억압을 지적했다. 그리고 신중국 수립 이후인 1955년 생산 분야에서 남녀는 '동일노동, 동일임금'을 실현해야 한다고 주장하면서 사회주의 개조 과정에서 참된 남녀평등이 가장 먼저 실현될 수 있다고 말했다. 심지어 문혁 직전에는 '남성 동지가 할 수 있는 것은 여성 동지도 할 수 있다'는 이야기까지 했다. 이런 분위기였기에 여성 노동자의 활약이 과거와 달리 가정과 사회에서 인정받을 수 있었다.

먼저 중국공산당이 통치 경험을 하게 된 출발 지점인 농촌의 상황부터 살펴보자. 1928년 제1차 국공합작이 깨진 뒤 도시에서 밀려난 중국공산당이 모스크바에서 개최한 제6차 전국대표대회(6전대회)에서 채택한 〈부녀운동결의안〉을 보면 중국공산당은 이미 농촌 여성에게 주목하고 있었다. 공산당은 농촌 여성을 혁명에 동원하기 위해 재산계승권, 토지권 같은 여성의 경제권을 인정하여 여성의 경제 독립 열망에 부응했다. 그래서 소비에트 시기부터 토지개혁이 있을 때는 여성에게 토지를 분배해주었다. 그러다 전 중국을 지배하게 되면서 토지개혁을 전국적으로 시행하게 됐다. '혼인법' 공포로부터 두 달이 지난 1950년 6월 '중화인민공화국토지개혁법'이 통과되고 그해 겨울부터 새로 공산당 지배하에 들어온 지역에서 최대 규모의 토지개혁운동이 벌어졌다.

부련은 1950년 겨울부터 1951년 봄까지의 주요 임무를 토지개혁운동 참여로 잡고, 광범위한 농촌 여성을 토지개혁운동에 동원했다. 그리하여 티베트를 제외한 거의 모든 농촌에 토지개혁 바람이 불 때 여성도 함께 활약했다. 여성은 그때까지 남성 농민으로 구성된 농민 조직에 가입했고, 1952년 경우만 봐도 화둥華東, 중난中南, 시난西南, 시베이西北 4대 행정구 농민협회 회원의 약 30퍼센트를 여성이 차지할 정도가 됐다. 토지 몰수와 분배 등 토지개혁운동에 적극적으로 참여한 농촌 여성은 토지 소유를 통해 경제력을 확보했을 뿐 아니라, 농업 생산에도 적극 참여하게 됐다. 그래서 절대 다수의 농촌에서 60퍼센트 이상의 여성이 농업 생산에 참여했고, 심지어 80퍼센트나 되는 여성이 농업 생산에 나선 곳도 있었다.

가정에서 노동력을 인정받지 못하던 여성이 이제 자기 노동력의 가치(가격)를 인정받는 경제활동의 주체가 된 것이다. 농촌에서 토지 개혁과 분배 이후 합작사가 출현하면서부터 여성은 노동에 대한 임금을 받게 됐으므로 농촌 여성은 당연히 개인 노동자로서 존엄성을 인정받을 수 있었다. 이렇게 해서 '재화를 창출하는 노동자로서의 여성'이라는 전적으로 새로운 형상의 여성이 신중국 수립을 전후해 농촌에서부터 출현하기 시작했다. 이런 현상은 공산당이 내전에서 승리해 나아가는 동안 국민정부 통치 지역을 세력하에 두게 되면서 (새롭게 지배하게 된 농촌은 물론이고) 도시에서도 일하는 여성 노동자를 양산하게 했다. 청 말 이후 국민정부에 이르기까지 도시에서 산업체 여성 노동자의 존재가 전체 노동자 가운데 상당한 비중을 차지했음에도[28] 대체로 저임금 직종에 몰려 있었고 사회적으로 천시되었던 것과 대비되는 현상이 나타났다. 또 1950년대에 들어 중국은 업종에 따른 성별 분업이 원칙적으로 사라졌다. 교육 수준의 제고와 맞물려 이전 시대에 극히 낮은 비율을 차지하던 이른바 금녀의 직업 분야에서 여성이 차지하는 비율도 높아졌다.[29]

이렇게 경제 면에서 여성이 원칙적으로 모든 분야에서 일할 수 있는 기회를 가지게 된 것은 과거의 중국과 크게 대비되는 모습이었다. 경제

---

[28] 1913년 산업노동자 총수의 33퍼센트가 여성이었고, 1933년에는 48.7퍼센트로 절반에 가까웠다는 통계가 있다.

[29] 예를 들면 1950년에는 대학교수, 강사, 조교로 있던 여성이 2319명이었는데, 1956년에는 1만 1207명으로 급격히 증가했다.

면에서 남녀평등 문제와 직결되는 중요한 이슈로는 동일노동 동일임금 지급 문제가 있었는데, 이 점에서도 이른바 구중국에서는 시도에 그쳤지만 신중국 수립 이후에는 실현의 길로 나아갔다. 즉 일찍이 국민정부 시기인 1931년부터 시행된 '공장법'에 동일노동 동일임금 규정은 있었지만 대부분의 공장에서 시행되지 않았던 것이다. 물론 신중국에서도 도시와 농촌의 여성이 처음부터 동일노동에 대한 동일임금을 받은 것은 아니었다.

예컨대 1971년 중국을 방문한 프랑스 여성 시찰단의 견문에 따르면 농촌의 생산대生産隊, 즉 합작사에서는 같은 노동에 종사하고도 남성은 10점을 받는데 여성은 8점밖에 받지 못하는 경우가 있었다. 이를 경제적 불평등이라고 생각하지 않은 것은 개개인이 아닌 가정을 단위로 생각할 때 손해가 아니라고 봤기 때문이다. 또 남녀가 성에 따라 역할을 분담해야 한다는 사고방식도 있었다. 그렇지만 체력 차이 때문에 남녀 간에 보수의 격차를 두어서는 안 된다는 것이 정부의 입장이었고, 더 많은 점수가 욕심나서가 아니라 명예를 위해 같은 점수를 달라고 싸우는 여성이 있었다는 사실 자체가 이전 사회와는 큰 대비가 된다. 그랬기에 여성이 출산과 육아, 가사노동 외에 육체적으로 큰 부담을 느끼면서도 사회적 노동을 함으로써 남성과 동일한 임금을 받기 위해 경쟁하는 것 자체에 성취감을 느낀 것이 아닐까?

신중국에 들어와 성별보다는 한 개인이 행한 노동의 양과 질 그리고 그것이 사회주의적 생산에 공헌한 정도, 즉 정치적 성향을 고려해 임금이 결정됐다는 사실은 다음의 사례를 보면 쉽게 이해가 될 것이다. 노동자로 출발해 작가가 된 장리자張麗佳의 《중국 만세》에는 난징의 커다란 기계공장에서 노동자로 일하는 엄마와 그렇지 않은 아버지의 이야기가 나온다. 아버지는 멀리 떨어진 다른 성省의 강제노동수용소 관리자였는데, 1년에 집에 올 수 있는 날은 12일밖에 없었다. 엄마가 다니는 공장은 난징의 관영 기업 중 가장 규모가 큰 곳으로, 주택은 물론이고 무료로 이용할 수 있는 복지시설로 인해 누구나 다니고 싶어 하는 직장이었다. 그들 가족이 사는 곳도 직장 사택이었다. 아버지는 1957년 우파로 몰려 월급이 반으로 깎이기 전부터도 일가족의 생활비에 대한 경제적 기여도가 어머니보다 낮았다. 아버지의 정치적 성향이 이런 차이를 낳았고, 당연히 가정 내의 영향력은 아버지보다 어머니가 더 컸다.

물론 이런 경우가 주류는 아니었을 것이다. 그렇지만 어쨌든 한 가정에서 주도권을 쥘 수 있었던 것은 정치적으로 우파인 아버지가 아니라 노동자인 어머니였다는 사실에서 신중국 초기에는 성별보다 정치적 성향이 더 중요했다는 점을 엿볼 수 있다. 《대륙의 딸》의 작가 장룽張戎[30]의 경우를 보면 원로 공산당원인 아버지가 훨씬 고위직을 차지해 당연히 경제적 기여도는 물론이고 발언권도 어머니보다 커서 얼핏 다른 모습을 드러내는 것도 같다. 그렇지만 이 경우도 신중국 초기 아버지의 정치적 성향이 그의 고위직을 가능케 한 것이므로 성별만의 문제가 아니라 여전히 정치적 성향이 경제력과 가정 내 주도권을 결정하는 데 주된 요

---

30 1952년생으로 런던대학 교수인 장룽이 외조모와 어머니, 자신의 여성 3대 이야기를 자전적으로 기록한 책으로, 원제는 《Wild Swans》(1991)이고, 논픽션 부문 NCR 상 및 작가협회상을 수상했다. 저자의 어머니가 국공내전기에 학생운동을 하며 공산당을 지지한 데는 국민정부의 부패 외에 축첩도 중요한 이유였다.

인이었음을 알 수 있다. 물론 고등교육의 수혜자일수록, 또 고위직일수록 남성의 비율이 높았던 점을 생각해본다면 경제적인 면에서 남성이 우위를 차지하고 가정 내에서도 남성이 주도권을 쥔 경우가 주류였을 것이다. 그러나 전근대는 물론이고 근대에 들어와서도 여성의 경제권은 그 자체로 미미했고 그에 수반한 사회적 지위 역시 현저히 낮았던 사실과 비교할 때, 신중국에 들어와 일하는 여성의 노동력과 경제력 및 정치적 성향이 중시되고 때로 가정 내 주도권을 장악하게도 됐다는 사실은 그야말로 유례없는 새로운 사회적 지형도를 만들어놓은 셈이다.

혼인법 반포와
결혼의 자유

    신중국 이전 여성에게 어떻게 보면 일생의 행불행을 좌우하는 가장 중대하고도 절실한 문제는 결혼이었다. 자신의 뜻과 무관하게 가부장이 결정하는 이른바 포판혼은 남녀를 막론하고 괴로운 일이었지만 '개와 결혼하면 개에게 복종해야 했던' 여성에게는 때로 결혼이 생사의 갈림길이 될 정도로 괴로움 그 이상의 일이었다. 물론 일부 신여성은 자신의 뜻에 따라 배우자를 선택하는 결혼의 자유를 누렸지만 그야말로 극히 일부에 불과했다. 일찍이 공산당이 소비에트 시기에 혼인제도를 개혁해 1934년 4월 '중화소비에트공화국혼인법'을 반포한 것은 여성에게는 새로운 복음이나 마찬가지였다. 이 법은 남녀 모두 자유롭게 결혼하고 일부일처제를 실행하며, 이혼 시 여성을 보호한다는 원칙을 내세웠다.

    가부장이 결정하는 결혼, 그것도 매매혼을 하라 해도 할 수밖에 없었던 여성에게 이는 혁명적인 소식이었다. 천카이거陳凱歌의 영화 〈황토지〉[31]에는 1939년 산시 성陝西省 북부의 한 농촌 마을에서 돈이 없어 어린

---

31 1984년에 나온 이 영화는 해외에서 큰 관심을 끌었지만 중국 내에서는 상영이 금지됐다. 여주인공이 끝내 옌안에 도착해 새로운 인생을 찾지 못한 채 죽어간다든지, 구중국의 어두운 면을 지나치게 부각하는 경향이 강하다는 것이 이유였던 것 같다.

나이에 늙은 농부에게 팔려갔다가 결혼생활을 견디지 못하고 도망친 소녀가 주인공으로 나온다. 소녀는 공산당의 거점인 옌안延安에 가면 여성도 자유롭게 결혼할 수 있고 군인도 될 수 있다는 병사의 말을 듣고 밤중에 황허 강을 건너다 물살에 휩쓸려 죽고 만다. 비록 먼 훗날 만들어진 영화이기는 하지만, 공산당 지배하의 여성과 기존 관행대로 살아가는 농촌 여성의 차이가 선명하게 드러난다. 게다가 1940년대 내전기에 국민정부군 장교의 축첩에 반발한 둥베이 지역 소녀의 이야기가 나오는 《대륙의 딸》을 봐도 국민정부 지도층의 축첩 관행과 공산당의 일부일처제는 극과 극으로 대비가 된다.

그렇지만 일단 전시체제에서 군사력의 근간이 되는 남성의 반발이 우려됐기 때문에 공산당도 이혼 문제에는 신중히 접근했다. 여성 문제에 대한 관심이 남달랐던 덩잉차오가 신중국 수립 후 혼인법을 만들어 반포하는 과정에서 마오쩌둥을 비롯한 남성 간부들을 설득하는 데는 항일전쟁기와 내전기의 여성이 기여한 바가 크다는 점, 여성해방이야말로 중국 사회가 얼마나 해방됐는지를 보여주는 지표라는 점이 큰 작용을 했다.

사실 항일전쟁기와 내전기에는 전쟁에서 승리를 거두는 것이 더 급했기에 여성 문제는 뒷전으로 밀렸다. 1942년 일본군의 대대적 공세와 합작 중에 있던 국민정부의 포위라는 이중의 위급한 상황에서 일어난 옌안 문예계의 정풍운동에서 딩링丁玲은 비판의 대상이 됐다. 다른 글도 문제가 됐지만, 특히 그해에 발표한 〈'3·8절' 유감〉[32]이라는 여성주의적

---

32 1942년 3월 8일 세계 여성의 날을 맞이하여 〈해방일보〉에 실린 글이다. 신중국 수립 후 1950년대 중반에 그녀가 일찌감치 반혁명의 우두머리로 몰리는 데 빌미가 된 글 중 하나이기도 하다.

시각이 강한 글이 큰 문제가 됐다. 옌안의 남성 간부가 결혼 후 육아 등으로 가정에 들어앉아 정치적으로 낙후되어가는 조강지처와 이혼하고 도시에서 새롭게 들어온 젊은 신여성과 재혼하는 풍조를 비판한 것이 주된 내용이었다. 그녀는 곧바로 위급한 상황에서 자신이 여성 문제를 부각하여 혁명 진영의 분열을 야기할 뻔했다는 점을 자아비판 함으로써 숙청을 피했다. 그리고 마오쩌둥이 발동한 문혁이 혁명이 아닌 동란이고, 문혁의 발동은 마오쩌둥의 과오라는 점이 공식화된 지 5년 뒤인 1986년에 사망할 때까지도 (1942년) 당시 상황에서 그런 글을 쓴 것은 자기 잘못이었다고 술회했다.

덩잉차오나 딩링 외에도 국가가 위급한 상황에서는 일단 여성 문제를 뒷전으로 미뤄둬야 한다고 여긴 여성 지도자는 많았다. 그녀들은 신중국이 건국되자 그동안 여성이 신중국 수립에 기여한 바를 거론하면서 지금까지 미뤄둔 여성 문제 중 결혼 문제부터 풀어나가고자 했다. 그래서 정식 헌법이 나오기도 전에, 심지어 토지개혁법보다도 먼저 1950년 4월 '중화인민공화국혼인법'이 반포됐다. 건국 후 가장 먼저 반포된 주요 법이자 국민 개개인의 삶에 영향을 크게 미친 것이 바로 이 혼인법이었다. 1년 5개월간 준비된 이 법은 장시 성의 소비에트 시기에 공포된 '혼인조례'(1931년 12월)의 원칙을 중심으로 해서 1934년 공포된 적이 있었던 소비에트 '혼인법'과 소련과 동구권의 혼인법 및 중국의 혼인 관련 사안을 참고로 해서 정해진 것이었다. 주안점은 다른 사람이 주관하는 강요된 포판혼, 남존여비적인 결혼제도, 자녀의 권익을 무시하는 결혼제도를 폐지하여 결혼의 자유와 일부일처제, 남녀의 평등한 권리,

중국 문학사에 족적을 남긴 혁명 작가
딩링丁玲 (1904~1986)

딩링은 근대 이후 중국 문학사에서 영향력이 큰 여성 작가이자, 1930년 공산당에 입당한 이후 중화인민공화국에서 사망하기까지 혁명 작가로 활동한 인물이다. 후난 성 출신으로 본명은 장웨이蔣偉였으나 스스로 딩링이라는 성과 이름을 지어 썼다. 과부 재가에 대한 금기가 강하던 시기에 그녀는 자유로운 선택으로 세 번의 결혼을 감행했는데, 이것만으로도 용감한 신여성의 반열에 올랐다.

초기 작품 중에는 여성의 성적 욕구를 포함해 신여성의 내면세계를 탐색한 《소피의 일기》가 유명하다. 후기에는 공산당의 지도 아래 분출된 농민의 토지개혁 열기를 그린 대하소설 《태양은 쌍간 강을 비추고》로 1951년 스탈린 문학상을 수상하면서 국제적으로도 알려졌다.

신중국 수립 후 문화계 고위인사로 활동하다가 1955년부터 문화대혁명기까지 반당反黨 집단 지도

첫 남편(후예핀)과 함께한 딩링

자, 우파, 반혁명분자로 몰려 둥베이 지방(현재 헤이룽장 성의 베이다황)에서 노동자로 일하다 5년간 감옥 생활까지 했으니, 20여 년간 절필할 수밖에 없었다. 1979년 복권된 뒤 작품 활동을 계속했고, 초기 작품들로 여성주의 작가라는 평도 받지만 스스로는 여류 작가보다 혁명 작가로 불리고 싶어 했다.

여성과 자녀의 권익을 보호하는 것이었다.

이로써 결혼과 가정 영역 안에서 남녀의 평등을 실현하고자 한 것이었는데, 5월 1일부로 시행되기 시작한 이 혼인법의 실천 과정은 순탄치 않았다. 그동안 강요된 결혼생활을 참고 살아가던 여성의 이혼 요구가 급격히 터져 나왔지만, 이혼은 흠결 있는 사람이나 하는 것이라는 통념

에서 이혼을 불허하는 남성과 공산당 남성 간부조차 남성 편을 드는 경우가 왕왕 있어 숱한 비극이 나타났다. 1950년 산둥 성山東省에서만 이혼하려다 뜻을 이루지 못하고 자살한 여성이 1245명이었다. 중부와 남부 전체 구區에서 1951년 6월까지 이혼 문제 때문에 죽임을 당한 여성은 1만 명 이상이었다.

그래서 부련을 비롯한 사회단체는 물론이고 정부가 앞장서서 1953년까지 혼인법의 집행을 독려해야 했다. 1953년 3월은 아예 '혼인법 관철 운동의 달'로 정해 전국이 혼인법을 선전하는 캠페인으로 들끓었다. 이런 과정을 거쳐 여성은 멋대로 결혼을 강요당하지 않고, 축첩의 고통에 시달리지 않으며, 결혼 후에도 스스로 이혼을 제기할 수 있게 됐다. 그리고 과부가 되거나 이혼한 경우 여성만 일방적으로 수절해야 한다는 압력에서도 벗어났다. 이혼의 자유를 여성에게 주었다는 점에서 가장 주목받은 이 혼인법이야말로 여성의 민심을 장악하여 여성으로 하여금 새로운 국가 건설에 자발적으로 동참하도록 유인한 유효한 처방이 아니었을까.

매매춘제도 소멸과
성적 불평등 해소

／　신중국에 들어와 강요된 결혼에서 해방된 것 외에 여성의 삶에 찾아온 큰 변화는 인류 역사상 드문 국가권력에 의한 매춘 여성의 근절, 즉 창기제도의 소멸이었다.[33] 인류 역사상 가장 이른 시기부터 있어온 직업 중 하나라는 성매매는 중국에서도 예외가 아니었다. 여성의 신체와 정신세계를 바닥까지 억누르던 성매매는 마지막 두 왕조인 명과 청에 들어서게 되면 경제적 발전과 도시화에 따라 한층 번성한 업종이 됐다. 양쯔 강 유역의 교통 요지인 양저우揚州는 기녀가 집단으로 배출된 곳으로 유명했다. 심지어 명 말에는 여성 문인 중 유명한 기녀도 있어 명기라는 용어도 나왔다. 그러나 대체로 다양한 등급으로 나뉘는 첩이라든가 기타 성적 서비스에 종사하는 매춘 여성은 여성 중에서도 가장 천시되는 집단이었다.

왕조가 무너지고 공화정이 들어선 뒤에도 성매매는 여전히 성행했다. 군벌시대인 1920년대 수도 베이핑의 경우 여성 21명 중 한 명이 매춘

33　신중국의 매춘업 근절보다 약 1세기 전인 태평천국운동(1851~1864) 때도 성매매를 근절하려 했다. 서구 기독교를 중국식으로 변형한 배상제교拜上帝教 신자들이 만든 태평천국은 '하느님 앞에 동등한 형제와 자매', '결혼의 순결', '일부일처제'를 위해 자신들의 지배 지역에서는 성매매를 엄금했다. 그러나 이는 태평천국의 몰락과 함께 한정된 지역에서 잠시 있었던 일이 돼버렸다.

여성이었다는 (믿어지지 않는) 통계도 있다. 할머니나 어린이를 빼고 계산하면 어마어마한 비율이다. 또 난징에 수도를 둔 국민정부가 성매매를 금지하는 정책을 펼쳤는데도 상하이처럼 번성한 대도시에는 매춘 여성이 여전히 많았다.

1930년대의 진보적인 영화인들이 만든 〈신녀〉에는 어린 아들을 먹여 살리고 제대로 교육하기 위해 단속을 피해가면서 개인적으로 성매매를 하다가 살인죄를 저지르고 감옥에 가는 매춘 여성이 나온다. 그녀는 감옥에서도 아들의 교육만을 생각해 아이에게 엄마가 죽었다고 해달라고 말한다. 영화에서는 매춘 여성의 모성애를 신성하게 표현했지만 이는 영화 속 이야기일 뿐 실제로 매춘 여성은 타락한 여성, 기생충 같은 존재, 성병 매개자로 여겨져 지탄의 대상이었다. 기녀 출신으로 동맹회원 출신 남성의 첩이 되고, 남편의 양해로 프랑스에 유학을 다녀와 세계적인 화가가 된 판위량潘玉良의 삶을 그린 전기 《화혼 판위량》[34]을 봐도 매춘 여성 출신이라는 점이 그녀의 발목을 잡는 모습이 여실히 나타난다. 그녀가 귀국해 잠시 교수 생활을 하다가 다시 프랑스로 가서 여생을 보내고 이역 땅에 뼈를 묻을 수밖에 없었던 것만 봐도……

그러던 것이 신중국이 건설되면서 매춘업을 근절했을 뿐 아니라, 무엇보다도 매춘 여성에 대한 사회적 시선이 혁명적으로 바뀌었다. 매춘업이 가장 성행한 곳은 대도시였다. 공산당이 가장 먼저 장악한(1949년 1월 31일) 북방 대도시 베이징에서는 1949년 11월 224개의 기원을 모두

---

34 이 책의 내용은 1993년 〈화혼畵魂〉이라는 제목의 영화로도 만들어졌다. 궁리 주연, 황수친 감독. 책과 영화 모두에서 청말민국 시기 기원과 기녀의 비참한 삶의 단면이 잘 드러난다.

베이징(베이핑)에 있던 기원

폐쇄하고 1297명의 기녀를 시설에 수용했다. 기원 주인은 처형되거나 징역을 살거나 기녀와 마찬가지로 교육 개조를 받도록 갱생 시설에 수용됐다.

　베이징의 경험이 전국 각지에 전달되어 이를 참조하되 지역 사정에 맞춰 성매매 근절을 시행하도록 했다. 그래서 조건이 갖춰진 도시에서는 즉각 기원이 폐쇄됐지만 상하이처럼 뒤늦게 공산당 지배하에 들어왔고 매춘업이 가장 번성했던 곳은 단계적인 과정을 밟았다. 즉 상하이에서는 1949년 5월

신중국 수중에 들어온 때부터 2년여에 걸쳐 급격한 폐지를 하는 대신 우선 공창제를 운영함으로써 매춘업을 그늘에서 양지로 이끌어내 국가의 관리하에 두었다. 그리고 1951년 11월부터 1958년에 이르는 8년간 기원을 모두 폐쇄하고 7500여 명의 매춘 여성을 시설에 수용했다. 그런 다음 문맹인 기녀에게 문자 교육과 아울러 새로 생계를 꾸려나갈 수 있도록 노동 기술을 가르치고, 결혼이나 취직을 알선해 농장, 광산에 노동자로서 정착하게 했다.

　신중국 이후 모든 국민이 도시의 단위라든가 농촌의 생산대 등을 통해 조직화되고 정부의 통제하에 놓이게 되면서 사람들이 성매매 분야로 유입될 기회가 차단됐고, 화폐경제가 사라지다시피 하는 등의 환경

변화도 성매매 근절이 지속될 수 있게 만들었다.

노동자는 '신중국의 주인공' 대접을 받고 있던 터라 이제 기녀에 대한 사회적 멸시는 일단 공적 차원에서는 사라졌다. 기녀는 구중국 여성 중에서도 가장 억압(착취)받던 사람들로, 사회주의 중국이라는 새로운 조국에 의해 해방된 새로운 인민의 일원이라고 봤다. 그리고 큰 기원의 주인들은 과거 국민정부 시절 폭력 조직과 긴밀한 관계를 맺고 있었고, 이 폭력 조직은 경찰이나 정보 조직과 더불어 공산당 요인 검거 등에 간여하기도 했다. 기원 주인들은 그래서 착취 계급으로 규정되어 일부는 처형되고 대부분은 노동 개조를 받도록 수용됐다.

이렇게 해서 1979년 개혁개방이 본격화하면서 음성적인 성매매가 부활하기까지 약 30년 가까이 창기제도는 소멸됐다. 물론 성매매 근절에 문제가 없지는 않았다. 성매매 문제를 기원 주인 대 기녀(사회적 착취 대 피착취)의 문제로 몰아갔기 때문에 성을 사는 남성 고객에게는 미온적 조처로 그쳤다. 남녀 간의 성 문제를 보는 시각에 여전히 차별적인 요소가 남아 있었던 것이다. 어떻게 보면 훗날 (음성적으로) 성매매가 재개될 뿐 아니라 성행하게 되는 데는 신중국 초기에 성매매 문제를 대하는 당국이나 사회적 태도에도 빌미가 잔존해 있었기 때문이라고 생각할 수 있다. 또 사적 영역에서 사람들은 여전히 기녀 출신 여성을 경멸하는 시선을 보였다.[35]

---

35 예컨대 쓰촨 성 충칭에서 살던 훙잉紅影이 쓴 자전적 소설을 보면, 툭하면 남편에게 얻어맞는 창기 출신 부인이 이웃과 거의 왕래도 하지 않은 채 죄인처럼 살아가는 이야기가 나온다.

그렇기는 하지만 (30년 동안) 매매춘제도가 사라졌다는 사실은 중국 여성은 물론이고 전 세계 여성에게도 일대 사건이었다. 그때까지 중국에서 남성은 축첩을 당연시하여 성적 방종에 가까운 자유를 누려왔지만, 여성은 남편이나 약혼자가 죽으면 따라 죽거나 수절을 해서 열녀가 되도록 장려되는 극단적인 성적 불평등 상황에 처해 있었다. 그런데 세계적으로도 유례없이 국가가 매매춘제도를 소멸하다니! 이는 신중국이 여성에게 '해방'을 실감하게 할 만한 가시적인 사안이기도 했다.

이제 신중국의 국가동원 정책에 여성 대중이 자발적으로 참여해가는 과정을 살펴보기로 하자.

국가의 여성 동원과
국가 건설을 위한 여성 대중의 참여

/ 　중국의 여성 문제에 대해 중국 이외 지역의 학계에서는 긍정적이든 부정적이든 간에 사회주의 혁명을 추구한 국가권력과 여성 간의 관계에 중심을 두고 바라본다. 부련을 비롯한 중국의 공식적인 여성사 서술에서는 여성이 사회주의 혁명에 동참함으로써만이 여성해방이 가능했다고 본다. 외국에서도 이런 견해에 동조하는 경우가 소수지만 있다. 1971년 11월부터 6주간 중국을 방문한 프랑스 여성 시찰단의 견해가 그러했는데, 그들은 자신들의 경험을《하늘의 절반》이라는 책으로 펴냈다.[36] 그녀들이 참관한 곳은 중국 측의 부련 관련자가 동행해서 선별한 몇몇 군데였다. 그리고 그때는 문화대혁명이 끝나지 않은 시점이라 '여성 문제에 대해 마오쩌둥은 옳고 류사오치는 그르다'는 식의 중국 측 언술이 그대로 전달됐다. 대표 집필자는 중국의 여성해방은 혁명 참가를 통해 얻을 수 있었다고 강조한다. 소련이나 프랑스 공산당, 프랑스 여성단체의 여성운동 방향에 대한 불만에서 출발했기에 중국 문혁기의 남녀 간 '절대 평등'이 미래에 자기들이 지향해야 할 지점이라고 본 것

---

36 열두 명의 다양한 계층과 연령대의 여성이 참여했는데, 집필자 클로디 브로이엘은 자기들 사이에 통일된 견해가 있었던 것은 아니라고 했다.

같다.

　그러나 사실 프랑스 시찰단의 견해는 예외적이라고 할 수 있으며, 중국 밖의 시선은 대체로 국가의 여성 동원이라는 면에 강조점을 둔다. 사회주의 혁명기는 말할 것도 없고 그 이전의 국민혁명기에도 여성은 동원의 대상이었다는 것이다. 새로운 교육을 받은 상당수의 신여성 지도자들이 여성의 불평등한 처지에 문제 제기를 했지만, 끊임없는 나라 안팎의 위기 상황에서 구국을 우선순위에 두고 여성 문제는 뒷전으로 밀어둔 것도 사실이었다. 그리고 그녀들이 농촌 여성을 비롯한 대다수 여성을 계몽하고 혁명과 전쟁, 건설에 동원하고자 한 것 또한 사실이었다. 이를테면 덩잉차오나 쉬광핑 같은 부련의 지도급 인물이라든가 문인 지도자 딩링 같은 이들은 부련이 만들어지거나 신중국이 건국되기 이전에 이미 혁명을 우선순위로 두고 있었다. 여성이 인민의 일원으로 사회주의 혁명에 동참함으로써 자신들의 몫을 신중국에 들어와 차지할 수 있게 된다고 믿은 것은 이들 신여성 지도자뿐 아니라, 다수 여성 대중도 마찬가지였다. 지금까지 살펴봤듯이 정치, 경제, 교육, 결혼, 사회적 지위 등 다양한 면에서 전에 없는 기회를 얻은 여성으로서는 어찌 보면 당연한 믿음이기도 했다.

　그렇기에 국가의 정책 수행에 여성을 동원코자 했을 때 여성은 자발적으로 앞장섰다. 예컨대 전국적인 규모의 토지개혁운동이 벌어졌을 때 당과 정부는 부련을 통해 여성을 이 운동에 적극 동원했고, 여성 또한 자신들의 경제적 이해관계를 위해 적극 나섰다. 그리고 신중국 수립 이후 수차례에 걸쳐 일어난 정치적인 대중 캠페인에도 적극 가담했다. 이

를테면 신중국 수립은 선포됐지만 아직 중
국 전역이 지배하에 들어오기도 전에 한반
도에서 전쟁이 일어나 30만 명에 달하는 군
대를 투입해야 했을 때[37] 후방 공급을 맡았던
것은 여성이었다. '애국 공약'이라는 구호 아
래 여성은 생산을 늘리고 절약하면서 군인
가족 돕기에서 무기 기부에 이르기까지 부
련의 독려 아래 자신들의 몫을 해냈다. 바로
전 중국을 휩쓴 '미국에 저항하고 조선을 돕
는다는 항미원조抗美援朝운동'에 여성이 적극
참여한 것이다.

미국 유학 시절의 작가 빙신

　항미원조운동에 적극적으로 참여하는 여성의 모습은 빙신의 소설
《타오치陶奇의 여름방학 일기》에 생생하게 나타난다. 작가 빙신은 5·4운
동기에 혜성같이 등단한 여대생 작가 출신으로 여성 문제에 관심이 큰
인물이었다. 내전기 일본에 파견된 교수 출신이자 국민정부 고위관료였
던 남편이 미국 예일대학의 초빙을 받았기에 미국으로 갈 수도 있었지
만 몰래 신중국으로 귀국한 터였다.

　소설 속 타오치는 1953년에 소학교 5학년인 여학생이다. 타오치의 일
기 형식을 빌린 이 소설에는 신중국에 대한 여러 세대의 한결같은 자부

---

37 김미란,《현대 중국 여성의 삶을 찾아서》, 소명출판, 2009, p.48에 나오는 수치인데 왕수쩡,《한국전쟁》,
　글항아리, 2013 p.963에서는 1951년 7월 중국 측 총 병력은 111만 명이라고 해서 차이가 크다. 처음 파
　병 예상 시점과 교전 시점의 차이를 감안해도 차이가 큰데, 후자의 수치가 사실에 가깝다고 보인다.

심과 기대가 드러난다. 할머니에서 손녀 세대까지 인민이 주인공이 된 신중국이 과거의 중국과 비교해 모든 면에서 얼마나 살기 좋아졌는지, 현재의 패전국 일본과 비교해서도 얼마나 좋은지 이구동성으로 삶의 활기를 표현한다. 그리고 한국전쟁 당시 총사령관이었던 펑더화이彭德懷를 베이징 역에서 환영하는 모습이나 군인에게 위문편지와 위문품 보내기 등은 당시 중학생이었던 작가의 딸의 모습이 반영된 것이었다. 이 소설 외에도 빙신은 신중국에 들어와 제국주의 열강에서 해방되고 국가가 교육비를 전담하다시피 한 상황에 자부심을 갖고 미래에 대한 무한한 신뢰를 표현하는 여러 편의 글을 발표했다.

'여성은 해방된 인민의 일원으로 당과 국가의 지도만 따르면 모든 문제가 해결된다'는 믿음은 쉬광핑에게서도 드러난다. 고향 인근인 광둥성의 순더 현順德縣을 방문하고 남긴 글에서 쉬광핑은 과거 제사업에 종사하던 여성 중에는 가정의 속박을 벗어나기 위해 독신을 선택한 자소녀가 많았지만 이제 그런 풍습이 사라진 것에 주목한다. 더 이상 여성이 가정의 속박을 두려워할 이유가 없어져서 독신을 고집하지 않게 된 것이라고 보았다. 또 전에는 농촌의 기혼 여성은 농사를 지으면서 동시에 밥 때마다 아이를 업고 걸리며 머리에 밥 광주리를 이고 논밭으로 나르는 다중의 노동에 시달렸다. 하지만 신중국에 들어와서는 육아를 인민 공사에 맡기고 자신의 노동에 대한 보수를 받으며 가정은 물론이고 공공 회의에서도 자기 의견을 당당하게 발언하고 교육을 통해 스스로를 연마할 수 있게 됐다.

빙신이나 쉬광핑이 각지를 다니면서 보고 들은 여성의 활동이나 현지 여성의 발언은 고위급 지도자에 대한 보고였던 만큼 실제 목소리를 고스란히 반영하지 못한 점도 물론 있을 것이다. 예컨대 순더 현의 자소녀가 소멸한 데는 여성의 독신이 (혁명적인 노동자가 될) 2세의 출산에 차질을 빚으니까 집단적으로 결혼을 권유받았던 데도 이유가 있었다. 또 경제적으로 독립할 기반이 되는 수입원과 재산이 몰수됐다는 이유도 있었다. 이 지점에서 여성이 독신을 선택할 자유나 권리가 사라졌다는 지적도 가능하다. 그렇지만 모두가 독신 선택의 권리를 박탈당했다고 여긴 것은 아니었다. 독신을 고수하려다가 국가를 위해 노동 후속 세대를 낳으려고 생각을 바꿨다는 여성도 있었다. 이렇듯이 여성 개개인이 (국가에 의한 정치적 훈련 내지 교육을 통해) 인민의 일원으로서 신중국에 기여하고자 하는 자발성이 분명히 있었다.

바로 이런 자발성은 항미원조 이후의 숱한 정치적 캠페인에 대한 참여로도 지속적으로 나타났다. 도시에서의 굵직한 사안으로는 1951~1952년에 걸쳐 일어난 '삼반', '오반' 운동에 대한 동참을 들 수 있다. 삼반이란 독직, 낭비, 관료주의 세 가지에 반대하는 것이었다. 오반이란 뇌물수수, 탈세, 국가 자재의 절도, 부실공사, 국가 경제 정보 유출의 다섯 가지를 반대하는 것이었다. 부련을 중심으로 여성은 이 운동에 적극 참가해 사적인 정이나 의리에 묶이는 일 없이 경제사범을 고발한다든가, 가족으로 하여금 자백하도록 권유한다든가, 심지어 자신의 잘못을 자백하기도 했다. 이 운동은 중공 초기 신민주주의 경제를 표방해 자본주의적 요소를 온존한 채 경제를 운용해갔기 때문에 파생하는 문제를 정치적 캠페인을 통해 해소하기 위해 발동됐다. 이를 통해 정경

유착이라든가 민간 자본가의 영향력 약화 그리고 상공업에 대한 당의 장악력이 커졌다. 사적인 이해관계를 떠나 공적인 이익을 위해 복무한다는 여성의 자세는 천하가 위급해도 발언권이 없었던 과거와 달리 국가의 주인공이라는 자부심이 있었기에 가능한 일이었다.

한편 농촌에서는 토지개혁에 뒤이어 1953년경부터 농업 생산을 집단적으로 행하자는 농업합작화운동이 일어났는데, 부련의 지도하에 농촌 여성이 이에 적극 참여했다. 1956년에 이르면 전국 75만 6000개소의 합작사 중 70~80퍼센트에 여성 사장 혹은 부사장이 약 50만 명이나 됐다. 자신의 수입을 가지게 됐고 다양한 교육 훈련을 받아 생산 기술도 익히게 됐으며 문화 수준도 높아졌을 뿐 아니라 농촌 탁아 사업이 신속히 발전해(1956년 600여만 명의 아동) 육아 부담을 덜어주었다. 도시에서는 상공업을 운영하는 여성이나 상공업자의 여성 가족이 부련의 지도하에 공사 합영의 길, 즉 모든 상공업의 사회주의화를 신속하게 달성하는 데 크게 기여했다.

1956년 말에 이르러 농업, 수공업, 자본주의적 상공업이 모두 사회주의적 개조를 이룩한 것은 건국을 선포한 때로부터 불과 7년 만의 일이었는데, 하늘의 절반을 떠받들고 있을 뿐 아니라 당당한 사회의 주인공이라는 의식을 국가와 당으로부터 교육받아 적극적으로 국가 정책에 호응한 여성의 기여가 상당히 컸다고 하겠다.

이제 여성의 사회 참여가 절정에 달했다고 보이는 대약진운동기로부터 문화대혁명기에 이르는 동안 일하는 여성은 어떤 목소리를 내며 살아갔는가 하는 점을 살펴보기로 하자.

2

일하는 여성의 목소리

대 약 진
운 동 기 에 서
문 혁 기 까 지

대약진과 여성 일꾼

／   당초 자본주의와의 공존을 축으로 하는 '신민주주의' 경제체제를 구상할 때 공산당은 생산수단의 사회주의적 개조가 세 차례에 걸친 5개년 계획, 곧 15년 이상을 거쳐야 가능할 것이라고 예상했다. 그런데 제1차 5개년 계획(1953~1957)이 끝나기도 전인 1956년까지 사회주의화가 완성되면서 이후 중국의 행보는 유례없는 것이 됐다. 이는 중국을 둘러싼 국내외의 상황 변화에도 기인한 바가 컸다. 우선 한국전쟁에서 미국을 필두로 한 유엔군과 전쟁을 벌인 중국은 서방 세계로부터 경제봉쇄를 당했다. 그리고 그때까지 맹방이던 소련 및 인도와도 갈등이 생겼다.

이런 상황에서 마오쩌둥은 외부의 도움 없는 자력갱생을 통한 경제 개발을 기획했다. 즉 인민의 혁명에 대한 주관적 열정으로 빚어진 노동력으로 모든 어려움을 극복하고 철강, 에너지, 식량 등을 증산하자는 대약진운동을 벌였다. 1957년부터 6000만~7000만 명이 동원된 수리건설 운동이 개시되고, 철강 생산에서 세계 2위의 경제 대국 영국을 15년 안에 따라잡겠다는 목표를 세웠다. 밑으로부터의 호응도 커져서 이 목표 기간은 나중에 3년으로 단축됐다. 철강 증산을 위해 도시와 농촌을 막론하고 직장마다 마을마다 용광로가 만들어졌다. 사람들은 철제 농기구나 솥까지 던져 넣고 교대로 불을 지핌으로써 24시간 내내 용광로를 가동했다. 농촌에서는 몇십 호 정도의 초급 합작사가 아니라 초대형 합작사인 인민공사(평균 4600호戶)가 조직되어 1958년 말까지 전체 농가의 99퍼센트가 2만 6000여 개의 인민공사로 통합됐다.

한편 공산당은 1956년 9월의 제8차 전국대표대회에서 사회주의적 개조의 완료로 이제 몇천 년 동안 내려오던 착취제도가 끝났고 생산을 증진해 생활수준을 높이는 것이 당면 과제라고 했다. 그리고 부련은 당의 지침에 맞춰 1957년 9월 제3차 전국대표대회를 열어 '근검으로 국가를 건설하고 근검으로 살림을 꾸려勤儉建國 勤儉持家' 사회주의 건설을 위해 분투하자는 이른바 '두 가지 근검운동'을 벌였다. 인구의 반을 차지하고 가정 살림을 책임진 여성이 근검하기만 하면 사회주의 건설 사업에 중대한 공헌을 할 수 있다는 당 지도자들의 언설은 여성의 주인공 의식을 더욱 강화했다.

바로 이런 상황에서 당이 대약진 정책을 펴자 여성은 두 가지 근검운동 정도로는 부족하다고 생각한 부련의 지도하에 1958년 후반부터는 대약진운동에 참여했다. 부련은 인민공사야말로 모든 여성을 사회적 노동자로 만들고 가사노동의 사회화를 통해 여성을 해방할 수 있다고 보았다. 실제 공동 식당과 탁아소가 건설되고 농촌에서 노동 능력이 있는 여성은 거의 전부 인민공사의 각종 노동에 참여했다.[38] 당시 통계로는

---

38 1960년에 소설 《이쌍쌍소전李雙雙小傳》으로 나왔다가 1962년에 영화로 만들어져 엄청난 인기를 끈 〈이쌍쌍〉은 대약진기에 이쌍쌍이라는 기혼 여성이 대자보를 붙여 여성의 가사노동에 대한 불만을 토로하고 결국 공동식당을 만드는 과정을 그린 것이다. 이 영화가 인기를 끌었다는 것은 가사노동의 사회화로 여성의 다중 노동이 감소돼가는 데 대한 사회적 공감이 있었기 때문일 것이다.

1959년 농촌인민공사에 출근하는 여성은 노동력을 가진 여성의 90퍼센트에 달했다. 이해에 농촌 남성은 1년에 300일 정도 출근했고 여성은 250일 정도 출근했다. 심지어 나이 든 여성, 병약한 여성, 임신부, 산모, 수유 중인 여성까지 일터로 나간 지역도 있었다. 노동 강도도 높아져서 보조적인 일이 아니라 남성이 하는 중노동에도 종사했다. 용광로에서 제철 작업을 하는 '천근 처녀 만근 아줌마'같이 힘 잘 쓰는 여성이 나타났다.

도시에서는 여성 취업률이 급격히 증가했다. '여성은 어떤 일이라도 할 수 있고 어떤 일이라도 잘 해낼 수 있다'라는 구호 아래 생산설비도 부족하고 기술자도 별로 없는 공장에서 여성이 자신들의 힘만으로 노동하는 철강공장이라든가, 여성만으로 구성된 광부 집단도 나타났다. 대약진 기간에는 남녀를 막론하고 체력을 극대로 끌어올려 군중 노동에 참여하는 일이 많았는데, 여성은 특히 생리적 특성을 무시한 노동으로 특유의 질병에 시달리면서도 일을 멈추지 않았다. 예컨대 20퍼센트 이상의 농촌 여성이 자궁이 빠져나오는 병을 앓거나 논농사 지역에서는 50~60퍼센트의 여성이 폐경이 되는 질환을 앓았다. 이런 상황을 견디면서 숱한 여성 노동 영웅이 출현했다.

이렇게 대약진과 인민공사화 운동 중에 여성이 주인공 의식을 가지고 이전 시기보다 훨씬 많은 수가 중노동을 포함한 다양한 노동에 열정적으로 참여한 것은 잘사는 국가 건설을 통해 자신들의 경제 형편과 지위가 나아지리라는 희망 때문이었다. 그렇지만 약 3년간 지속된 대약진 운동은 실패로 돌아갔다. 정책 수행 과정에서 중앙과 지방이 경쟁적으로 지나치게 높여 잡은 목표, 자연재해, 소련의 원조 중단 등으로 국민 경제가 곤란해지고 숱한 아사자가 나타났다.

3년 대기근의 마지막 해인 1961년 겨울에 잉태되어 다음 해인 1962년 쓰촨 성 충칭의 가난한 집 막내딸로 태어난 훙잉虹影의 자전적 소설을 보면[39] 하늘이 내려준 풍요한 땅이라는 쓰촨 성에서만 기근으로 700만 명이 굶어죽었다. 그리고 전국에서 아사한 사람 넷 중 하나가 쓰촨 성 사람이라 하니, 그녀의 추산에 따르면 약 2800만 명이 죽은 셈이다.

게다가 자연재해는 순전한 자연재해라기보다 인재가 초래한 면도 컸다. 즉 철강 생산에 몰두하느라 농촌에서는 농사지을 때를 놓쳐 수확을 하지 못하기도 했고, 도시에서는 직장마다 철강 생산이라는 가외 노동을 해야 해서 생산의 효율성이 떨어졌다. 또 자기 땅에 대한 집착이 강한 농민을 갑자기 대규모 집체로 조직해 공동식당을 운영한 것도 비효율, 낭비를 불렀다. 기근으로 먹을거리가 절대적으로 부족해지자 남편과 아이 먼저 먹이느라 굶주린 여성이 더 큰 타격을 입었다.

여성을 대표하는 부련 조직도 대약진 기간에 세력이 약해졌다. 인민공사화가 진행되면서 중앙의 부련은 이제 사회주의화가 완결된 이상 과거 현급 이하 행정 지역에 있던 기층 부련 조직이 소임을 다한 것으로 보았다. 사회주의가 자동으로 여성을 해방한다는 사고방식의 재현이었다. 그래서 어떤 지역에서는 부련이 스스로 해산한다든지 다른 조직에 병합되는 등 와해되어갔다.

---

[39] 제목이 아예 《굶주린 여자飢餓的女兒》로, 1997년 홍콩에서 출간됐고 한국어로는 2005년에 번역됐다.

대약진이 초래한 엄중한 결과에 직면해 마오쩌둥은 국가주석 자리를 류사오치에게 물려주었다. 류사오치와 덩샤오핑 등은 1960년 겨울부터 1966년 4월까지 조정 정책을 썼다. 즉 생산 목표와 속도를 완화하고 인민공사의 규모를 대폭 줄여 20~30호 정도의 합작사에 권한을 위임했다. 무엇보다도 개별 농가의 책임하에 농사를 지어 늘어난 생산물을 자신의 소득으로 할 수 있게 함으로써 생산 의욕을 높였다. 도시 기업에도 경영의 자주성과 합리성을 강조했다.

조정 정책으로 경제가 회복되어가는 동안 부련은 다시 기층부터 조직을 재건해 여성이 처한 실태 조사와 연구 작업을 개시하고 여성과 유아를 위한 사업을 진척시켰다. 그리고 대약진운동이 일어나기 전에 세웠던 '두 가지 근검운동'으로 돌아갔다. 어쨌든 사회주의 국가가 세워진 뒤 대약진기에 이르기까지 10년간 중국 여성은 대규모로 사회의 생산 활동에 참여했다. 그리고 그 과정에서 출산과 육아 및 가사노동과 사회적 노동이라는 다중의 부담을 크게 졌다. 그렇기 때문에 거의 모든 여성이 일꾼으로 등장한 대약진기에 이르게 되면 당연히 가사노동의 사회화와 공동 육아 문제가 여성의 지속적 노동을 위한 관건이 됐다.

가사노동의 사회화와
공동 육아의 실천

／　앞에서 살펴본 대로 농촌에서 토지개혁을 거친 뒤 (혹시 농촌에서 다시 계급 분화가 생길까 봐) 농업의 집단화가 이뤄질 때 여성은 대체로 긍정적인 태도로 참여했다. 처음에는 몇몇 농가가 필요에 따라 서로 돕는 호조조互助組를 만들고 이를 확대해 20~30호 정도의 초급 합작사를 조직했다. 출자한 토지의 양과 노동량에 따라 수확을 분배했으니 완전한 토지의 공유화는 아니었다. 그런데 규모가 커져서 200호 정도의 고급 합작사로 확대되면서부터 노동량에 따른 분배만 이뤄져 토지의 공유화가 이뤄졌다. 이것이 더 커져서 수천 호에 달하는 인민공사가 만들어지면서 토지 문제에서의 사회주의화가 완성된 셈이었다.

여성이 적극적으로 참여한 것은 (다른 이유도 있었지만) 개별 농가에서 노동하는 것보다 공동농장에서 일하면 자기 몫을 받을 수 있고 또 공동식당과 공동양육을 통해 다중 노동에서 벗어나게 될 희망이 컸기 때문이다. 무엇보다도 여성이 사회적 노동자로서 발언권을 가지게 된 점이 여성으로 하여금 공동 작업을 지지하게 했다.

중국에서 사회주의적 공업과 농업을 조화시킨 모범적인 도시로 알려진 다칭大慶[40]에서 1962년에 공업과 농업을 공존케 하는 첫 삽을 뜬 것은 쉬徐씨 성을 가진 50세의 여성이었다. 다칭은 원래 유전油田 도시였다. 유전에서 일하는 노동자의 아내인 그녀와 그녀에게 동조한 몇몇 여성이 대기근을 극복하기 위한 방안으로 황무지를 개간하기 시작했고, 점점 합류하는 사람이 늘어나면서 나중에는 식량 생산은 물론이고 생필품도 생산하고 병원까지 세워 도시로 키웠다. 여성이 주도적으로 일해 사회적 인정을 받게 된 것은 비단 다칭에 한정된 일이 아니었다.

중국에만 한정된 일은 아니지만 그동안 여성이 해온 가사노동은 대체로 사회적 인정을 받지 못했다. 그런데 보다 많은 여성이 사회적 노동에 투입되면서 공동식당이 늘어났다. 하루 세 끼 모두 먹을 수 있고 도시락을 제공하기도 하는 공동식당은 모두에게 일단 취사 노동의 사회적 가치를 일깨워주었다. 대약진운동이 절정이던 1959년에 공동식당을 이용하는 농촌 인구는 4억 명에 달했다. 또 1960년 3월 말까지 전국 168개 도시의 통계를 보면 공동식당을 이용하는 사람이 500여만 명에 달해서 도시 여성도 취사노동에서 벗어나는 경향이 보였다.

비단 취사뿐만 아니라 상하이의 경우 의류 수선소가 따로 있어서 과거처럼 여성이 집에서 옷을 수선하는 대신 전문 노동자가 동네에서 걷어온 의류를 수선해주었다. 또 세탁이나 다림질, 구두 만들기, 침구 수선, 청소 등 여성이 전담해온 가사노동을 실비로 대신해주는 작업장이

---

40 헤이룽장 성黑龍江省에 있는 다칭은 대약진기인 1958년부터 원유 시추가 시작되어 새롭게 건설된 도시다. 대표적인 대규모 산업 중심지로 국내외에 널리 알려졌는데, 지역공동체가 자급자족할 수 있도록 대기업과 소규모 지방 기업이 공존하는 것도 주목을 끈다.

생겨났다. 공동식당이 없다 하더라도 가정 내에서 남편이나 기타 가족이 여성이 전담해온 가사노동을 분담하는 경향도 커졌다. 이를테면 엄마가 일하러 나가면 집에 있는 할아버지와 손녀가 식사를 준비하는 것이 아주 자연스러워졌다.

여성의 사회 진출에 큰 부담이 됐던 육아 문제도 상당 부분 공동육아로 해결되어갔다. 일하는 기혼 여성이 많아지면서 도시와 농촌에서 영유아를 보육하는 탁아소와 유아원이 생겨나기 시작했다. 1957년에 비해 대약진이 시작된 1958년에는 탁아소가 37배, 유아원이 26배로 증가했다. 여성 노동력의 사회 진출과 가사노동, 육아 문제 사이의 상관관계를 그만큼 국가에서 주목하고 정책적으로 지원했음을 알 수 있다.

1971년 중국을 방문한 프랑스 여성 시찰단은 자기들이 가본 일부 지역의 공동식당과 탁아소, 유아원을 극찬했다. 비록 시설은 한참 뒤지지만 사람들이 사적인 욕구를 버리고 공공의 선을 위해 공동으로 작업하면서 자부심을 내보이는 데 대한 찬탄이었다. 그들은 베이징·상하이·쑤저우蘇州·항저우杭州의 인근 마을과 모범적 생산대로 유명한 다자이大寨[41]를 둘러보고, 공동식당에서 동네 아저씨가 아이들끼리만 온 다른 집 아이들을 보살피는 모습, 대약진기에 전업주부로 살던 여성 스무 명이 처음에는 보수도 받지 않고 오로지 사회와 여성 지위의 변혁을 위해 의료품 공장을 만들어 키워가며 탁아 문제까지 해결해가는 모습 등 사회

---

41 산시 성 타이항산 산 서쪽 기슭에 위치한 빈궁한 산촌이었으나 1959년에 인민공사가 설치되고 1960년 대에 천융구이陳永貴가 수리시설 정비, 산지 개간 등을 통해 농업 생산력을 높였다. 1964년 마오쩌둥이 "농업은 다자이에서 배우자"라고 한 뒤 전국적으로 유명해졌고 문혁 기간에는 농업 개발의 모범으로 치켜세워졌으나, 문혁 이후 문제점에 대한 비판이 일어났다.

의 주인공이 되고자 일꾼이 된 사람들을 소개했다.

탁아 문제에서 프랑스 여성 시찰단이 특히 주목한 것은 아이는 부모의 재산도, 국가의 재산도 아니므로 사회 구성원 하나하나가 공동으로 보살핀다는 중국식 육아의 개념이었다. 젖먹이를 위해서는 직장에 탁아소를 두어 일하는 엄마가 수유를 할 수 있게 하고 수유하는 시간도 노동시간에 포함했다. 젖을 뗀 아이는 거주지의 유아원에서 미취학 아동과 함께 보살핌을 받는다. 전문 유아 교육자가 운영하는 탁아소나 유치원에 아이들이 입소하고 부모가 그 교육에 간여할 수 없는 프랑스에 비해 중국의 아이들은 어려서부터 지역 및 직장의 다양한 공동체 구성원의 보살핌을 받는다고 보았다. 그리고 아주 어린 나이부터 스스로 필요한 가사노동(식탁 정리, 접시 닦기 등)을 하고 조금 더 큰 아이는 보모와 함께 텃밭 가꾸기를 하며 자립심을 키우고 정치 교육까지 받는 모습에 감탄했다.

그런데 앞서 대약진운동의 문제점을 지적한 데서도 나타났듯이 잠깐 관찰하고 간 프랑스 여성 시찰단이 알 수 없었던 문제가 일어나고 있었다. 가사노동의 사회화에서도 문제가 불거졌다. 순식간에 만들어진 공동식당과 탁아소, 유아원이 대약진운동의 실패와 더불어 차례로 무너진 것이다. 1960년에 이르면 전국 각지의 공동식당, 탁아소, 유아원이 대부분 스스로 문을 닫았다. 절대 빈곤 상황에서 공동의 선을 향한 여성계의 안간힘이 맥을 못 추게 된 것은 안타까운 일이었다. 경제조정기를 거쳐 생산력이 어느 정도 회복되자 마오쩌둥이 중국 내에서 다시 자본주의적 요소가 부활하고 당권을 장악한 세력이 소련식 수정주의적 사회주의로 나아가고 있다고 판단해 문화대혁명을 일으키면서 여성은 또 다른 격변을 맛봐야 했다.

문화대혁명과
'절대 평등' 속의 여성

／　널리 알려져 있듯이 프롤레타리아 문화대혁명은 1965년 말부터
개시되어 1966~1967년에 절정에 달했다가 우여곡절 끝에 1976년 마오
쩌둥의 사망과 문혁 4인방[42]의 체포로 막을 내렸다. 마오쩌둥 이후 권력
을 장악한 덩샤오핑의 공산당은 1981년 공식적으로 문혁을 '국가와 인
민에게 큰 재난을 초래한 내란'으로 규정하고 마오쩌둥은 문혁에서 중
대한 오류를 범했지만 그의 공적이 오류보다는 크다고 평가했다. 현재
에 이르기까지 문혁에 대해서는 대체로 부정적인 평가가 주를 이루지
만, 아직 일반인의 문혁에 대한 회고라든가 평가는 자신의 현재 처지에
따라 분분하다.

　1965년 말 나중에 문혁 4인방으로 알려지는 야오원위안姚文元이 문학
평론을 통해 베이징 부시장을 비판하면서[43] 문혁의 도화선이 점화되지

42　본문에 거론되지 않은 또 한 명은 왕흥원王洪文으로, 4인방은 훗날 반당 집단으로 재판을 받았다.

43　문혁을 권력투쟁으로 볼 때는 베이징에서 마오 대신 국가주석을 맡은 '류샤오치와 덩샤오핑 등 조정 정
책을 추진하던 당권파' 대 '마오쩌둥 및 상하이를 중심으로 한 4인방파'의 대결로 본다. 베이징 부시장
이 쓴 극본에 대해 야오원위안은 대약진운동 때 마오쩌둥에게 대약진운동의 문제점을 지적했다가 숙
청된 펑더화이를 충신에 비견하고 마오쩌둥을 어리석은 군주로 보았다면서 공격했다. 그리고 문화계
의 논쟁이 결국 당권파의 일원이었던 베이징 시장의 실각으로 이어졌다.

만, 그 직전인 1964년 가을부터 농촌에서는 이미 사청운동四清運動[44]이 벌어져 문혁의 예고편이 시작됐다. 급진적인 사회주의의 추진으로 나타난 모순이라는 대내적 환경과 중·소 간 갈등 및 베트남 전쟁의 본격화와 더불어 첨예해진 미국과의 긴장관계가 가져온 위기감이 문혁의 큰 배경이었다. 무엇보다도 조정 정책을 통해 자본주의적 요소가 부활할지도 모른다는 마오쩌둥의 우려가 커진 것이 직접적인 요인이었다. 그래서 농촌에서 부패하거나 독직 행위를 한 지방의 당 간부와 관리 등을 청산하자는 사청운동이 벌어진 것이다.

그리고 그 연장선상에서 도시의 문혁이 개시됐다. 처음에는 건국한 지 15년 이상 흘렀고 그동안 권력을 쥔 사람들이 부패했을 것을 우려해 사상과 문화 면에서 혁명을 견고히 할 필요성을 지도부에서도 인정했다. 마오쩌둥이 타도 대상 1호로 생각한 류사오치나 문혁 후반기에 가서는 과열화를 중재하려 노력한 저우언라이나 처음에 문혁을 지지한 것은 그런 생각에서였다. 그러나 1966년 문혁을 추진할 기관(중앙문혁소조)이 만들어지고 4인방의 일원으로 불리게 되는 (마오쩌둥의 부인) 장칭江靑과 장춘차오張春橋가 이 조직에 들어가 파격적으로 정치무대에 등장하면서 기류가 달라졌다. 무엇보다도 국방부장 린뱌오林彪 휘하에서 마오쩌둥 숭배를 강화하던 인민해방군이 문혁을 지지하면서 단순한 문화사상투쟁이 아니라 권력투쟁의 문제로 바뀌어갔다.

---

[44] 지방 간부나 관료 중에 '공공의 재화를 훔치는 자', '뇌물 수수자', '노동점수제도를 악용하는 자', '지주나 부농의 자식으로 몰래 당에 들어오거나 당 간부와의 친분을 이용해 권력을 다시 얻게 된 불순분자'를 청산하자는 농촌에서의 정치운동으로 1964년 가을에 시작했다.

마오쩌둥은 직접 젊은 학생, 각 직장의 젊은 하급 노동자, 농민을 선동해 혁명의 주력군이라고 치켜세웠다. '혁명을 방어하는 병사'라는 명칭을 가진 홍위병紅衛兵이 학교마다 생겨나기 시작했다. 이어 '반란에는 정당한 이유가 있다造反有理'는 마오쩌둥의 지지 아래 홍위병 내에 조반파가 생겨나 1966~1967년 이른바 '봉건 세력', '주자파', '수정주의자', '반혁명분자'로 몰린 상위 직급자들을 폭력을 사용해 비판하면서 온갖 기관을 마비시키는 파괴적인 힘을 발휘했다. 국가주석 류사오치가 옥중에서 죽고, 신중국 수립 과정에서 함께 싸워온 마오쩌둥의 동지들을 포함한 원로 당원, 고위직 간부, 신중국을 지지해 대륙에 잔류한 전문 지식인 등이 이들에 의해 고초를 겪었다.

기존 사회질서를 밑바닥으로부터 뒤집어엎자는 마오쩌둥의 급진적 구호에 그토록 많은 사람이 호응한 것은 건국 이후 드러난 사회의 차별 구조에 대한 불만이 컸기 때문이고, 또한 조정 정책 과정에서 뒤처진 경제적 약자가 문혁을 통해 모든 차별이 철폐되리라는 기대를 품었기 때문이다. 낡은 사상과 문화, 풍속 및 습관을 파괴하고 대중에 의한 새로운 권력기구를 창출하자는 구호가 혁명적인 유토피아에 대한 열망을 부추긴 것이다.

이런 분위기 속에서 노동자로서의 정체성에 자부심을 가지고 있던 대다수 젊은 여성은 문혁을 적극 추동하는 측에 섰고, 그동안 여성 참정권 확대의 상징으로 여겨지던 고위급 여성 간부는 타도의 대상이 되어 고초를 겪었다. 남녀의 성별 문제는 '절대 평등' 속에 매몰되고 계급의 차이만 부각되어 어린 여성 홍위병이나 여성 조반파 대표들이 어린 홍위병, 조반파 대표 남성과 나란히 나이 든 남녀 고위급 인사들을 흥분한 군중 앞에서 비판하고 구타하는 이른바 비투(비판투쟁) 장면이 일상적인 풍경이 됐다.

신중국 성립 후 선전부 문예처장 등 고위직을 맡았고 《태양은 쌍간 강을 비추고》라는 소설로 중국 작가로는 최초로 스탈린 문학상까지 받아 국내외로 저명했던 딩링은 나이 어린 조반파 여성에게 얻어맞고 원고마저 몰수당한 후 5년간 감옥살이를 했다. 빙신도 마찬가지로 조반파의 공격을 받았다. 이들은 빙신이 외국에 사절로 나가거나 외빈 접견 시입었던 양장이나 구두 등을 몰수한 뒤 반혁명분자가 사용하던 자본주의적 물건이라고 전시하면서 온갖 모욕을 가했다. 결국 빙신은 5·7간 부학교에 들어가 노동을 통한 재교육을 받게 됐다. 양즈화楊之華, 장친추張琴秋를 비롯해 여성운동을 지도해온 원로 당원이자 여성 간부도 다수가 박해받고 감금됐다. 일일이 거론할 수 없을 정도로 숱한 여성 지식인과 예술가가 직장에서 쫓겨나 비판받았고, 많은 사람이 박해 끝에 죽음에 이르렀다.

물론 박해받은 사람보다는 열정적으로 혁명적 유토피아를 꿈꾸며 활동한 10대나 20대 홍위병, 조반파 여성이 수적으로 훨씬 많았다. 고학년 초등학생부터 중고등학생, 대학생에 이르기까지 홍위병으로 활동하지 않을 수 없는 사회 분위기였다. 여성 농민이나 노동자도 마찬가지였다. 이들 중 극히 일부는 초기에 홍위병으로 활동하다가 곧 회의를 느꼈다는 기록도 훗날 남겼다. 예컨대 《대륙의 딸》을 지은 작가이자 주인공인 장룽 같은 경우가 그랬다. 그렇지만 그것은 어디까지나 훗날의 기록이고, 당시 대다수 젊은 여성에게는 회의감을 자각할 여유도 없었을 것이다.

대체 왜 그토록 많은 여성이 훗날 '광기'로까지 표현되는 문혁 과정에 열정적으로 참여했을까? 아마도 남녀 성별의 절대 평등에 대한 여성의 소망과도 관련이 있지 않을까 싶다. 문혁 직전에 마오쩌둥이 "시대는 변했다. 남녀는 평등하게 됐다. 남성 동지가 할 수 있는 것은 여성 동지도 할 수 있다"라고 한 말이 문혁기에 슬로건이 되어 남성과 같은 노동에 도전하는 여성이 나타나 숱한 여성 영웅 노동자가 배출된 것은 널리 알려진 대로다.

문혁 때 그토록 박해받았던 딩링이 개혁개방기에 들어와서 쓴 여성 노동자의 일대기 《두완샹杜晚香》을 보면 이런 여성 영웅 노동자의 일면이 그대로 드러난다. 두완샹은 산시 성陝西省의 빈농 집안에서 태어나 계모 밑에서 억세게 일하다 역시 빈농 집안 남성과 결혼했다. 시집은 공산당 덕분에 토지를 분배받았고 그녀는 마을에서 여성 관련 일을 맡아보며 사회생활에 눈을 떴다. 군에서 제대한 남편이 머나먼 베이다황北大荒의 개간 사업에 동원되자 가족과 함께 이주했다. 트랙터 기사인 남편의 급여만으로도 충분히 먹고살 수 있는 처지였지만, 그녀는 자발적으로 일거리를 요구했다. 기꺼운 태도로 남성과 똑같이 힘든 노동을 하면서 차츰 농장 사람들이 칭송하는 모범적인 노동자가 됐다. 배급표를 관리하는 높은 직책에 올라서도 사적인 욕심 없이 (시어머니와 다퉈가면서까지) 정의감을 가지고 공평하게 일했다.

소설 속 두완샹은 딩링이 베이다황에서 노동하던 시절 알고 지내던 여성이 모델이었다. 빈농 출신으로 어려서부터 힘겨운 노동과 박대에 시달렸지만 운명으로 알고 순응하며 살던 농촌 여성. 그러던 그녀가 새로운 국가가 들어선 뒤 (시집온) 토지를 분배받고 자신은 여성운동을 통해 여성도 사람이라는 의식을 깨우치게 되니, 새로운 중국에 대한 자발적 헌신의 의욕이 생기는 것은 당연한 일이었을 것이다. 왜소한 몸집으로 남이 쉴 때도 쉬지 않고 일하며 자기가 더 많이 주워온 나락도 공동의 창고로 가져가는, 멸사봉공의 표본 같은 여성 노동자의 형상, 이것이야말로 남녀 간의 절대 평등을 내세우는 국가를 위해 자신이 가진 힘을 최대한 짜내어 국가가 원하는 공공의 이익에 부합하려 노력한, 대약진기로부터 문혁기에 이르는 사이의 상당수 일반 여성의 모습이 아니었을까? 남녀뿐 아니라 노소, 상하의 직급 간에도 평등 정도가 아니라 하극상이 당연시되던 분위기 속에서 여성은 신중국 수립 이후에도 여전히 느끼고 있던 성차별이 문혁에의 동참을 통해 일격에 해소되리라는 희망을 품고 그렇게 문혁에 열정적으로 동참하지 않았을까?

인민복 속의 여성
: 여성 홍위병과 하방

／ 사회주의 중국이 건국된 뒤 노동자의 일원, 해방된 인민 대중의 일원이라는 자부심을 가지게 된 여성은 옷차림에서 파격적인 변화를 보였다. 1950년대 초 이미 여성 간부는 치파오처럼 여성적인 모습을 드러내는 옷은 별로 입지 않고 남성과 마찬가지로 인민복을 입고 다녔다. 인민복은 회색이나 남색같이 칙칙한 색이 대부분이고 바지와 윗도리로 구성되어 있어 몸매가 드러나지 않는 평퍼짐한 복장이었다.[45] 새로운 중국 건설이라는 혁명 사업에 종사한다는 자부심을 가진 일반 여성 노동자 역시 인민복을 일상적으로 많이 입었다.

물론 시기에 따라 조금씩 여성미를 드러내는 복장도 있었다. 예컨대 삼반운동, 오반운동이 지난 뒤 다소 여유로워진 사회 분위기 속에 들어온 소련의 꽃무늬 천으로 만든 소련식 원피스라든가, 체코슬로바키아의 옷감이 획일적인 여성 패션에 충격을 주기도 했다. 특히 사회주의적 개

---

45 인민복은 중화민국 국민정부 시대에 정부 관리가 즐겨 입던 중산복을 토대로 한 복장이다. 쑨원이 즐겨 입었다고 해 그의 호인 중산이라는 이름이 붙었다. 본래 남성복으로 상의에는 다섯 개의 큰 앞여밈 단추가 있고 소맷부리에 세 개의 작은 단추가 있어 쑨원의 삼민주의와 5권헌법을 상징한다. 레닌이 즐겨 입었다고 해서 레닌복이라 불리는 복식과 신중국 이후 남녀노소가 입은 인민복은 중산복과 유사한 모습을 보여 통칭되고 있는데, 혹자는 인민복과 레닌복을 구분해 쓰면서 인민복을 군대의 평상복이라 하기도 한다.

조가 완결되고 '백화제방百花齊放 백가쟁명百家爭鳴'이라는 양백兩百 정책[46]이 개시된 1956년쯤 되면 건국 초기보다 물질적인 여유가 생겨서 여성 복식에서도 각종 치마라든가 전통적인 치파오도 다시 나타났다. 파마도 유행했는데, 부련 주석 차이창은 굽실거리는 파마머리로 유명했다.

대약진운동과 3년 기근을 겪으며 여성 복식에 대한 관심은 잠시 사라졌지만, 조정 정책을 통해 경제가 회복되는 1962년 이후가 되면 다시 서양 복식을 포함한 여성복의 다양화가 나타난다. 그러나 자본주의 경제 부활을 우려한 마오쩌둥은 일찌감치 1961년 여성 민병의 사진을 보고 쓴 시에서 "중화의 젊은이는 품은 뜻이 기특해서, 멋진 치장 대신 무장武裝을 사랑하누나"라는 유명한 구절을 유포했다. 여성적 특질을 가능한 한 배제해 중성화한 전사로서의 여성을 찬미하려는 것이었다. 그러잖아도 건국 뒤 중국 여성 사이에서는 농촌과 도시를 해방한 인민해방군 대열 속에서 군장軍裝 차림을 한 전적으로 새로운 형상의 여성에 대한 선망이 컸다. 여군이 되고자 하는 강렬한 소망을 가진 젊은 여성도 많았다.

이런 상황에서 문혁이 시작됐고 그 어느 때보다 남녀의 절대 평등이 강조되는 분위기에서 여성은 남성과 똑같은 인민복 속에 몸을 감췄다. 1966년 5월 25일 베이징대학에서 최초로 대자보를 붙여 몇몇 대학 당국

---

46 소련군이 헝가리 민중의 소련 반대 시위를 유혈 진압한 데 충격을 받은 마오쩌둥이 중국에서는 민중의 불만을 미리 들어보아 반대 시위를 아예 없애겠다는 취지로 양백운동을 시작했다. 모든 사람이 다투어 자기주장을 펴고(백가쟁명) 모든 꽃이 일제히 만개하도록 한다(백화제방)는 것이었다. 공산당 지배에 대한 학술적, 사회적 비판을 허용하고 예술적 자유를 인정한다는 이 운동에 참여해 비판적 의견을 냈던 지식인이 이듬해인 1957년 우파로 몰렸고 55만 명이나 되는 사람들이 반우파투쟁의 대상이 됐다.

자를 고발한 철학과 강사인 녜위안쯔聶元梓는 45세의 중년 여성이었다. 마오쩌둥에 의해 전국에 회람된 이 대자보는 실질적으로 홍위병을 조직해 당권파를 겨냥하는 문혁의 시발점이 됐다. 나흘 뒤인 5월 29일 청화대학 부속 중학교에서 첫 번째 홍위병이 결성됐으니까 말이다. 1966년 여름부터 학교를 뛰쳐나와 홍위병과 조반파로 활동한 젊은이들 사이에 남녀의 구별은 전혀 없었다.

자신의 이름을 무기를 의미하는 룽戎으로 바꾼 어린 여성 홍위병 장룽은 부르주아적 퇴폐풍조라고 여겨진 행인들의 긴 머리나 치마를 가위로 잘라버리고 하이힐 굽을 부러뜨리는 일에 동원됐다. 그리고 장기를 두거나 차를 마시는 찻집에 들어가 봉건적 퇴폐 문화를 척결해야 한다는 이유로 손님을 내쫓았다. 어른에게 무례하게 구는 것이 마음속으로는 부끄러웠지만 마오쩌둥의 병사라는 의식이 충만한 다른 홍위병들은 거침이 없었다. 반혁명분자로 몰린 부모를 가진 동급생의 집에 쳐들어가 폭력을 행사하기도 했다. 어제의 동급생이 오늘은 계급에 따라 가해자와 피해자로 바뀌는 계급 우선적인 상황에서 성별은 의미가 없어졌다.

홍위병은 또 마오쩌둥을 접견하고 혁명적 경험을 교류하기 위해 전국에서 베이징으로 몰려왔다가 돌아가곤 했다. 그리고 마오쩌둥의 출생지라든가 공산당 혁명과 관련된 곳을 순례했다. 이 과정에서 숱한 남녀가 곳곳에서 뒤섞이다 보니 기본적인 남녀 구별도 어려웠다. 학생들로 빽빽이 들어찬 기차 속 화장실에서 여학생이라고 해서 문을 닫고 홀로 용변을 볼 수 없을 정도였으니까. 물론 부모의 보살핌이 사라진 상태에서 남학생 홍위병과 순례를 다니다 임신한 여학생도 있었지만 상당 부분 혁명의 대의가 성적인 감정을 억제했다.

사실 결혼의 자유, 연애를 통한 배우자의 선택을 강조한 혼인법이 일찌감치 나왔음에도 기왕의 참을 수 없는 결혼을 해지하려는 여성의 이혼 붐에 가려져서 자유연애나 자유결혼은 뒷전이었다. 아마도 건국 후 국내외의 위급한 상황 속에 남성이고 여성이고 간에 숱한 정치운동에 참여하면서 싸우고 건설하느라 바빠서도 그랬을 것이다. 군인이 아니라 하더라도 남성이나 여성이나 연애에 관심을 쏟기 어려운 형편이었다. 앞에서도 언급한, 멀리 떨어진 직장에 다니느라 1년에 12일밖에 집에 오지 못하는 아버지 이야기에서도 알 수 있으며, 심지어 부부의 성(애정) 생활까지도 담보되지 못했다.

그런데 1966~1967년에 걸쳐 사태가 걷잡을 수 없이 확대돼 홍위병 내부의 무장충돌까지 종종 빚어져 사회가 혼란해졌다.[47] 그러자 1968년 마오쩌둥 등은 문혁에 참여한 젊은이를 산간벽지와 궁벽한 농촌, 변경의 군대가 일하는 농장 등지로 보내는, 이른바 상산하향上山下鄕 정책을 썼다. 명목은 어려운 형편 속에서 생산 활동에 종사하는 농민, 노동자에게서 진정한 혁명정신을 배워야 한다는 것이었다. 그렇지만 실제로는 1950년대에 출산을 장려한 정책으로 인해 이 시기에 중고등학교나 대학을 졸업하고 직업을 분배받아야 할 젊은이는 많았지만 분배할 직장

---

47 쓰촨 성의 중심 도시 청두成都에서 총과 대포로까지 무장해 서로 엄청난 사상자를 낳은 홍위병 간의 싸움은 1990년대 청두의 기층 민중을 인터뷰한 기록물《저 낮은 중국中國底層訪談錄》(라오웨이老威, 2004)에 상세하게 나온다.

문화대혁명기의 여성 홍위병

이 (문혁기의 혼란 때문에도 줄어서) 부족했기 때문이라는 이유가 더 컸다.

이 과정에서 도시의 여성 홍위병은 농촌의 인민공사나 다른 지역 공장, 변경으로 내려가 황폐한 곳에서 맨손으로 땅을 일구는 등 혹독한 노동을 감내하는 노동자로 변신했다. 남자가 할 수 있는 일은 여자도 할수 있다는 절대 평등의 구호 속에서, 복식에서도 남녀 성별이 구분되지 않는 인민복 속에서 젊은 여성은 생산노동에 몰두했다. 이 시기 여성은 남성과 똑같은 강도의 중노동에 종사했다. 훗날 여성의 신체적 특수성을 무시한 심한 노동으로 인한 부작용에 대해 고발하는 사례가 많이 쏟아져 나오지만, 당시에는 고통을 호소할 만한 분위기가 아니었다.

1969년 4월 중국공산당 제9차 전국대표대회가 열려 마오쩌둥의 개인적 권력 체제가 확고해지면서 여성에게 긴 머리와 색깔 있는 옷이 어느 정도 허용되기 시작했지만, 곧이어 6월에 호구가 동결됨으로써 농촌에 하방된 지식인 청년들이 도시로 돌아올 길은 막혀버렸다. 하지만 일부 여성은 무슨 수단을 써서라도 고향인 도시로 돌아왔고, 방도를 찾지 못한 사람이나 농촌 남성과 결혼한 여성은 그대로 농촌에서 살았다. 마침내 1976년 문혁이 종결되고 1978년 개혁개방이 개시되면서 하방됐던 여성은 상당수가 도시로 되돌아올 수 있었다.

현재 문혁에 대한 회고록을 남긴 사람들은 대체로 지식인으로 핍박의 대상이었던지라 하방된 여성 노동자의 생산노동에 대해서 부정적인 시각이 주류다. 장룽의 경우 문혁 이전까지만 해도 조국과 사회를 위한 역군이 되고자 남학생이 하는 노동을 마다 않고 했지만, 문혁 과정의 부조리를 목도하고 원로 공산당원인 부모와 가족의 고초를 경험한 후 하방되어 내려간 농촌에서의 고생스러운 노동을 혐오하게 됐고 끝내 도시 호구를 얻어서 나오고야 말았다. 문혁은 어떤 의미로는 마오쩌둥 국가주석 영도하의 공산당이 여성에게 '해방'을 가져다주었다고 생각해서 헌신해온 숱한 여성이 그 해방에 의문을 품게 한 중대한 전환점이었다.

부련의 와해와
여성 문제의 실종

✎   문혁은 신중국 수립 17년간의 과거를 일거에 부정하면서 출발했
다. 1956년경 더 이상의 계급투쟁이 필요 없다는 여유롭던 사회 분위기
가 대약진운동의 실패와 조정기를 거치면서 180도로 변한 것이었다. 앞
서 보았듯이 계급 간의 투쟁이 우선순위를 차지하다 보니 여성 고유의
문제를 해결하고 여성을 새 사회 건설에 동원해온 부련 역시 지난 17년
간의 성과를 부정당하고 와해되어갔다. 부련은 전국 여성을 대표하는
전국 부련과 각 지역의 부련으로 나눌 수 있는데 우선 전국 부련 기구
부터 타격을 받았다.

문혁의 강령이 들어 있는 이른바 〈5·16통지〉[48]를 보면 학술, 교육, 신
문, 문화, 출판, 잡지, 라디오 등 각 방면에 모두 봉건주의와 자본주의,
수정주의적 요소가 심각한 정도로 들어 있으니 무산계급 문화대혁명의
기치를 내걸고 이들 영역의 반동적 사상을 폭로, 비판하고 영도권을 탈

---

[48] 1965년 말 야오원위안의 문학 평론으로 촉발된 문화혁명이 학계 일부의 숙청으로 스러져가고 마오쩌
둥이 타도의 대상으로 내심 작정했던 류사오치와 덩샤오핑 등이 반혁명분자를 색출하는 공작조를 각
학교와 기관에 보내자 마오쩌둥이 분위기를 일변해 류사오치와 덩샤오핑 등을 타깃으로 하는 문혁을
발동한 시초가 된 것이 바로 이 문건이다. 1966년 5월 16일에 나온 〈중국공산당중앙위원회통지〉를 약
칭 〈5·16통지〉라고 한다.

취하라고 나온다. 이에 중앙 부련의 기관지였던 《부녀공작》, 《중국부녀》 등의 잡지가 1966년과 1967년에 정간됐다. 잡지사 건물은 다른 용도로 쓰였고, 기왕에 나온 잡지며 도서 자료는 파손됐다.

지금까지 부련이 여성을 생산노동에 동원한 것이나 '두 가지 근검운동'을 벌인 것, 여성과 아동의 복리를 위해 해온 사업이 모조리 계급투쟁 의식을 약화하고 자본주의의 길로 나아가려는 수정주의적 정책으로 여겨져 타도의 대상이 됐다. 이에 1967년부터 1977년까지 11년간 부련의 사업은 전부 중단됐다. 노동자 조직인 전국 총공회의 여공부女工部와 각 지역 총공회의 여공부도 사라지고, 공산당과 다당 합작 관계에 있던 각 민주당파의 여성기구라든가 공산당 산하가 아닌 중화기독교여청년회YWCA 등을 비롯한 여성단체도 다 파괴됐다.

전국 부련에서 일하던 300여 명 중 160여 명이나 박해를 받았다. 비록 초기 부련의 주석이었던 차이창이나 부주석이었던 덩잉차오·리더취안·쉬광핑 같은 초중량급 인사는 피해를 입지 않았지만, 이들이 피해를 입지 않았던 데는 개인적인 이유가 있었다. 차이창은 마오쩌둥과 같은 후난 성湖南省 출신으로 막역한 사이였던 차이허썬蔡和森(일찍 처형된 공산당 이론가)의 누이동생이고, 덩잉차오는 문혁 와중에 행정을 책임졌던 총리 저우언라이의 아내다. 그리고 리더취안은 기독교계의 상징적 원로였고, 쉬광핑은 마오쩌둥이 신격화한 문호 루쉰의 아내다.

문혁의 타도 대상 1호였던 국가주석 류사오치의 아내 왕광메이王光美라든가 딩링, 빙신 같은 여성이 겪은 고초와 비교하면 덩잉차오를 비롯한 이들 여성은 홍위병의 공격 대상에서 벗어났다는 점에서 처지가 나

후난 성 출신이며, 초기 공산당 이론가로 일찍 죽은 오빠 차이허썬과 어머니와 함께 일찍이 프랑스로 유학을 다녀온 경험이 있는 여성 공산당원이다. 1차 국공합작이 이뤄진 동안에는 국민당 여성 지도자 허샹닝 지도하에 여성운동을 지도했고, 국공합작 결렬 후 공산당이 국민당에 의해 쫓기는 대장정에 참가해 산시 성 북부의 소비에트에 도착한 초기 공산당 여성 지도자 중 하나였다. 이후에도 그녀는 중화인민공화국 수립에 이르기까지 항일전쟁과 내전기를 겪으며 공산당 고위 지도자에 속하는 여성 당원으로서 여성운동과 사회주의 혁명을 함께 추진하는 데 힘썼다.

차이창

신중국 수립 후에는 전국부녀연합회의 1~3기 주석, 4기 명예 주석, 중공 중앙위원, 전국인민대표대회 상무위원과 부위원장 등 여성계는 물론이고 당과 정계에서도 고위직을 역임했다. 한때 차이허썬의 부인이자 그녀의 올케였던 샹징위를 비롯한 초기 여성 공산당원들이 혁명 과정에서 희생된 것과 달리 그녀는 공산당의 집권을 보고 이른바 신중국에서도 활약한 인물이다. 그런 점에서는 덩잉차오와 유사한 원로 여성 공산당 지도자의 행적을 보인다. 또한 여성을 사회주의 혁명에 동원함으로써 여성해방이 이뤄질 수 있다는 신념 속에 활동한 점에서도 덩잉차오와 유사하다.

았다. 그렇지만 이들도 문혁 초반에는 전전긍긍하는 형편이었다. 문혁 초반기에 세상을 뜬 쉬광핑의 아들이 쓴 회고록에 따르면 홍위병이 언제 쳐들어와서 부르주아적 취미라고 공격할지 몰라 화단의 꽃도 다 뽑아버리고 담벼락엔 혁명 구호로 도배를 했으며 외출할 때는 꼭 《모 주석 어록》을 끼고 다녔다. 총리 공관에 살던 덩잉차오도 자신들이 여성의 지위 향상을 위해 만들고 여러 사업을 해온 부련이 와해되는 상황에서 힘을 쓸 처지가 되지 못했다. 쑹칭링이나 허샹닝 같은 여성계 원로가

홍위병의 습격을 받지 못하도록 막아주는 것이 고작이었다. 게다가 문혁 말기에는 4인방이 직접 남편 저우언라이 총리를 겨누어 공격하는 분위기였다.[49]

이런 상황에서 부련의 지도급 인물인 차이창과 덩잉차오, 캉커칭 세 사람의 여성 관련 글을 선별해 모은 책[50]에 셋 모두 1965년부터 1977년 8월 사이에 발표한 글이 한 편도 없는 것은 어찌 보면 당연한 일이었다. 중앙의 부련뿐 아니라 각 지역의 부련 조직도 활동이 정지됐다. 신중국 수립 이후 17년간 차이창과 덩잉차오 같은 여성 원로 공산당원의 지도 아래 여성운동의 전성기를 맞이했던 시기에 공산당의 지침에 따라 여성 사업에 헌신해온 여성 간부 상당수가 박해의 대상이 됐다.

그녀들은 자신들의 '오류'를 교정하기 위해 처음에는 집중 학습을 받다가, 나중에는 공장으로 하방되어 노동자로서 자신을 개조하거나 농촌의 '5·7간부학교'에 가서 노동을 통한 재교육을 받아야 했다. 특히 4인방 중에서도 가장 영향력이 컸던 장칭은 일찍이 1930년대 상하이의 연극, 영화계에서 활동하던 조연급 배우였다. 옌안에서 마오쩌둥과 장칭이 결혼할 때 공산당 고위 당원들이 장칭에게 정치에 참여하지 말 것을 조건으로 내세웠다고도 하는데, 그동안 정치 일선에 나서지 않았던 그녀가 문혁 기간에 특히 문예계를 좌우하게 되면서 장칭과의 사적 은원 관계에 따라 희생된 여성 지식인과 문인, 예술가도 생겨났다.

---

[49] 문혁 과정에서 마오쩌둥에 이어 2인자로 올랐던 린뱌오가 모반을 일으키다 발각돼 소련으로 망명하는 길에 비행기 추락으로 죽은 뒤 린뱌오를 비판하는 비림비공批林批孔운동을 4인방이 일으켰다. 이때 비공의 공자 비판 부분은 저우언라이를 겨냥한 것이었다.

[50] 《蔡暢 鄧穎超 康克淸 婦女解放問題文選》으로, 1987년에 출간됐다.

무엇보다도 극단적인 자본주의적 생산에 대한 혐오를 여성 대중에게 심어주어서 지금까지 국가의 부강과 자신의 경제적 지위 향상을 위해 노동해온 여성이 혁명을 노동보다 우선으로 여기게 됐다. 문혁이 진행되어가면서 혁명위원회라는 전적으로 새로운 조반파 중심의 권력기구가 생겨나 지역 부련 조직의 간부로 있던 여성은 혁명위원회 산하의 군중운동 관련 기구로 들어갔다. 이들 기구는 남녀 구분이 전혀 없었으므로 여성 사업을 할 기구도 인물도 없어진 셈이었다.

보다 많은 여성을 사회적 노동으로 이끌어내기 위해 만들었던 탁아소와 유아원 같은 아동 보육시설이 파괴되고 다른 용도로 사용되면서 전국의 보육시설은 대폭 줄어들었다. '가난할수록 혁명적이고 부유하면 수정주의자'라는 구호 아래 여성의 생산노동과 그를 통한 생활수준 향상 욕구가 반혁명적 사고방식이라고 내몰리는 상황에서 노동의욕은 떨어져만 갔다. 그렇지만 한편으로는 남녀의 절대 평등 속에 여성은 험난한 상황에서 고강도의 노동을 강요받았고, 심지어 70~80대의 할머니까지 야외 노동으로 내몰렸다. 이 과정에서 신체에 과부하가 걸렸지만 그에 대한 비판은 훗날에나 나오게 된다.

여성을 혁명에 동원했다 하여 중국 밖의 여성 연구자에게 부정적인 평가를 면치 못하는 부련의 기능마저 사라지면서 여성 문제는 아예 실종되고 말았다. 마오쩌둥의 병사라는 자부심을 가지고 연장자를 박해하고, 때로는 반혁명분자로 몰린 배우자나 부모와 공개적으로 이혼/절연을 표명하면서 사회의 가장 기본 단위인 가족마저 해체되고 사회질서가 뒤흔들리는 속에 역설적인 상황이 벌어졌다. 즉 문혁 후기에 접어들

문화대혁명의 주역
장칭江靑 (1914~1991)

산둥 성 출신으로 본명은 리진李進이다. 1930
년대 초 진보적 지식인과 교수들에게 영향을
받아 반일학생운동에 참여하는 등 활동하다
가 1932년에는 좌익극작가연맹에 가입하고
이어 공산당에 들어갔다. 입센의 희곡《인형
의 집》의 주인공 노라 역을 맡아 열연하면서
연극계에 이름이 알려졌고 영화배우로도 활
동했다. 그동안 급진적 성향의 지식인, 영화
평론가, 극작가 등과 몇 차례 동거, 결혼 생활
을 하다가 1937년 중일전쟁이 전면적으로 일
어나자 공산당의 근거지 옌안으로 가면서 장
칭이라는 이름으로 활동하기 시작했다. 그때
까지 그녀의 행적은 5·4운동기에 여성해방과
구국을 추구하던 신여성의 모습이었다.

1940년경 옌안에서, 장칭

그러나 옌안에서 1938년 마오쩌둥과 결혼하
면서 장칭의 삶은 변곡점을 맞이한다. 항일전쟁기와 내전기를 거쳐 신중국 수립에 이르
기까지 장칭은 마오쩌둥을 보좌하면서 문예 사업을 지도했다. 하지만 정치에는 나서지
않았다. 신중국 수립 이후 장칭은 영화계를 비롯한 문화 분야에서 '혁명'의 잣대로 작품과
문화계 인사들을 비판하기 시작했다. 그리고 결국 1966년부터 개시된 문화대혁명의 주
역으로 정치의 전면에 나섰다. 장칭을 비롯한 4인방은 문화대혁명 초기 마오쩌둥의 지지
를 받았지만 후기로 가면서 신임을 잃게 되고, 결국 마오쩌둥 사후에 체포되고 말았다. 재
판정에서도 당당했던 그녀는 사형을 면하게 됐는데도 1991년 스스로 목숨을 끊었다.
현재 장칭에 대해서는 문화대혁명 자체가 동란으로 규정돼 있기도 하고 개인적으로도 그
녀와의 악연 때문에 희생된 인사들이 많은 등 그녀의 삶 자체가 권력의 화신으로 여겨져
부정적인 이미지 일변도인데, 시간이 흐르면 그 나름대로 '프롤레타리아 혁명'에 대한 신
념을 가진 혁명가로서의 면면에 대한 고찰도 가능해질 것이다.

면서 문혁을 통해 그토록 청산하고자 했던 낡은 풍습이 오히려 음성적으로 커져간 것이다.

주로 궁벽한 농촌에서 가장이 자녀의 결혼을 주관하는 포판혼 내지 매매혼이 등장하고 조혼도 유행했다. 여성이나 어린이를 유괴해 팔아먹는 범죄자도 횡행했고 성폭행이나 윤간 사건은 해가 갈수록 늘어났다. 문혁의 혼란 속에 사람들의 생각이 통째로 뒤흔들리고 여성 문제가 실종돼 여성 교육을 주관할 사람이 없어지면서 일부 젊은 여성은 이상과 희망을 잃었다. 심지어 문혁 후기에 오면 농촌의 젊은 여성이 집단적으로 자살하는 사건도 일어났다. 문혁으로 여성 문제가 실종되면서 그동안 여성계가 국가의 지원하에 마련한 여성 및 아동 보호 장치가 없어진 것이야말로 문혁이 여성에게 미친 가장 큰 해악이었다.

여성의 성에 대한 시선과
여장부(女强人)의 비자발적 독신

✏ 신중국이 건설되고 문혁이 끝날 때까지 27년간 중국에서는 1950년의 혼인법 반포로 많은 여성이 축첩의 해악이라든가 팔려가는 결혼에서 해방됐다. 또 창기제도의 폐지를 통해 기녀는 노동자로 '개조'되어 사회의 주인공인 노동자가 되거나 결혼하여 과거와 같은 기생충 취급을 받지 않게 됐다. 이 모든 것은 여성이 국가의 동원에 적극 참여하게 되는 하나의 동인이 되기도 했다. 그런데 어느 사회 혹은 역사에서든 정치, 사회, 경제의 혁명보다 더 어려운 것은 사람들의 통념, 즉 문화와 사상의 혁명이다. 중국의 경우 짧은 시간 안에 모든 것을 뒤바꾸고자 했기 때문에 어떻게 보면 더욱 부작용이 컸다.

마오쩌둥이 문혁을 통한 청산 과제로 내세운 네 가지 낡은 것이 사상, 문화, 풍속, 습관이었던 것만 봐도 신중국 수립 이후 문혁이 본격 발동하는 1966년까지 17년간 구시대의 낡은 통념이 얼마나 뿌리깊이 잔존해 있었는지를 알 수 있다. 국공내전에서 국민당의 부패와 민심 이반덕에 승리를 거둔 면이 있는 것도 사실이기에 공산당은 권력을 잡은 후 당의 부패 방지에 각별히 주의했지만 이미 공산당원과 그 가족의 특권 계급화 경향이 나타났다. 예컨대 장룽의 경우 아버지가 빈민 출신의 원로 공산당원이라 고향인 쓰촨 성에 돌아와 고위 간부가 될 수 있었고, 그 덕에 장룽의 가족은 무장한 군인이 경비하는 특별한 아파트(직급에 따라 평수가 달랐다) 단지에 살았다. 또 중학교 진학 시 성적 못지않게 가족 배경을 고려했기에 장룽은 가장 좋은 중학교에 입학할 수 있었다. 그녀 스스로 나중에 토로했듯이 장룽은 계급과 특권을 당연한 것으로 받아들이며 성장했다.

그래도 장룽은 고위 간부의 딸이었지만 아버지의 철저한 교육이 있었기에 일하는 요리사나 경비원, 운전기사라 하더라도 연장자에게는 예의바르게 대했다. 하지만 그런 경우는 소수였다. 고위 관리의 자녀는 이전 시대의 고관 자제가 그러했듯이 특권을 마음껏 누렸고, 오만불손하기가 이를 데 없었다. 삼반, 오반이나 반우파투쟁 같은 여러 차례의 정치운동을 거치면서 과거 지주나 국민당 관련 인물, 부르주아 등 이른바 혁명에 적대적인 계급이 사라진 뒤 문혁이 다시 발동된 것은 집권 공산당이 초기의 헌신적 자세를 버리고 특권을 향유하는 계급으로 올라섰기에 '영구 혁명'이 필요하다는 마오쩌둥의 판단에서 비롯된 것이기도 했다.

그런데 문제는 문혁이 마오쩌둥에게 충성을 다하는 파와 그렇지 않은 파로 나뉘어 혁명 세력과 반혁명 세력 간의 싸움이 아니라 파벌 싸움이 되어 헝클어졌듯이, 전 사회에서 혁명과 반혁명 사이의 경계가 모호해지면서 때로 사적인 은원 관계에 따른 혼란과 폭력이 만연했다는 사실이다. 낡은 것을 청산하는 대신 오히려 낡은 관행이 무질서 속에 슬그머니 싹튼 것도 앞서 언급한 대로였다. 이런 상황에서 신중국 17년간

제 나름대로 '해방'된 여성이 엄청난 희생을 치르게 됐다. 사실 신중국은 건국 이후 여성을 하늘의 절반을 떠받드는 존재로 부각했지만, 넓은 중국 천지에서 여성비하적인 통념이 하루아침에 사라지지는 않았다. 아주 사소한 예지만, 충칭의 한 가난한 산동네에서 남자 변소는 여자 변소보다 두 배나 컸는데, 남자는 이것을 자랑거리로 여겨 "여자는 태어나면서부터 제 주제를 알아야 한다"라고 말하곤 했다.

여성 비하는 수면 위로 떠오르기 힘든 문제인 성적인 면에서 가장 강고하게 남아 있었다. 우선 혼인법을 통해 남존여비적인, 일부다처제적인 축첩 등은 모두 부정됐지만, 현실적으로 남녀의 연애나 성애에서는 남성 중심적 사고가 여전히 만연해 있었다. 단적인 예로 자오수리趙樹理의 작품을 들여다보자. 자오수리는 문예가 혁명에 봉사해야 한다는 마오쩌둥의 문예 이론에 가장 충실하게 접근해 문학의 대중화에 기여했다는 평을 받는 유명한 남성 작가다. 그의 작품 중《샤오얼헤이小二黑의 결혼》은 신중국에 들어와 공산당에 의해 해방된 여성을 그렸다고 하여 전국적인 유명세를 탄 것이다. 그런데 여기서 젊은 남자를 좋아하는 중년 여성을 바라보는 작가의 시선에는 아주 시니컬한 태도가 드러난다. 또《맹상영의 해방孟祥英飜身》이라는 작품에서도 젊은 시절 남성과 쉽게 교제하는 여성에 대한 반감이 드러난다.

또 해방된 창기에 대한 경멸감도 일반인 사이에서는 쉽게 사라진 것이 아니었다. 앞서 언급한 쓰촨 성 충칭에 살던 홍잉의 이웃 중에는 아기를 낳지 못해 남편에게 두들겨 맞으며 사는 장張씨 아줌마가 있었다. 그녀는 창기 출신으로 남편이 큰돈을 내고 사왔다는 소문도 있고, 신중국 수립 이후 기녀를 수용할 때 남편이 (돈 한 푼 들이지 않고) 결혼한 것이라는 소문도 있었다. 또 아이가 없는 건 창기 생활의 후유증이라는 소문도 있었다.[51] 어쨌든 미모의 장씨 아줌마는 이웃과 거의 왕래도 하지 않고 남편에게 잦은 구타를 당하면서도 반항 한번 하지 못하고 죄인처럼 살았다.

그런가 하면 난징에 살던 작가 장리자의 외할머니는 어려서 부모를 잃고 창기 생활을 하다가 외할아버지의 첩으로 들어왔다. 혼인법이 반포되면서 축첩이 폐지되자 외할아버지가 본부인을 고향에 둔 채 다른 지역으로 이주해 첩이었던 외할머니와 함께 부부로 살았다. 그러나 1968년 외할아버지가 돌아가신 뒤 본부인과 자녀들이 찾아와서 외할머니가 창기 출신이라는 사실이 동네에 소문나게 됐고, 결국 동네 사람들의 눈총을 견디지 못해 다시 난징으로 이사를 했다고 한다. 국가와 부련이 창기를 해방했어도 일반인은 일단 창기 출신 여성에게 여전히 경멸감을 표했던 것이다. 과거 축첩제하에서 축첩을 하는 남성은 능력자로 보면서 첩을 비롯한 매춘 여성은 경멸하던 것과 본질상 다를 것이 없지 않은가.

여성은 또 비록 사회적 노동자가 되어 국가와 사회의 대접을 받았지만 성 문제에서는 여전히 수동적이고 비난의 대상이었다. 대약진기 생사의 갈림길에서 석 달씩이나 집에 돌아오지 않는 남편 대신 자기 먹을 거리를 나눠주고 아이들을 돌봐주던 청년과 홍잉의 어머니가 어쩌다

---

51 창기 출신 판위량의 일생을 그린 영화 〈화혼〉에는 첫 손님을 받게 된 창기에게 불임약을 복용시키는 장면이 나오는데, 그로 인해 판위량은 평생 임신을 하지 못했다고 한다.

불륜에 빠졌을 때 가족과 이웃의 지탄은 온전히 홍잉 어머니의 몫이었다. 어머니는 평생 자식 모두에게 떳떳하지 못해했다.

또 국가도 여성의 성 문제에는 남성의 성 문제만큼 배려하지 않은 면이 있었다. 성에 대한 여성의 수동적인 태도와 국가 정책의 불균형을 잘 보여주는 것은 1950년대와 1970년대 말 두 차례에 걸쳐 일어난 독신 붐의 유행이다.[52] 먼저 1950년대에는 이혼한 여성이 재혼을 하지 않아 독신 여성이 많이 생겼지만, 그것은 개인의 선택 문제일 수 있었다. 정부의 관심을 끈 것은 군인 출신으로 전역해서 집단적으로 황무지 개간 등에 투입된 남성 노동자 집단의 독신 문제였다. 당시 전역 후 둥베이 지역 등의 관영농장에서 황무지 개간에 투입된 남성 노동자 집단이 안정적으로 농업 생산과 건설에 종사할 수 있도록 정부는 이들을 결혼시키려 노력했다. 그래서 후난 성과 산둥 성 등지에서 젊은 여성을 모집해 이 지역으로 보내 함께 건설에 참여하도록 독려했다. 이들 여성은 농장 간부들의 중매를 통해 연애하고 결혼해서 가정을 일구고 그곳에서 살았다.

그런데 1970년대 말 도시로 귀환한 이른바 지식 청년 여성은 지금까지 비자발적 독신 생활을 계속하는 경우가 많다. 문혁기 이전에도 정부는 도시 청년들을 농촌으로 보내 농민에게 배우며 혁명적인 생산 활동에 종사하도록 격려한 적이 있었고, 이렇게 해서 일찌감치 농촌으로 내려간 청년들이 있었다. 그러나 이들은 극히 소수였고 사회문제가 되지

---

52 이후 1990년대 중반에도 제3차 독신 붐이 있었지만, 이 경우는 개혁개방 이후 개인의 선택에 의한 독신이므로 1, 2차와 성격이 다르다.

않았다. 그런데 문혁이 발동한 시기에는 마침 1950년대에 출산 장려로 태어난 많은 젊은이에게 직업을 배분하기 힘들어진 데다 학교도 문을 닫아 이들의 진학이 불가능해지자 상산하향운동을 대대적으로 펼쳐 이들을 농촌으로 밀어낸 것이다.[53] 그 후 문혁이 끝나고 이들 중 대다수가 고향인 도시로 돌아오게 됐는데, 이때 남녀 지식 청년 사이에 결혼을 둘러싸고 큰 격차가 벌어진다. 본래 혼인법에 따르면 결혼 연령은 남성 20세, 여성 18세 이상이었다. 그런데 이들이 농촌으로 내려간 뒤 1970년대에 들어 인구의 폭발적 증가를 막기 위한 산아제한의 필요성이 대두됐고, 정부는 만혼 정책을 내세워 남녀 모두 25세 이상, 특별한 경우 남녀 합친 나이가 50세 이상이면 결혼할 수 있게 혼인법을 바꾸었다.

사실 도시에서 학교를 다니다가 하루아침에 가족과 이별하고 궁벽한 시골로 내려가 굶주림 속에 맨손으로 황무지를 일구다시피 해야 하는 농촌 생활은 소수의 열정적인 젊은이 외엔 견디기 힘든 삶이었다. 이 생활에서 벗어나려면 도시 노동자가 되거나 대학에 진학해야 하는데, 정부는 25세 미만 미혼자에 한해 대학이나 도시 공장에 취직할 수 있도록 했기 때문에 하방된 젊은이는 25세까지 결혼을 하지 않으려 했다. 그러던 것이 문혁 중후기부터 뇌물 수수와 권력을 이용해 도시 노동자가 되거나 진학하려는 분위기가 생기면서 사회적 불만 사항으로 떠올랐다. 결국 1970년대 말에는 1000만 명에 달하는 젊은이가 도시로 돌아왔다.

그 후 1980년에 새로운 혼인법이 반포됐는데, 만혼 정책이 수정되어 남

---

53 1966년에서 1968년까지는 중고등학교 졸업생 중 90퍼센트가 하방됐다고 한다.

하방된 젊은 여성. 이들 중 도시로 돌아온 뒤
비자발적 독신 여성이 된 경우가 많았다.

성 22세, 여성 20세로 결혼 연령이 낮아졌다. 그러자 그동안 도시로 돌아
오려는 일념으로 결혼을 늦추었던 지식 청년 여성은 결혼 시장에서 불
리한 처지에 놓이게 됐다. 남성은 어린 여성과 결혼할 기회가 있었지만,
연령이 높아진 여성은 뒷전으로 밀리게 됐기 때문이다.

　이것은 단순히 연령상의 문제만이 아니었다. 무엇보다 큰 문제는 그
동안 신중국이 이상적인 여성으로 형상화한 여장부, 이른바 뉘창런女强
人에 대한 반감이 커진 것에 있었다. '남성이 할 수 있는 일은 여성도 할
수 있다'든가, '하늘의 절반을 떠받든 여성'이라는 구호 아래 여성은 자
립심이 강하고 굳센 여장부로 양육됐다. 이런 여장부의 형상은 문혁 시
기 절정에 달했다. 그런데 문혁이 끝나자 문혁기의 상처를 고발하는 작

품 등에서 똑똑하고 일 잘하는 여장부의 활약상을 부정적으로 그리면서 눌려왔던 남성의 분노가 엉뚱하게도 전통적인 여성 선호라는 방식으로 표출됐다. 즉 남성은 자신보다 학벌이나 지위가 높거나, 심지어 동등한 여성도 결혼 기피 대상으로 여겼다. 게다가 그들은 성격까지 온순한 여성을 요구했다.

어려서부터 공공 영역에서 활동하며 자립적이고 군센 여장부로 살도록 교육받았던 지식 청년 여성은 이런 상황이 되자 결혼 시장에서 밀려나 비자발적 독신을 취할 수밖에 없었다. 특히 사적인 영역에서는 여전히 여성이 먼저 적극적으로 남성에게 구애한다든지 하지 않고 부도를 지켜야 한다는 유교적 가르침이 남아 있는 상태에서 많은 지식 청년 여성이 독신 붐이라고 할 정도의 사회적 현상의 주인공이 되었음에도 이들 여성에 대한 배려는 정부, 사회, 심지어 가족 가운데서도 찾아볼 수 없었다.[54]

그렇다면 사회적 노동자로서 여성의 지위 향상과 사적 공간에 여전히 남아 있는 남녀차별의 상황에서 맞이하게 된 개혁개방은 여성의 삶에 어떤 변화를 가져왔을까?

---

54 12년 가까이 농촌에 하방됐던 지식 청년 여성 출신 학자 거룬훙葛倫澒은 정부가 미혼 여성에게는 주거지 분배도 해주지 않았고 집안에서는 결혼해 분가한 남동생들 대신 노부모를 모시고 조카들을 양육하는 책임을 지웠다는 구체적인 사례를 들어가며 사회에서도, 가정에서도 고립된 채 외로운 독신 노인이 된 지식 청년 출신 여성을 지금이라도 배려해야 한다고 주장한다.

3

개혁개방 속 여성 삶의 양달과 응달

부련 조직의 부활과
여성 문제의 환기

／ 문화대혁명이 사회질서를 혼란 속으로 몰고 간 정점은 1966년부터 1968년까지였다. 수시로 베이징을 떠나 문혁을 지휘하던 마오쩌둥 대신 베이징의 정부를 지키며 실제 업무를 총괄하던 저우언라이는 문혁이 점점 과열되자 힘이 닿는 한 피해를 줄여보려 애썼다. 특히 마오쩌둥에 이어 2인자로 급부상한 린뱌오가 죽은 1971년 가을부터는 저우언라이가 정무를 주관하면서 미국을 비롯한 서방 세계와의 외교 회복, 경제 발전, 군중단체 재건에 주력하기 시작했다. 이런 분위기에서 일부 지역에서는 부련 조직이 재건되어 여성 문제를 해결하려는 조사 연구가 시작됐고, 여성 야학을 세우는 등 여성 문제가 다시 전면에 떠올랐다.

4인방의 공격을 받던 저우언라이가 중병 끝에 마오쩌둥보다 8개월가량 앞서 1976년 1월에 사망하면서 부련과 4인방 사이에는 긴장감이 감돌았다. 그동안 정간됐던 기관지 《중국부녀》를 시범적으로 재개한 시간호試刊號가 나온 뒤 저우언라이의 사망 소식이 알려지자 부련 측에서는 잡지에 저우언라이의 사진과 덩샤오핑의 추도사를 끼워 넣어 전국에 발송했다. 그러자 4인방 측은 이 잡지를 회수하라고 명령해 각축이 벌어졌는데, 바로 이런 상황에서 4월 들어 이른바 제1차 천안문사건이 일어났다.

예로부터 중국에서 청명절(4월 4, 5일경)은 돌아가신 조상을 기리는 날
이다. 1월에 죽은 저우언라이는 4인방의 방해로 제대로 추모회를 열지
도 못했기에 청명절을 기해 천안문 광장으로 쏟아져 나온 시민들이 자
발적으로 저우언라이를 추모하면서 4인방을 비판하는 목소리가 터져
나온 것이었다. 이 제1차 천안문사건 때 수많은 여성이 달려 나간 것은
4인방으로 상징되는 문혁에 대한 거부의 움직임이었다. 그리고 우여곡
절 끝에 1976년 10월 4인방이 체포되고 덩샤오핑이 권좌에 올라 1978
년 12월 그 유명한 중국공산당 제11기 3중전회(제11차 전국대표대회 중앙위
원회 제3차 전체회의)를 열고 개혁개방과 4대(농업, 공업, 국방, 과학기술) 현대화
노선을 세우면서 부련은 다시 활성화됐다.

1978년에야 그동안 부련의 주석이었지만 여성 사업에서 손을 놓을
수밖에 없었던 원로 여성 당원 차이창은 명예주석으로 추대되고 캉커
칭이 4기 주석으로 선출된 뒤 5기까지 연임했다. 명칭도 1978년에는 중
화전국부녀연합회로 바꾸었다. 명칭 변경은 정세 변화와도 맞물려 있
다. 즉 1957년의 반우파투쟁을 거치면서 '민주'라는 수식어가 사라지고
중화인민공화국부녀연합회로 개명됐던 것이 다시 중화인민공화국 대
신 중화전국으로 바뀐 것이다. 비록 민주라는 용어는 여전히 없지만 적
어도 '전국'이란 표현 속에 그동안 박해받다 복권된 숱한 여성을 아우
르겠다는 의지가 읽힌다.

부련의 재건은 사회주의 혁명으로 무조건 여성 문제가 다 해결됐다
는 식의 그동안의 언설이 오류임을 입증해주었다는 점에서도 의미심장

한 일이었다. 재건된 부련은 여성을 4대 현대화, 곧 사회주의 현대화 건설의 역군으로 다시 불러내는 것을 주요 임무로 내세웠다. 즉 중국공산당 제11기 3중전회가 열리기 몇 달 전인 1978년 9월에 열린 중국 부녀 제4차 전국대표대회에서 캉커칭은 4대 현대화 사업과 여성은 서로를 필요로 한다는 취지의 구호를 내걸었다. 그리고 재건된 각지의 부련은 여성 대중을 향해 4대 현대화에 동참하도록 요구했다.

부련은 개혁개방기에 일단 전국과 지역의 부련 조직을 튼튼히 정비하고 각종 간행물을 펴내면서 농촌과 도시의 여성을 지도해 생산력을 제고함으로써 오늘날 중국이 강대국의 반열에 오르는 데 큰 기여를 했다. 부련은 문혁기에 끊어졌던 외국 여성단체와의 교류는 물론이고 유연한 개방 정책에 힘입어 타이완 등과도 교류하는 등 전 세계 여성계와 교류하고 있다. 1995년 제4차 세계여성대회가 베이징에서 열리게 되는 데도 큰 작용을 했다. 현재 산하에 무려 40여 개의 여성 전문학교가 있는 등[55] 부련은 여성계에서 가장 영향력이 크다. 개혁개방이 시작된 1980년대에 들어온 외국의 여성학 연구를 수용해 여성 문제를 연구하도록 자극을 준 것도 부련이었다. 그리고 개혁개방으로 인해 여성계에 초래된 부정적인 영향을 해소하기 위해 지금도 문제 해결에 애쓰고 있다.

부련은 비록 관변 단체로서 가지는 한계가 없는 것은 아니지만, 어쨌든 부련의 재건으로 여성 문제가 환기된 것은 신중국 이후 여성의 역사에서 중요한 전환점이 된다. 즉 과거에는 여성이 국가와 당에 의해 사

---

55 그중 대표적이고 가장 큰 4년제 대학은 중화여자학원이다.

회적 노동자로 불려나오면서 지위가 향상됐다는 식의 단일한 언설뿐이었는데, 여성 문제가 본격적으로 논의되면서 신중국 건설 이후에도 여전히 남아 있는 여성 문제를 현실에 입각해 어떻게 해소할 것인가 하는 방향으로 나아가게 됐기 때문이다.[56] 예컨대 부련은 여성의 자질 교육에 앞장서 농촌과 도시의 여성 교육에서 노령화에 따른 여성 평생교육에 이르기까지 노력하고 있다. 또 '가정폭력반대법'이라든가 여성 관련 성희롱 문제와 관련된 입법화에도 힘쓰고 있다.

이제 개혁개방기에 드러나기 시작한 여성 문제를 우선 경제적인 면에서부터 살펴보기로 하자.

---

[56] 2005년 부련은 여성 권익 보호를 강화하기 위해 1992년에 제정됐던 여성권익보호법의 수정안이 제17차 전국인민대표대회에서 채택되도록 활동했다. 내용은 남녀평등 외에 개혁개방이 진전돼가면서 침해되기 쉬운 여성 권익을 보호한다는 것이다. 2005년 당시 부련의 직원은 전국에 5만 명, 베이징의 중앙부련 직속 산하 직원만도 2000명이었다.

4대 현대화 정책과
경제력 격차에 따른 여성 문제

✎　개혁개방을 통한 4대 현대화란 덩샤오핑의 선부론先富論, 곧 누구든지 먼저 부자가 되면 국가가 부강해져서 분배도 나아진다는 말에서도 알 수 있듯이 계급투쟁보다는 생산력 증강을 우선시하는 정책이었다. 파이를 우선 키운 뒤에 나누자는 이 정책은 대약진기에 기아의 참상을 겪고 류사오치와 덩샤오핑이 잠시 시도했던 경제 조정 정책의 연장선상에 있었다. 아니, 그보다 훨씬 더 확장된 것이었다. '중국 특색의 사회주의 경제'라든가 '사회주의 초급 단계',[57] '사회주의 시장경제'라는 식으로 온갖 표현에 사회주의가 들어 있었지만, 실제로는 자본주의적 성격이 훨씬 강하게 드러났다. 개혁은 궁극적으로 시장경제와 자본주의의 방향을 취했고, 개방은 폐쇄적인 자력갱생 대신 국제시장에 참여하는 것을 의미했다. 그래서 개혁개방기에 여성이 겪어야 했던 문제 중에서도 경제적으로 가장 큰 것은 계층 분화 문제였다.

일단 개혁개방으로 가장 먼저 수혜를 받은 것은 동남 연해와 양쯔 강

---

57 1981년 중국공산당 제11기 6중전회에서부터 명시된 개념으로, 아직 중국이 사회주의의 초보적인 단계에 있다고 함으로써 자본주의적인 사영기업, 주식회사를 합법화했다. 이런 초급 단계를 거쳐 고급 단계에 들어서면 본격적인 사회주의 사회로 나아가겠다는 설명인데, 현재로서는 사회주의로 나아갈 전망은 없어 보인다.

연안의 경제특별구역, 개방도시들이었다. 그리고 이들 지역에 가까운 농촌 지역도 중국의 숱한 농가 중에서 가장 앞서서 부를 축적할 수 있었다. 문혁이 끝난 후 농촌에서는 인민공사가 해체되고 농지를 분할해 개별 농민이 소유권에 가까운 경작권을 갖게 됐다. 개별 농가 책임하에 생산 활동이 이루어지고 자유시장이 부활하면서 농민은 가족 단위 농사 속에 부를 향해 경작 의욕을 불태웠다. 능력에 따라 차등 임금을 지불하는 향진鄕鎭 기업이 농촌에 건설되면서 농촌에서도 큰 부를 축적하는 농민이 생겨났다.

그러나 개혁개방의 수혜를 받기에는 너무 오지의 빈궁한 농민은 상당수가 도시로 나와 힘든 노동에 종사하는 민공民工이 됐다. 단순한 도농 격차의 문제가 아니라 개혁개방의 수혜 여부와도 복잡하게 얽혀 전체적으로는 '부농'과 풍요 속의 빈곤으로 더 고통스러운 상황을 맞게 된 '빈농'으로 계층이 분화됐다. 이런 상황에서 부를 축적하게 된 농가의 여성은 자신의 기술과 문화 수준을 높이면서 사회적 지위 또한 높아지는 수혜자가 됐다. 물론 이들의 경우에도 인민공사 같은 대규모 집체 노동으로 한때 남편의 직접적인 권위에서 벗어났지만, 점차 가족이 경제 단위로 바뀌면서 가부장적 남성의 권한이 강화되는 그늘진 면이 없지는 않았다.

그래도 도시의 민공으로 남편을 내보내고 자식과 함께 절대 빈곤 속에 거지로 전락하거나 도시에 남편과 함께 나와 변두리에서 빈민 생활을 감수했던 여성과는 비교할 수 없이 여유로운 처지였다. 개혁개방기에 도농 격차와 아울러 농민 간에도 계층 분화가 일어나면서 여성 역시 계층 분화의 흐름에 편입된 것이다. 그래서 도시에 남편과 함께 민공으로 나가 고생하다가 기술을 배워 고향으로 돌아와 양말 공장, 곧 향진 기업을 차려 부자가 된 저장 성의 한 아주머니 집에는 자기 월급이 얼마인지도 모르는 이웃 성의 농촌 처녀들이 노동자로 와서 일하는 고용 노동자의 모습이 보이기도 했다. 또 아들을 교육하기 위해 10대 초반의 딸을 도시에 입주 가정부(보모)로 내보낸 시골 아주머니도 있었다. 1993년 통계에 전국 261만 명의 미취학 학령 아동 중 3분의 2 이상이 여아였다는 것을 보면[58] 계층 분화의 가장 밑바닥에는 여성이 있었음을 알 수 있다.

개혁개방은 도시와 도시 여성에게도 큰 변화를 가져왔다. 중앙과 상급 기관에 집중됐던 경제활동의 권한이 지방과 하급 기관으로 내려왔다. 이윤을 내지 못해도 정부가 국고로 보조해주던 국영 기업 일변도가 아니라 외자 기업, 외국과의 합자 기업, 개인 기업 등 다양한 민영화 기업이 나타났다. 개혁개방의 흐름에 적응해 살아남은 국영 기업도 있었지만, 그렇지 못한 경우에는 공장이 문을 닫고 노동자가 실업자(말로는 임시 실업, 즉 샤강下崗이라 했지만 실제로 복직되기는 힘들었다)로 내몰렸다.

기업의 구조조정에서는 일단 여성이 남성보다 더 많이 해고됐다. 가장인 남성의 실업보다 여성의 실업이 가계에 충격이 적다는 통념이 여기서도 보인다. 또 새로 생겨난 기업은 성차별 금지나 여성 보호 같은 규제를 따르지 않기도 하고 여성 노동자를 아예 고용하지 않기도 하는

---

[58] 이런 문제를 해결하기 위해 부련과 중국 유니세프가 기금을 마련해 여아에게 의무교육을 받도록 했는데, 이를 일러 춘뢰春蕾 계획이라 불렀다.

등 취업에서 여성은 불리한 상황이었다. 이에 정부는 각 지역정부로 하여금 여성 노동을 보호하는 법규를 제정하도록 촉구했다. 또 1988년에 국무원이 '여직공노동보호규정'을 반포한 것은 취업 시 여성 차별을 막아보려는 움직임의 일환이었다.

실업 문제가 첨예한 사회문제로 등장하면서 1980년대 후반 '여성은 집으로 돌아가야 한다'는 해묵은 논쟁이 일어났다. 일찍이 국민정부 시기인 1940년대에도 같은 주장이 나왔지만, 공산당은 근거지에서 여성의 노동력을 최대한 사회로 끌어내기 위해 애쓰는 중이었고 이는 신중국 수립 후에도 변함이 없었다. 그런데 개혁개방 이후 (효율성을 강조하다 보니) 남성 중심으로 노동력을 재편해 경제 건설을 하겠다면서 여성에게 전업주부로 돌아가라는 주장을 하니 당연히 여성의 반발이 컸다. 경제적 독립을 자립의 전제조건으로 생각하는 여성일수록 그러했다.

개혁개방 이후 여성의 실업 위기 상황에 그늘진 면만 있었던 것은 아니다. 개혁개방이 실시된 20여 년간 도시 여성의 지위를 연구한 자료에 따르면 여성 우선 해고와 고용 기피 등 위기 상황에서도 의외로 여성 노동자의 비율과 국유 기업의 여성 취업 비중이 높아졌고 가정에서 경제력을 가진 여성의 지위도 높아졌다. 이 연구는 또한 해고자의 절반 정도는 부서를 이동해 근무하게 하는 특유의 해고제도로 여성 해고가 생각만큼 많지 않았다는 점, 한 자녀 출산으로 동등한 교육을 받은 여성의 취업이 용이해졌고 또 출산 기간이 줄어 전업 노동자가 될 기회가 늘어났다는 점, 노동을 통해 사회의 일원이 되려는 여성의 강한 취업 욕구와 여성을 선호하는 새로운 직업이 등장했다는 점을 여성 지위 향상의 요인으로 꼽았다.

사실 소형 점포 창업 등 개체호個體戶로 방향을 바꾸어 더 큰 경제력을 갖게 된 여성도 있었다. 또 외자 회사나 외국과의 합자 회사에 근무하면서 남편보다 훨씬 높은 급여와 복리를 누리면서 가내 발언권이 높아진 여성도 있었다. 확실히 경제가 여유로워지면서 여성의 지위나 생활수준이 과거의 절대 빈곤 시절보다 높아진 것은 사실이다. 그러나 그 그늘에서는 실업 여성이 매춘 여성으로 전락하는 모습도 보이고, 경제 수준이 높은 집 여성을 대신해서 살림을 해주는 여성(보모)도 늘었다. 도시 여성 간에도 계층 분화가 상당 부분 진행된 것이다. 그리고 앞으로 자본주의화가 더욱 가속화되면 전체 여성에게 지위 향상을 보장하던 긍정적인 면을 상쇄하는 부정적인 면이 더 강해질 수도 있다. 그러므로 개혁개방기 이후 경제력 향상이 여성에게 미친 영향을 한마디로 단언하기는 어렵다.

이제 시선을 다른 쪽으로 돌려 개혁개방기에 바뀐 혼인법을 통해 결혼과 이혼이 이 시기 여성에게 어떻게 다가왔는지를 살펴보기로 하자.

새로운 혼인법,
감정적 이유에 따른 이혼과 여성

✎　1950년에 혼인법이 공포된 뒤 31년 만인 1981년부터 새로운 혼인법이 반포, 실행됐다. 1950년의 혼인법이 이혼법이란 별칭을 얻으면서 숱한 희생을 치르며 정착된 것과 달리, 1980년에 통과된 혼인법은 (남성의) 사회적인 반발이 크지 않았다. 그래도 부련은 법원 등과 함께 1981년 겨울부터 1982년 봄까지 도시와 농촌에서 새로운 혼인법을 선전했다. 혼인법이 새로 만들어진 것은 일단 첫 번째 법 제정 이후 30년의 세월이 흐르면서 중국 사회도 변화했기 때문에, 무엇보다도 개혁개방을 통해 바뀐 풍속도를 반영하기 위해서였다.

바뀐 내용으로는 우선 결혼 연령을 지난번 혼인법보다 남녀 모두 2세씩 올려 남성은 22세 이상, 여성은 20세 이상으로 하고, 부부가 가족계획(계획 출산)을 실행해야 한다는 새로운 규정이 생겼다. 또 데릴사위제를 명문화하고, 자녀에게 부모 중 어느 쪽의 성을 붙여도 무방하다고 하여 부계에서 부모 양계로 이행하게 했다. 혼인 연령 상승, 가족계획, 데릴사위제, 부모 양계의 채택은 모두 인구 억제책을 목표로 한 것이었다. 즉 아들만 집안의 대를 잇는다는 과거의 통념 때문에 아들이 태어날 때까지 자녀를 낳으려는 아들 선호에 제동을 걸어야만 한 자녀 낳기 정책이 정착될 수 있었던 것이다.

1950년대의 인구정책으로 늘어난 인구문제를 해결하기 위해서는 가족계획이 무엇보다도 시급했다. 자식을 많이 낳을수록 혁명적인 일꾼을 많이 생산하는 일이라고 격려 받아온 여성으로서는 끊임없는 출산과 육아, 가사노동이라는 다중의 노동에서 벗어날 수 있는 절호의 기회였다. 새 혼인법의 인구 통제 의도가 비록 여성의 이런 고통을 경감해주기 위해, 즉 모성보호를 위해 생겨난 것이 아니라 하더라도, 결과적으로 아들 선호에 제동이 걸리고 딸 하나인 가정이 도시에 많이 생겨나면서 모성보호와 여권 상승이 이에 수반됐다. 그러므로 이런 면에서는 1950년의 혼인법처럼 짧은 시간 안에 놀랄 만한 변화를 가져온 것은 아니라도 장기적으로는 여권 향상에 큰 보탬이 됐다.

새로운 혼인법에는 여성계가 무조건 환영할 수만은 없는 면도 있었다. 바로 이혼 문제가 그랬다. 즉 새 혼인법에서는 감정에 균열이 생겨 조정해도 효과가 없는 경우에는 이혼을 허가하도록 해 이혼의 번잡함을 해소했다. 사실 새 혼인법 반포 이후 1950년대에 못지않은 이혼 붐이 일어 제3차 이혼 붐이라고 불릴 정도였다. 제1차 이혼 붐이 일어난 1950년대에는 과거 부모 등에 의해 강제로 결혼한 여성이 이혼을 주도했다. 제2차 이혼 붐은 1957년의 반우파투쟁과 1960~1970년대의 문혁 기간에 일어났다. 우파나 반혁명으로 몰린 배우자로 인해 박해를 받지 않기 위해 남편이나 아내가 이혼을 신청했기 때문에 이혼 주도에 성별 차이는 없었다. 그리고 사랑이 식었다든가 하는 감정적 이유 때문이 아니라 다분히 정치적인 이유가 컸다.

그런데 제3차 이혼 붐은 배우자의 외도로 부부 사이에 사랑이 깨진 것과 같이 감정적인 이유가 있을 때 쉽게 이혼할 수 있도록 보장한 새 혼인법 때문에 일어난 현상이었다. 그리고 이 경우 남성의 이혼 요구가 더 많을 것이라고 예측됐기 때문에 부련의 일부 간부는 이혼 조항에 대해 비판적인 목소리를 내기도 했다. 여성계에서도 새 혼인법을 놓고 찬반 논란이 크게 일어났지만, 혼인법은 그대로 집행됐다. 과연 이 혼인법 이후 개혁개방 덕에 소득 수준이 높아진 남편들이 조강지처와 이혼하고 교육 수준이 높은 젊은 여성과 재혼하는 일이 늘었다.

새 혼인법이 반포될 즈음 시장경제의 발전에 따라 과거에 근절됐던 매매혼, 축첩, 유흥업소가 다시 등장하기 시작했다. 또 여성과 아동을 유괴해 파는 인신매매도 다시 출현해 여성의 성이 매매되는 악습이 되살아났다. 그래서 여성의 권익을 보장하는 법이 제정됐지만, 수단과 방법을 가리지 않고 돈을 벌고자 하는 천박한 배금주의와 부패가 사회를 휩쓸면서 '사회주의 정신문명'을 건설하자는 구호를 널리 내세워야 할 정도로 사회의 윤리가 뒤흔들렸다.

이런 분위기에서 1995년 혼인법을 개정하기로 하자 배우자의 권한을 보호하기 위해 혼외의 애인을 처벌할 것인가 하는 문제를 둘러싸고 맹렬한 논쟁이 공개적으로 이뤄졌다. 그러나 2001년 개정된 혼인법에 배우자의 권한은 명기되지 않았고, 부부가 서로 충실하고 존중해야 한다는 윤리 규정만 덧붙었다. 그리고 기혼자의 (배우자 외 사람과의) 동거 금지, 가정폭력 금지, 부부 재산 소유의 명확화, 이혼에 책임 있는 측의 배상 원칙, 이혼 후 자녀 면접권, 노인 권익 보호 등이 첨가됐다.

이 개정 혼인법에서 주목을 끄는 것은 가정폭력 문제가 혼인법 조항에 들어가게 됐다는 사실이다. 가정폭력은 1950년대 이후 중국이 근절하고자 애쓴 악습 중 하나였다. 대체로 남성이 가해자이고 여성과 자녀가 피해자였다고 생각되지만, 때로 시어머니가 며느리를 가해하는 경우도 있었기 때문에 가정폭력 근절은 며느리인 여성과 아동 권익 보호라는 면에서도 중요한 문제였다. 실제로 부련은 상습적 폭력 행사자인 시어머니나 남편을 '개조'하는 데 힘을 기울였다. 홍잉의 이웃 장씨 아줌마처럼 가난한 동네 골목에서는 여전히 남몰래 얻어맞고 사는 여성이 존재했는데, 공개적으로 아내를 구타할 수 없는 분위기였기 때문이다. 때로는 홍잉의 큰언니처럼 부부싸움에 아내가 칼을 들고 맞서기도 했기에 남편이 일방적인 가해자이고 아내가 피해자라고 보기 어려운 면도 있었다. 그리고 서로 폭력을 가하는 부부도 있었고, 때로는 아내가 일방적으로 폭력을 행사하는 경우도 있었다. 그렇지만 남편의 일방적 폭력과 그로 인한 아내의 피해가 역시 가장 중요한 문제였다.

1950년대의 혼인법에 없었던 가정폭력 문제가 반세기 뒤의 혼인법에 거론됐다는 것은 개혁개방기에 들어 여성을 보호하려는 새로운 방향이 보이는 것이 아닐까 싶다. 어쨌든 새 혼인법의 제정과 개정을 통해 결혼이나 이혼이 여성에게 미친 영향은 경제 문제와 마찬가지로 한마디로 간단히 결론을 내릴 수 있는 것이 아니다. 이혼의 경우 '능력 있는 남성의 재혼 대상이 된 여성' 대 '이혼당한 여성'으로 이해관계가 엇갈렸다. 사실 혼인법 문제보다 여성계에 더 절실한 영향을 미친 것은 되살아난 구사회의 악습이었다.

되살아난 구사회의 악습
: 매매 대상이 된 여성의 성

앞에서도 살펴보았듯이 문혁 후기에 들어와 사회질서가 무너진 틈에 가장이 자녀의 결혼을 주관하는 포판혼 내지 매매혼이 등장하고, 여성이나 어린이를 유괴해 파는 범죄 현상이 나타났다. 이는 성을 매매 대상으로 삼는, 여성에게는 악몽과도 같은 구사회의 악습이 되살아난 것이었는데, 개혁개방기에 들어 이런 현상은 더욱 확대됐다. 쓰촨 성 충칭의 구치소에 수감돼 있던 인신매매범 첸구이바오를 인터뷰한 글에는 가난한 농촌의 가장이 어떻게 해서 남의 딸을 유인해 팔아 이익을 챙기는 인신매매범이 됐는지 그 과정이 생생하게 드러난다.[59]

개혁개방이 시작됐지만 땅만 일구어 먹고사는 농부로서는 도저히 생계를 유지할 수 없자 첸구이바오는 도시로 나가 민공이 됐다. 북방의 외지로 노동일을 다니던 그는 여자가 부족해서 남자들이 10년 정도 피땀 흘려 모은 거금을 들여 결혼한다는 사실을 알게 됐다. 첸구이바오는 가난한 살림에 보탬이 되지 않는 딸들을 돈을 받고 결혼시켰다. 이를테면 구시대의 포판혼, 매매혼이 되살아난 셈이다. 그런데 돈을 받고 팔아버

---

[59] 이 인터뷰가 이뤄진 때는 1992년으로, 《저 낮은 중국》에 수록되어 있다.

린 딸들을 통해 그 마을에 인신매매범이 데려와 결혼해 사는 쓰촨 여자들이 있다는 이야기를 듣게 됐다. 그것도 자신이 사돈에게서 받은 돈의 갑절은 되는 돈에 팔려왔다는 이야기를 말이다. 첸구이바오는 이제 힘들여 노동하는 대신 고향 여자들을 도시의 그럴싸한 직장에 취직시켜준다는 말로 유인해 머나먼 북방 지역 인신매매 조직에 인계하는 일로 직업을 바꾸었다.

첸구이바오는 개혁개방이 시작됐지만 오지 산골에는 투자가 이루어지지 않아 여전히 생계가 어려운 농촌의 삶과 아울러 남편의 가부장적 권위를 당연시하는 농민의 사고방식을 보여준다. 그는 인신매매되어 강제로 결혼한 여자는 시간이 가면 체념하고 살게 마련이고, '마누라도 안 때리면 그게 어디 사내대장부인가'라는 구시대에나 들음 직한 발언을 서슴없이 한다. 1985년경 산둥 성에서 인신매매범 소탕이 이뤄졌을 때 한 현에서만 구출된 여성이 387명이고, 아동이 15명 그리고 붙잡힌 인신매매범이 369명이라는 통계를 보면 여성이 다시 살아난 성매매의 악습에 의해 얼마나 많은 희생을 치르고 있는지 짐작조차 하기 힘들다. 여성이 '해방'된 지 반세기 가까운 시간이 흘렀는데도 여전히 가난에서 벗어나지 못한 궁벽한 산골에서 여성은 기본적 인권조차 담보되지 않는 삶을 살고 있는 것이다.

인신매매 같은 극단적 방법에 의해 성매매를 피동적으로 당한 여성만 있었던 것은 아니다. 앞서 언급한 새 혼인법에서도 잠시 거론했듯이, 능력 있는 기혼 남성의 불륜 대상(애인)이 되는 경우는 사실 통계에도 잡히지 않는 고급 성매매라고 할 수 있다. 과거에 첩을 부르던 호칭인 '얼

나이二奶'가 이제 '애인'으로 불리면서 때로 조강지처와 이혼한 남자의 아내가 되기도 했지만, 계속 불륜 상태로 있는 경우도 많았던 것 같다. 2001년 개정된 혼인법에 혼외 동거를 금지하는 조항이 들어간 데서도 알 수 있듯이 이미 사회문제가 될 정도였다.

그 밖에 시장경제의 활성화와 더불어 도시의 유흥업소에서 다양한 형태로 성을 매매해 살아가는 여성도 생겨났다. 1983년 이후 거의 매년 경찰의 단속이 행해졌고, 1991년 우리나라 국회에 해당하는 전국인민대표대회의 상무위원회에서는 성매매를 강요하거나 성을 파는 사람뿐 아니라 사는 사람에게도 중벌을 내려 성매매를 엄금하겠다는 결정을 내렸다. 그리하여 1980년대처럼 번화가나 오락시설에서 매춘 여성이 공공연하게 손님을 유인해 성매매를 하는 방식은 사라졌다. 하지만 음성적인 성매매는 여전했다. 예컨대 개혁개방으로 경제가 활성화된 연해 지역의 댄스홀 200여 군데의 접대 여성(싼페이샤오제三陪小姐) 중 성매매 행위를 인정한 비율이 80퍼센트나 됐다.

성매매에 종사하는 여성은 농촌에서 올라온 민공이나 취업하지 못한 도시 여성, 해고된 여성 노동자 등이었다. 전문 매춘 여성이 아니라도 영업일을 하는 여성 중 실적을 올리기 위해 고객의 부당한 요구에 따라 어쩔 수 없이 성매매를 하는 경우도 있었다. 이를테면 생계형 성매매라고도 할 수 있는데, 사실 개혁개방 이후 외설물이 넘쳐나고 혼전 성행위나 동거 등이 통제되지 않는 세태도 문제였다. 이미 1980년대 초부터 거리와 골목마다 성병 약 광고가 나붙기 시작한 사회에서 성은 너무 쉽게 무방비한 어린 세대에게 접근해왔다. 1990년대 후반이 되면 특히 바링허우八零後라고 불리는 젊은이(1980년대 개혁개방기 이후 태어난 세대)는 과거 '혁명이 일상이었던' 세대와 확연히 구분되는 생활양식을 보였다. 이들은 도시의 경우 한 자녀 정책 아래 형제자매 없이 TV 앞에서 홀로 큰 세대였다. 자본주의적 환경에서 성장하다 보니 혁명이라든가 과거는 이들의 관심사가 아니었다. 어린 나이에 가출해 유흥업소의 접대부 등으로 일하면서 명품과 스타에 열광하며 기분 내키는 대로 하루하루 살아가는 여자아이도 늘어났다.

성을 팔아 수입을 얻는 여성 사이에도 격차가 컸다. 도시의 젊은 여성은 상대적으로 고가의 성매매가 가능했으나, 먹고살 것이 없어 시골에서 도시로 온 민공 여성, 그중에서도 나이 든 기혼 여성은 최저가의 성매매로 내몰렸다. 예를 들어 쓰촨 성의 대도시 청두에는 시골에서 올라온 민공이 많았는데, 그중에는 '노란 구두'를 닦는다는 소리를 듣는 성매매 여성이 있었다. 즉 저녁이 되어 날이 어두워질 무렵 거리로 나와 좌판을 깔고 구두를 닦다가 남자 손님과 거래가 되면 싼값에 성매매를 하는 것이다. 시골에서 청두로 올라와 민공이 되어 밑바닥 삶을 살던 어떤 남성의 이야기에 따르면, 민공 남성은 막일을 하고 여성은 몸을 팔아 생계를 유지할 수밖에 없었다.

전근대 왕조 시대나 뒤를 이은 중화민국 시기에도 상업과 도시의 발달에 따라 성매매는 성행했다. 그렇지만 이른바 신중국이 건설되고 전 세계적으로 드문 성매매 근절이 30년 가까이 이루어졌기에 그야말로 새로운 중국의 면모를 과시할 수 있었던 중국에서 성매매가 부활 정도를 넘어 전방위로 만연하는 것은 중국 여성계가 가장 치부라고 생각할 만한 문제다. 정부는 음성적인 성매매를 근절하려고 수시로 경찰을 동원해 단속하지만, 사회 전체의 부패와 맞물려 성매매업은 쉽게 근절되지 않을 듯하다.

가족계획 정책 속의 여성

/ 마오쩌둥은 인민의 주관적인 혁명 열정이 중국의 생산력을 높인다는 생각에서 '여성의 출산은 혁명 사업에 기여할 혁명가를 많이 생산하는 것'이라는 취지로 출산을 장려했다. 자녀를 많이 낳은 여성은 상장도 받고 자랑스러운 어머니가 됐다. 그러나 냉철하게 인구문제를 주시하던 마인추馬寅初 같은 학자는 일찌감치(1957) 인구 증가의 억제를 주장했다. 1953년 중국 사상 최초의 인구조사가 실시돼 중국의 인구가 6억 193만 8035명임이 알려졌는데, 매년 1200만~1300만 명씩 2퍼센트 정도 인구증가율을 보이고 있었다. 마인추는 이 증가율이 너무 높다는 것이었다. 인구가 많으면 식량 생산을 더 많이 해야 하고, 그러자면 경제 작물 생산이 줄어들어 경공업에서 중공업에 이르기까지 타격을 받게되니 (살생이자 모체 건강에 해를 입히는 임신중절 말고) 만혼이나 피임 등의 방법으로 인구 증가를 억제하자는 것이 그의 주장이었다.

마인추의 주장은 전국인민대표대회에 서면으로 발표한 글 〈신인구론〉에 실린 것이었는데, 애석하게도 그해(1957) 전국을 휩쓴 반우파투쟁 와중에 우파로 몰리는 바람에 그의 인구 증가 억제 주장도 묻혀버렸다. 대약진운동 개시 후 인구 증가는 계속됐고, 1960년 조정 정책이 시작되면서 잠깐 가족계획 정책을 실시했으나 뒤이은 문혁으로 그마저도 끝나버리고 말았다. 문혁 후반기인 1972년에 들어서면 인구 증가를 더 이상 방치할 수 없다는 판단하에 자녀를 두 명만 낳게 하자는 논의도 나왔으나 널리 보급되지는 못했다.

결국 문혁이 끝난 뒤인 1978년 고위 당국자의 입에서 1957년부터 1977년까지 20년 동안 식량 생산이 인구 증가를 감당하지 못했다는 이야기가 나왔다. 1979년 상하이 등 지역에서 한 자녀만 낳자는 정책이 시작됐고 다른 지역으로도 번져갔다. 1980년대부터 본격적인 인구 증가 억제가 시작되어 앞서 살펴본 대로 새로운 혼인법에 계획 출산, 즉 가족계획 조항이 들어갔고, 1982년의 새 헌법에는 늦게 결혼하고 늦게 낳되 적게 낳는다는 인구 억제 조항이 들어갔다.

이런 상황에서 1988년에 열린 중국 부녀 제6차 전국대표대회에서 부련 주석으로 선출된 천무화陳慕華의 경력에 주목하지 않을 수 없다. 일찌감치 입당해 부련에서 실무를 맡은 적도 있었지만 그녀의 대표 경력은 1978년부터 1982년까지 재임했던 국무원 부총리다. 그런데 바로 이 시기인 1981년부터 그녀는 국가계획출산위원회 주임으로 일했다. 지금까지의 부련 주석은 여성과 아동 복지 문제에 관심을 가지고 일해온 원로 당원, 곧 차이창과 캉커칭이었는데, 그 뒤를 이은 천무화는 국가 고위 관료로서의 경력이 두드러지고, 특히 인구 정책을 담당하는 자리에 있던 사람이었다. 천무화의 부련 주석 선출은 국가와 당이 중국의 인구문제에 얼마나 관심이 크고 또 여성계의 협조를 필요로 했는지를 단적으로 보여주는 일이다.

부련 주석이자 국무원 부총리로 일했던 천무화

2002년 9월부터 시행된 '인구와 계획생육법'에 오면 그동안 여러 지역에서 실행돼온 정책이 법으로 정비됐다. 이 법을 따르면, 결혼한 부부는 한 자녀만 낳도록 하며 부부는 가족계획에 동등한 책임을 진다. 규정을 위반해 아이를 낳을 경우 사회부양비(일종의 벌금)를 내게 했다. 이 법에 의거한 각 지역의 조례에는 다양한 사례가 나왔는데, 극단적으로 보이는 한 예로는 미혼 여성이 인공수정으로 한 자녀를 가질 권리를 보장한 곳(지린 성)이 있었다.

원래 한 자녀 정책은 강제적인 것이 아니었다. 각 지역의 사정에 따라서 둘째 아이의 출산도 가능했다. 국가가 먼저 일정한 인구증가율을 결정하면 각 지역에 따라 그 증가율에 따른 출산 가능한 숫자가 결정됐다.

이 경우 자연사망률 등을 고려해 출산 가능한 숫자를 산정하기 때문에 그 숫자 범위 안에서 신혼부부가 우선적으로 아이를 출산할 수 있는 권한을 가진다. 그리고 여유가 있으면 예컨대 첫 아이를 낳고 오랜 기간이 경과해 둘째를 원하는 부부라든가 하는 식으로 둘째 아이를 낳을 수 있었다.[60]

그렇지만 가족계획 정책이 중국 여성에게 미친 영향에 대해서는 부정적인 의견이 상당히 많다. 예컨대 일본의 중국 여성 연구자들은 한 자녀 정책을 일컬어 '관리되는 생식'이라고 했다.[61] 미국의 한 박사학위 논문에서는 개혁개방기 중국 여성에게 가해진 폭력으로 가정폭력과 인신매매, 성매매에 이어 세 번째로 강제적인 가족계획을 들었다.[62] 확실히 여성이 임신과 출산을 스스로 결정할 수 없다는 것은 여성 인권에 대한 중대한 침해라고 할 수 있다.

그런데 신중국 이전의 여성이 대를 잇기 위해 아들을 낳는 도구로 취급되어 축첩이 용인되던 것과 비교하면, 그리고 다산 권장 속에 끝없는 임신과 출산, 사회적 노동 등 다중 노동에 시달리던 신중국 초기와 비교하면 가족계획이 꼭 부정적인 면만 가지고 있는 것은 아니다. 문제는 지역에 따라 도시와 농촌 여성이, 또 사람에 따라 엇갈리는 영향을 받았다는 점이다. 앞서 언급했듯이 도시에서는 대체로 아들딸 구별 말고 하

---

60 소수민족은 처음부터 민족에 따라 다산이 허용됐다.

61 이런 시각은 일본의 중국 여성사 연구자들이 쓴 《사료로 보는 중국 여성사 100년》(일본중국여성사연구회, 2010)에 드러난다.

62 〈마오쩌둥 이후 시기의 여성에 대한 폭력〉이라는 제목으로 나온 이 논문의 저자는 캐서린 창Catherine K. S. Chang인데, 이름으로 미루어보아 중국계 여성으로 짐작된다.

나썩만 낳자는 구호가 비교적 순탄하게 실천에 옮겨져 '소황제' 대접을 받는 여아가 출현했다. 이 여자아이들은 교육이나 취업에서 원칙적으로 차별받지 않는 삶을 부여받았다.

그러나 공공복지 혜택이 도시보다 낙후된 농촌에서는 가족계획이 여성에게 비극적인 영향을 미쳤다. 농촌에는 대를 이을 아들이 필요하다는 구사회의 통념이 강했는데 개혁개방기 이후에는 특히 노후 복지를 위해서라도 노동력이 될 아들이 있어야 한다는 현실적인 필요성이 보태져 남아선호가 여전했다. 아들을 낳지 못한다고 학대받는 아내 이야기나 딸이 태어나면 내다버린다는 보도가 연이어 나왔다. 또 여전히 아들을 원하는 부유한 농가에 시집온 여성은 벌금을 내더라도 계속 출산을 해야 했다. 벌금을 낼 여유가 없는 가난한 농가에서도 아들을 낳을 때까지 계속 자녀를 낳았는데, 가족계획 직원이 아예 벌금을 물릴 엄두를 못 내고 포기하고 물러난 일도 있었다.

1989년 설날 방영된 TV 드라마 〈초생超生유격대〉에서는 딸 셋을 가진 부부가 아들을 낳기 위해 감시의 눈을 피해 다른 지역으로 도망 다니는 이야기가 그려졌다. 정부 시책에 부응하지 않고 이렇게 다자녀를 출산하게 되면 가족계획 직원이 강제로 피임시술을 하기도 했다. 바로 이런 점에서 중국의 가족계획 정책이 여성의 임신과 출산 결정권을 폭력적으로 빼앗는다는 비판이 나온 것이다.

기혼 여성에 대한 폭력적 피임시술 외에 개혁개방기에 개방된 성문화도 미혼 여성의 임신과 임신중절로 인한 건강상의 문제를 불러왔다. 앞서 예를 든 장리자나 훙잉 같은 경우 공교롭게도 혼전 임신으로 임신중절을 해야만 했는데, 본래 기혼 여성의 사후 피임으로 엄격하게 관리돼야 할 임신중절이 손쉽게 이뤄지는 것을 볼 수 있다. 이는 국가가 그만큼 인구 증가 억제라는 정책을 앞세우다 보니 여성의 건강 문제는 뒷전으로 밀쳐두었음을 보여주는 것이다.

그리고 농촌에서 그토록 (아들을 낳기 위해) 딸을 많이 낳는 풍조가 있었는데도 1990년대에 들어서면 남아에 비해 여아의 수가 현저히 낮아진다. 예컨대 1990년과 1995년의 성별 인구를 다룬 통계에 따르면, 1990년에 0~14세 유아의 경우 여아가 남아의 92퍼센트 정도밖에 안 되고, 1995년에는 더욱 줄어서 90퍼센트 정도로 낮아진다.[63] 왜 그럴까? 한국에서 1980년대부터 남녀 출생 성비가 불균형해진 이유의 하나로 꼽히는, 태아의 성별을 미리 알아 임신중절을 함으로써 죽어간 여아들로 인해 남아 수가 여아를 초월하는 현상이 나타난 것일까?

어쨌든 중국에서의 가족계획은 여러 가지 결과를 낳고 있다.[64] 도시에서는 일단 기혼 여성이 잦은 출산과 육아로 저하되는 체력 문제를 해결하고 사회적 노동 전선에서 '낙후'될 기회가 줄어든다는 긍정적인 결과를 찾아볼 수 있다. 또 농촌에서도 한 자녀 운동에 충실해서 도시 여성과 같은 긍정적인 결과를 얻어낸 경우가 있을 것이다. 농촌의 경우 한 자녀와 다자녀 중 어느 쪽이 더 많은지는 모르겠지만 말이다. 개혁개방

---

63 부련과 통계국에서 낸《중국성별통계자료(1990~1995)》에 따르면 1990년 여아는 1억 5014만 명, 남아는 1억 6286만 명이고, 1995년에는 인구 1퍼센트당 여아 157 대 남아 174명이었다.

64 2015년 10월 중국공산당은 두 자녀 출산을 전면 허용하기로 결정했다. 주된 이유는 인구고령화에 따른 성장 둔화다.

이후 가족이 생산 단위가 되면서 가부장권이 강해진 것이 사실이고, 이런 상황에서 아들을 원하는 남편의 잦은 출산 강요 역시 (국가에 의한 강제 피임 못지않게) 여성에게는 폭력일 수 있다. 그러나 장기적으로 경제발전이 여성의 지위 향상에 기여하고 여성 수의 부족이 초래할 (해악적인) 문제에 대한 사회의 우려가 공감대를 넓혀가게 되면 남아선호 성향이 약화되지 않을까 하는 전망도 가능하다. 이 같은 긍정적 전망이 가능한 데는 개혁개방기 들어 성장한 여성학이 기여한 바도 크니, 이제 여성학의 등장과 더불어 다양해진 여성 문제에 대한 논의를 살펴 볼 차례다.

여성학의 등장과
여성 문제 논의의 다양화

✎ 문혁의 종식과 개혁개방의 시작은 여성 문제를 다시 뜨거운 사회 문제로 떠오르게 했다. 게다가 이번에는 미국과 유럽에서 1960년대 말부터 활성화한 이른바 2기 여성운동[65]의 성과는 물론이고, 해외에서 오랜 기간을 두고 연구해온 다양한 스펙트럼의 여성 논의가 한꺼번에 중국에 들어와 중국에서도 다양한 시각에서 여성 문제를 생각하게 됐다. 부련 외에도 대학과 연구소 등지에서 (부련 같은 관변기구가 아니라는 점에서) 이른바 재야 여성학자라 할 만한 이들이 등장해 여성과 국가 간의 관계를 비롯해 전에 없이 다양한 주제를 가지고 치열하게 논의하는 중이다.

　서구에서는 1, 2기 여성운동이 각각 다양한 스펙트럼을 가지고 여성 문제에 천착했다. 크게 보면 여성 고유의 문제를 제기한 것을 기준으로 해서 1기와 2기를 구분할 수 있다. 즉 1기 여성운동이 모든 영역에서의

65　혹자는 '여성운동 제2의 물결'이라고도 표현한다. 1기 여성운동이 자유주의 여권운동과 사회주의 여성운동 모두에서 남성과 동등해지는 데 치중했다면, 2기에서는 남성과의 차이에 강조점을 두고 여성 고유의 문제에 관심을 두었다. 출산과 가사노동이 사회적으로 갖는 가치를 인정하고 성폭력을 크게 문제시하는 등 2기도 다양한 내용을 포함한다. 특히 기왕의 결혼제도를 파괴하고 레즈비어니즘에서 대안을 찾으려는 급진적 성향의 여성운동가까지 나오는가 하면, 사회주의/마르크스주의 분석의 한계를 (가부장제 개념의 정교화 등을 통해) 극복하고 여성 문제를 계급과 성 두 측면에서 고찰하려는, 즉 사회주의/마르크스주의적 입장에서 여성 문제를 천착하려는 흐름도 있는 등 아주 다양하다.

남녀평등, 곧 금녀의 영역으로 여성이 진출해 남성화에 가까운 모습을 보이면서까지 동등 내지 평등에 집착했다면, 2기 여성운동은 여성 고유의 문제에 관심을 가지기 시작했다.

그런데 신중국이 건국된 후 서구나 미국보다는 소련을 주로 모델로 삼았음에도 공교롭게도 문혁까지의 기간에 부련으로 대표되는 중국 여성계가 걸어간 길은 서구의 1기 여성운동과 유사하게 평등을 쟁취하려는 것이었다. 그리고 개혁개방기에 들어오면 신체적, 생리적으로 고유한 특성을 가지는 여성이 무조건적으로 남성과 같을 수는 없다는 자각에서 2기 여성운동에서 강조된 차이, 즉 여성 고유의 문제 쪽으로 관심을 두게 됐다. 또 개혁개방이 30년을 훌쩍 넘어 장기적으로 지속되면서 중국에서의 여성 문제에 대한 관심도 시기에 따라 점차 변화해가는 중이다.

예컨대 개혁개방기의 여성학을 회고한 한 글[66]에서는 1995년의 베이징 세계여성대회를 전후해 중국의 여성학은 1, 2단계로 나뉘고, 2000년을 전후해서 3단계로 넘어간다고 봤다. 1단계에서는 외국의 여성학 개념을 소개하고 중국적 맥락에서 여성학의 틀을 짜면서 현실 여성 문제를 연구했다. 2단계부터 젠더 개념을 도입해 '여성과 젠더 연구'로 진입해 현실 문제와 프로젝트 연구에 치중했다. 그리고 3단계에 들어와 본격적으로 대학에 여성학과를 만드는 등 여성학이 대학 내에 들어가기 시작했다.

1단계에서 여성 문제와 관련된 이론을 연구할 필요성을 먼저 제기한

---

66 톈진사범대학의 두팡친杜芳琴 교수가 2009년 성공회대학교에서 개최한 제1차 한·중 젠더 콜로키움에서 발표한 〈중국에서의 여성학 지식 생산과 교육-30년 회고, 성찰과 비전〉이다.

것은 부련으로, 1984년에 제1차 여성이론 워크숍을 개최한 이래 꾸준히 이론 연구를 선도했다. 이런 분위기를 타고 대학에서도 여성학을 연구하려는 움직임이 생겼고, 가장 먼저 1987년 허난 성의 정저우鄭州대학교에 여성학연구센터가 생겼다.[67] 이 센터를 세운 이는 리샤오장李小江 교수로, 중국 여성 문제 연구의 원로급 인물이다. 그녀가 여성 문제를 연구하기 시작한 것은 '남자와 여자는 모두 같다'는 전제에 대한 회의감에서였다. 역사, 철학, 부련, 마르크스주의를 탐구해도 여성 문제에 대한 답이 나오지 않아 개인적으로 여성을 연구하기 시작한 것이다.

마르크스주의 여성해방론에 따라 사회주의 혁명으로 여성해방은 이뤄졌다는 식의 분위기에서 여성의 생리적 특수성을 무시하고 계급 문제 속에 여성 문제를 함몰시키는 것의 오류를 지적한 그녀의 발언은 신중국 여성의 역사에서 정말로 파천황적인, 다른 목소리였다. 그도 그럴 것이 중국에서는 공산당의 혁명을 통해 여성의 지위가 파격적으로 높아져 전 세계 여성 문제에 모범이 된다는 자부심을 가져왔는데, 아직 여성 문제가 남아 있다고 지적했으니 말이다. 부련에서는 처음에 리샤오장 등과 같은 여성 연구자를 마르크스주의 사상에서 일탈했다고 봤다. 베이징 세계여성대회가 열릴 즈음에는 관변 여성학 붐이 주류를 이루고 비판적인 연구에 대한 규제도 나왔기 때문에 리샤오장 등은 세계여성대회의 NGO 포럼 참가를 공개적으로 거절하기도 했다.

---

67 이어 1993년까지 항저우대학, 베이징대학, 톈진사범대학에 여성학연구센터가 생겼다. 대학 내에 만들어진 이 네 개의 센터가 1999년이 되면 34개로 증가하고, 2007년 7월까지는 70개에 이르는 증가세를 보이는데, 이 증가세는 지금도 계속되고 있다.

그러나 베이징의 세계여성대회를 전후해 2단계의 여성학 연구로 접어들면서 중국 내외의 학자들이 함께하는 워크숍이라든가 독서 프로그램이 만들어졌다. 외국의 고전적인 페미니즘 책이나 '젠더',[68] '발전devel-opment' 같은 개념이 소개됐다. 외국의 중국계 학자를 매개로 한 여성학 지식의 전파로 중국 내에서 여성학 논의가 다양해졌다. 한편으로는 여성주의 활동가들이 출산과 건강 같은 현장에서의 실천에도 간여했다. 또 서구 외에 아시아 각국의 여성학 연구자와도 교류하면서 서구 여성학 외에 아시아 국가의 여성 관련 경험도 참조하게 됐다.

문제 해결과 연구 과정에서 관변 조직으로서의 부련 대 재야 연구자 간의 갈등이 대립 일변도로 가지만도 않게 됐다. 부련의 이론지 《부녀연구논총》에 게재되는 논문의 내용이 상당히 다양하고 리샤오장 같은 연구자도 연구가 진척돼감에 따라 스스로 변화해간다는 것을 인정했기 때문이다. 즉 그녀는 과거에 부련이 국가를 위한 여성 동원에 주력해왔지만 개혁개방기 이후 '여성의, 여성을 위한' 목소리를 내며 개혁개방 과정에서 추락해가는 여성의 지위를 떠받치는 현실 작업을 해내고 있다고 인정한다. 그래서 여성을 교육하고 대변하는 사업에서 필요에 따라서는 여러 차례 공동 작업도 하고 있다.

이런 과정을 거치면서 부련의 추진, 외국 여성학 연구자와의 교류, 국

---

68 젠더는 1960년대 중반 페미니즘 학자들이 이용하기 시작한 개념으로, 사회적 의미의 성性이다. 자연적 의미의 성을 표현하는 섹스sex와 대비되는 사회적, 문화적 개념이다. 예컨대 male/female sex가 생물학적으로 태어난 남성/여성을 의미한다면, male/female gender는 사회적으로 의미가 부여된 남성/여성이다. 중국에서는 1990년대부터 젠더 개념이 소개되면서 '성별', '사회성별'이라고 번역한다.

제기금의 지원 등을 통해 여성/성별 연구가 장려됐고, 이는 대학 내에 여성학과가 만들어지는 단계로 이어졌다. 이를테면 1998년부터 베이징 대학교 사회학 전공자 중에서 여성학 대학원생(석사)을 모집하기 시작했고, 이런 추세가 다른 대학으로도 퍼져서 석·박사생을 배출하는 학교가 그 뒤 10년간 27개교로 늘었다. 여성학은 사회학 외에도 관리학, 교육학, 역사학, 문학, 철학, 인구학, 심리학 등 다양한 전공에 포섭되어 연구되고 있다. 비록 아직은 여성학이 중국의 학과 체계와 학위 체계에서 분명한 위치를 차지하지 못하고 학부 내에 과가 마련된 것은 부련 산하 중화여자대학 한 곳뿐이기는 하지만, 대학 외에 부련이나 사회과학원, 각급 당교黨校 등에서도 연구되어 다원화된 주체가 여성학 연구에 참여하고 있다. 여성학자 간에 맹렬한 논쟁이 이뤄진다는 점도 여성 문제 해결을 위한 다양한 방법론을 모색하는 과정에서 바람직한 일로 보인다.

　개혁개방 후 유엔의 각종 지표에서 중국의 성별 격차가 비교적 낮은 데서도 알 수 있듯이 확실히 1950년대 이후 중국의 여성은 남성과의 관계에서 평등 면에서 눈에 띨 만한 성과를 거두었다. 그리고 개혁개방 이후 중국의 여성학자는 서구와 아시아의 여성학 경험을 연구하면서 동시에 부련과 함께 국가기구의 지원을 받아가며 현장에서의 여성 문제 해결에 꾸준히 노력하고 있다. 중국의 역사와 사회 현실에 튼실하게 뿌리박고 이론과 실천의 합일을 모색하면서 다른 국가의 여성에까지 시야가 넓어지고 있는 것은 중국 뿐 아니라 세계 여성사의 미래를 밝혀주는 하나의 지표로 볼 수 있다. 이제 베이징 세계여성대회를 살펴봄으로써 이 문제를 생각해보기로 하자.

베이징 세계여성대회

✎ 앞서 언급했듯이 서구에서 1960년대에 시민운동이 발전하면서 그
전에 남성과 함께 시민운동을 전개하던 여성이 여성끼리 따로 모여 시
민운동과 여성운동을 하기 시작했다. 여성 문제가 전 세계의 관심사로
떠오르게 된 결과 유엔은 1975년을 '세계 여성의 해'로 정하고 그해에
세계여성대회를 소집하기에 이르렀다. 그리하여 1975년 6월 19일 멕시
코의 수도인 멕시코시티에서 138개국 2000여 명[69]이 모인 역사적인 제
1차 세계여성대회가 열렸다. 여기서 다음 해인 1976년부터 1985년까지
를 '유엔 여성 10년'으로 선포하고 멕시코 선언 및 행동강령(219항)을 채
택했다.

5년 뒤인 1980년에는 덴마크의 수도 코펜하겐에서 제2차 대회를 열
어 '유엔 여성 10년'의 중간 평가를 하고 후반기 사업 계획(287항)을 채
택했다.[70] 여기서는 여성의 교육과 고용 및 발전 과정에서의 여성 참여
가 강조됐다. 그로부터 또 5년 뒤인 1985년 케냐의 수도 나이로비에서

---

69 NGO 포럼 참가자는 6000여 명이다. 그리고 이 대회 이후 미혼, 기혼 여성을 각각 미스, 미시즈로 구분
하는 대신 일괄해 '미즈'로 부르게 된 것이 특기할 만하다.

70 참가 규모는 약 2000명, 비정부기구 포럼 약 8000명이다.

1995년 베이징에서 열린 제4차 세계여성대회.
천무화 부런 주석과 국무위원인 평페이윈의 모습이 보인다.

열린 제3차 대회에서는 '유엔 여성 10년'에 대한 종합 평가를 내리고 '2000년대를 향한 여성발전 전략(372항)'을 채택했으며, 유엔이 정한 세 가지 목표, 곧 평등·발전·평화를 강조했다.[71]

1995년 베이징에서 개최된 제4차 대회는 10년 전의 나이로비 대회를 잇는 것이었다. 대륙을 바꿔가며 열기로 한 원칙에 따라 (북)아메리카, 유럽, 아프리카에 이어 아시아에서는 처음으로 열린 것이다. 특히 1995년은 유엔 창설 50주년이 되는 해라 베이징 세계여성대회는 유엔 창설 50주년 기념사업의 일환으로도 의미가 깊었다. 참가 인원도 비정부기구NGO 포럼에 2만 5000명이었고, 정부기구GO 회의를 포함하면 3만 명

71 참가 규모는 153개국 약 2000명, 비정부기구 포럼 약 1만 4000명이다. 한국은 나이로비 대회 비정부기구 회의에 40여 명이 참가했다.

에 달하는 대규모였다.[72] 베이징 대회 뒤에는 이 대회만큼 전 세계의 이목을 집중시킨 세계여성대회가 없다시피 한 것으로 미루어 베이징 세계여성대회는 무척 중요한 의미를 가진 대회였다.

세계여성대회는 보통 비정부기구 포럼을 먼저 시작하고 정부기구 회의를 늦게 시작해 총결과도 같은 앞으로의 집행 사항을 합의해서 발표한다. 즉 비정부기구 포럼을 통해 여성 문제에 대해 다양한 문제 제기를 하고, 정부기구 회의에서는 각국의 여성 문제를 수렴해 최대한의 합의점을 찾아내 앞으로 집행해야 할 사항, 곧 행동강령을 총결로서 선포한다. 집행 사항을 세계 각국이 어느 정도 이행하고 있는지는 매년 유엔에 보고하게 되어 있으며, 또 다음번에 열리는 대회에서 나라마다 어느 정도 집행하고 있는지를 점검하기 때문에 세계 각국이 무시할 수 없는 일정한 구속력을 가진다.

베이징에서 열린 제4차 대회도 비정부기구 포럼이 8월 30일에서 9월 8일까지 열흘간 베이징의 화이러우 구懷柔區에서 먼저 시작됐다. 그 중간인 9월 4일부터 정부기구 회의가 열려 15일에 끝났으니 도합 17일간 치러졌다. 처음에는 비정부기구 포럼도 정부기구 회의가 열리는 베이징 중심부에서 하기로 했다가 대회 개회 몇 달 전 화이러우로 바뀌어 논란이 일었지만, 중국 정부가 화이러우의 42헥타르나 되는 넓은 공간에 대규모 회의가 가능하도록 최대한 시설과 설비를 준비하려 노력한 점은

---

[72] 정부기구 회의에 2000여 명, 비정부기구 포럼에 181개국과 20여 개 세계기구 대표단 등 약 4만 명이 모였다는 추산도 있어서 수치에는 차이가 있지만 제3차 때와 비교해 참가국이나 참가 인원에서 대약진을 보인다. 한국도 600명가량, 일본은 7000명가량이나 참가했다.

비정부기구 포럼 참가자들의 공감을 샀다.

이 대회에서는 앞선 나이로비 대회에서 실천하기로 한 '여성 발전 전략'을 어느 정도 이행했는지를 점검하고 앞으로의 여성운동 방향을 수립했다. 9월 15일에 선포된 이른바 베이징 선언과 행동강령에서는 12개의 주요 사안에 대한 전략 목표와 행동 계획이 담겨 있었다. 12개 사안은 여성과 관련된 빈곤, 교육과 훈련, 건강, 폭력, 무장 갈등, 경제, 권력과 의사 결정, 인권, 미디어, 환경, 여성 발전을 위한 제도적 장치와 여자 어린이에 대한 내용으로 구성됐다. 그리고 이 대회 이후 성에 대해서는 섹스가 아니라 젠더로 표현하기로 했다.

베이징 세계여성대회는 남녀평등은 물론이고 각 분야에 위치하는 세계 여성의 현재 지위와 인권 상태를 향상하기 위한 실질적이고 구체적인 방안이 논의됐다는 점에서 세계 여성운동사에서 획기적인 일이었다는 평가를 받는다. 여기서 얻은 성과는 상당히 중요하다. 우선 여성이 정치, 사회, 문화의 주된 분야에 적극 참여하는 과정에서 세력을 형성해야 한다는 이른바 '세력화' 전략을 세운 점이다. 그리고 교황청과 이슬람권 국가의 반대에도 여성이 성과 임신 및 출산 문제에서 여성의 건강권을 위해서라도 자유로운 결정권을 가져야 한다는 내용이 들어간 것은 중요한 성과의 하나였다. 중국의 가족계획 문제가 중국 외의 여성계에서 여성 인권 침해라는 논란을 빚었던 점을 고려하면 이 성과는 특히나 의미심장하다. 여성 문제를 일반적인 국제문제에 포함해 그 안에서 하나의 (소)주제로 다룰 것이 아니라, 앞으로는 여성 문제를 모든 분야에서 주된 안건으로 논의하도록 '주류화' 전략을 세운 것도 중요한 성과다.

그런데 한국과 관련해 무엇보다도 주목되는 것은 바로 이 대회에서 남북한이 동시에 제기한 '강제종군위안부' 문제가 일정한 성과를 거두었다는 점이다. 즉 전쟁 중에 자행된 성폭행을 '전쟁범죄'로 재확인하고 책임자를 법정에 회부할 수 있는 기구를 강화해야 한다는 내용을 행동강령에 넣었는데, 이는 유엔이 '강제종군위안부' 문제를 전쟁범죄로 확인한 것으로, 앞으로 '강제종군위안부' 문제를 해결하는 데 큰 진전을 보인 것이다. 이 밖에 성희롱도 성폭력 범주에 포함하는 등 대체로 2기 여성운동에서 강조해온 여성의 신체적 특성에 대한 존중 등을 광범위하게 반영했다.

중국이 이와 같이 1975년부터 시작해 21세기를 향한 여성운동의 커다란 전망을 내놓아야 할 중요한 시점인 1995년의 세계여성대회를 적극 지원하고, 여기서 획기적인 성과와 전망이 마련됐다는 것은 무엇을 의미하는가? 이 대회에서 중국이 보여준 것은 우선 개혁개방 이후의 발전상과 거기서 연유한 자부심이었다. 그리고 여성 문제에 대해 그 어느 나라보다도 꾸준히 정부 차원에서 해결을 위해 노력해왔다는 점을 보여주었다. 여기서 한걸음 더 나아가 중국뿐 아니라 세계의 '억압받는 여성' 문제 해결을 위해 공론화할 장을 기꺼이 마련해줌으로써 세계 여성의 연대, 나아가 중국이 중국 외의 세계와 연대하고자 노력한다는 점을 보여주었다.

좀 비약해서 말하자면 '중국 위협론'에 대한 중국 나름의 반론일 수 있었다. 19세기 중반 이후 1세기가량 중국 여성 외에 남성도 식민시대의 희생양으로 '억압받아온' 만큼 미래의 중국은 강대국이 되어도 침략적인 국가는 되지 않겠다는 의지를 내보일 논리적 근거를 중국은 가지고 있었다. 그리고 그 의지를 내보이는 데 '억압받는' 전 세계 여성의 연대를 위한 공론의 장을 제공해준 세계여성대회야말로 호재가 아니었을까. 어쨌든 베이징 세계여성대회는 앞서 보았듯이 그 후 부련의 점진적 발전을 포함해 부련 외 재야에서의 여성 연구 심화 등 이론과 실천 모두에서 중국 여성계에 큰 자극이 됐다.

일상생활로 본
신중국의 여성

일상생활 속 여성의 모습은 시대를 반영하는 거울이자, 동시에 여성 문제를 거론하면서 '억압'이라든가 '해방' 등을 논할 때 하나의 중요한 증거 자료가 되기도 한다. 그래서 앞에서 명청시대와 중화민국 시대에 여성의 경제활동은 어땠는지, 일상에서는 어느 정도 '자유'를 누릴 수 있었는지 등을 살펴보았다. 넓은 영토에 장구한 역사를 가졌을 뿐 아니라 여성 안에서도 연령별, 계층별로 다양한 모습을 보이므로 중국 여성의 일상을 단순화해 살펴보기는 어렵지만, 그래도 명청시대 경제에서 여성이 생산자이자 소비자로서 차지하는 비중, 여성 작가 집단의 출현, 여행이나 종교 활동에서 여성에게 열린 공간을 검토해봄으로써 제한적이나마 '억압된 봉건시대 여성상'에 균열을 시도해보았다. 그리고 일상생활의 다양한 면에서 여성의 삶이 급격히 변화해가는 모습을 그려보았다. 나아가 중화민국 시대에 들어서서 여성의 일상에는 어떤 변화가 있었는지도 살펴보았다.

이제 하늘의 절반을 떠받치는 존재로서의 여성을 인정하기 시작한 신중국에서 여성은 어떤 일상을 보내는지 살펴보기로 하자. 사실 일상생활이라고 하면 범위가 넓기도 하고, 이를 다 다룬다는 것은 능력 밖의 일이기도 하므로 편의상 가족제, 의생활, 여가생활의 변화 정도로 좁혀서 살펴볼 수밖에 없겠다.

4대, 심지어 5대가 함께 사는 것을 이상적으로 생각하고 최소한 할아버지, 아버지, 아들의 3대가 함께 사는 것을 여유 있는 집안의 이상으로 생각하던 중국의 대가족제가 청 말 이후 특히 5·4운동을 거치면서 급격한 변화를 맞이한 것은 앞에서 살펴본 그대로다. 가족을 중시하다 보니 가족 내의 관계망을 떠나 독립적인 개인의 삶을 추구하려 할 때 가족과 가문이 족쇄가 되어 원망의 대상이 되기도 했다.

그런데 신중국 성립 이후 핵가족이 일반적인 가족의 형태가 됐고, 무엇보다도 공산당과 국가가 전체 인민 개개인을 국가 건설에 동원하면서 가정 안에 고립돼 있던 여성의 삶에 큰 변화가 왔다. 즉 그동안 사회적 노동력으로 존재하기보다는 가정의 일원으로 가사노동을 일차적으로 수행해오던 (특히 농촌) 여성이 사회적 노동자로 불려나오면서 가정에서 남편의 주장이 법이던 분위기가 바뀐 것이다. 앞에서 언급한《이쌍쌍소전》을 보면 이런 분위기가 읽힌다. 아무개 엄마, 아무개 아내로만 불리던 이쌍쌍이라는 농촌 여성이 대약진기에 수리시설을 건설하는 노동자로 활동하게 되면서 '가사노동까지 하려니 정말 화가 나서 어떻게든 공동식당을 만들어 남자와 한판 싸우고 싶다'는 취지의 대자보를 붙였다. 그것도 자기 이름 석 자를 당당히 밝혀서 말이다. 우여곡절 끝에 식당이 만들어지고, 비판적인 태도를 보이던 남편이 식당 책임자가 된 아내 밑에서 취사원으로 일하게 된다는 이 소설이 영화로까지 만들어져 인기를 끌었다는 것은 무슨 의미일까? 사회의 최소 단위인 가족을 중시하고 가부장의 목소리가 가족을 지배하던 그동안의 사회와는 전적으로 다른 지형도가 생성되었음을 보여주는 것이 아니겠는가.

더욱이 국가가 남녀의 직장을 분배해주면서 때로 부부가 다른 지역의 직장에 다니느라 오랜 세월 떨어져 사는 가족까지 나타나게 되니 단신 부임 가족, 엄마와 아이들만 사는 가족 등 기왕의 가부장권이 행사되던 가족이라는 공간이 줄어든 것도 사실이다. 사랑보다 출신 성분이 더 중요한 반우파투쟁이나 문혁을 겪으면서 출신 성분 때문에 이혼 붐이 일어나기까지 한 사회였으니 (그런 이혼 붐에 대한 옳고 그름 또는 호오의 판단은 일단 제쳐두고) 확실히 가족제가 더 이상 여성을 옥죄는 족쇄 역할을 하지 못하게 된 것만은 사실이다. 한 자녀 갖기 정책으로 도시의 경우 외동딸과 외동아들이 결혼하면서 더 이상 제사를 지내고 손님 접대를 위해 아내를 얻는 과거의 관행은 발붙일 자리가 없어졌다. 기혼 여성이 보다 많은 시간을 사회적 노동이나 자기계발을 위해 쓸 수 있게 되고 시집이나 처가가 동등한 위치에 서게 되면서 가족제가 여성에게 미치던 족쇄는 더더욱 풀렸다고 볼 수 있다. (적어도 우리처럼 '명절증후군'이라는 표현은 없지 않을까?)

물론 농촌의 경우 가족 중심의 경제 운영으로 인해 여성이 가정 내의 노동력으로 되돌아가면서 가부장권이 강화되는 것을 우려하는 목소리도 있었다. 자기 딸을 돈을 받고 결혼시킨 인신매매범 첸구이바오의 예만 봐도 이런 우려의 목소리는 충분히 이해된다. 도시에서도 남성의 경제 장악력이 커지면서 전업주부가 되어 가정으로 돌아가는 여성이 나타났다. 이 경우 가부장권이 강화될 것은 충분히 짐작할 수 있다.

개혁개방 이후 (남성과 마찬가지로) 독신 여성이 늘어 싱글 붐이 일어난 것은 사실이다. 여성이 독신을 선택한 데는 여러 가지 원인이 있을 것이다. 이성적인 성격에 일에 몰두하다 보니 (여성미가 없다 하여) 남성이 접근하지 않아 노처녀가 된 경우, 문혁기의 지식 청년 여성과 유사하게 여장부에 대한 남성의 기피 현상 때문에 비자발적 독신이 된 것이나 마찬가지다. 그런데 가족 내지 가정에 묶이지 않으려는 이유로 여성 스스로 독신을 선택한 것도 있지 않을까? 즉 가부장권의 강화 추세가 독신 여성 출현의 한 원인이 됐을 수도 있다. 어쨌든 가족제가 앞으로도 중국 여성에게 어떤 영향을 미치고, 여성이 이에 어떻게 대처해 나갈 것인지는 좀 더 지켜볼 필요가 있다. 다만 현재로서는 가족제가 여성에게 미치는 부정적 영향이 신중국에 들어와 이전 시대와 비교하면 엄청나게 줄었다는 정도로 서술하는 데서 그칠 수밖에 없다.

의생활, 특히 여성의 의생활은 자기 보호라는 기본적인 기능 외에 자기표현의 수단으로도 중요하다. 전족과 가슴을 묶는 신체적 억압에서 벗어나 20세기 전반기 중국 여성이 의생활을 통해 자유로운 변화를 보여준 것은 앞서 살펴본 대로다. 서구식 의생활과 만주족 여성의 전통 복장을 변형한 치파오, 전통 농민 여성의 의생활 등 비교적 다양하던 모습은 신중국에 들어와 몇 차례 극적인 변화 과정을 겪었다.

앞서 '인민복 속의 여성' 항목에서 언급했듯이 신중국 건설 초기와 1960년대 초반 잠깐 치파오처럼 몸매를 드러내는 전통 복장이나 화려한 색의 치마, 원피스 등을 입은 적도 있지만, 건설 일꾼으로서의 소명을 부여받은 여성은 '절대 평등'을 부르짖는 문혁이 끝나기까지 남성복과 별 차이 없는 인민복 속에 몸매를 감췄다. 즉 시대의 주역으로 여성 노동자와 여군이 등장하면서 전 세계적으로 드문 현상이 나타난 것이다.

그러나 1979년 이후 개혁개방이 시작되고 선전深圳, 주하이珠海, 산터우汕頭와 샤먼 등 동남부의 도시들이 경제특별구로 지정된 이후 대외 개방 지역이 늘어나면서 중국 여성의 복식은 다양하고 화려해졌으며, 화장도 일상 속으로 들어왔다. 문혁기에는 부르주아적 잔재로 매도되던 치파오가 다시 전통 복식으로 거리에 나타나는가 하면, 몸에 달라붙는 청바지를 입은 여성의 출현이야말로 얌전한 전통 여성의 형상에서 극단적으로 대비되는 모습을 보여주었다. 한동안 여성복 상의 어깨에 패드를 넣는 것이 유행했는데, 이는 성공한 여성의 상징이었다. 여성도 넓은 어깨를 가지고 더 이상 남성의 어깨에 기댈 필요가 없다는 자의식이 어깨 패드로 표현됐다는 해석이 나왔다.

서양의 여러 사상이 중국에 다양한 여성학 이론을 받아들이게 했다면, 다양한 서구식 문물 도입은 중국 여성의 의생활을 비롯한 일상 소비생활을 다채롭게 만들어주었다. 1990년대 이후 대도시 중국의 (첨단을 걷는 여성의) 의생활은 서구 자본주의 국가의 대도시 어느 곳과도 유사한 모습을 보여준다. 한때는 민국 시기에 도시 여성이 신게 된 하이힐이 전족에서 해방된 천족을 감싸주는 해방적 신발로서의 의미를 가짐과 동시에 서구 열강의 문화에 대한 종속으로 해석되기도 했다. 그랬듯이 혹자는 현재 중국 여성의 세련된 복식과 (성형수술을 포함한) 화장술이 이른바 세계화globalization 이후 획일화돼가는 여성의 모습을 반영한다고 씁쓰레한 느낌을 토로하기도 한다.

신중국 여성의 의생활 못지않게 일상생활에 큰 영향을 미친 것은 오락생활의 변화였다. 문혁기까지 중국인의 여가생활에서 큰 비중을 차지하던 것은 라디오와 현대 경극[73] 그리고 영화였다. 이들 매체는 대체로 관영이었기 때문에 홍보의 성격이 강했다. 민국 시기에 대도시 관객을 사로잡았던 서구의 영화는 배제되고 소련 같은 사회주의권의 영화나 혁명을 소재로 한 중국 영화가 주로 상영됐다. 특히 문혁기에는 혁명모범극이라고 해서 장칭 주도하에 공인된 소수의 극, 영화, 발레 등만 공연됐다.[74] 내용도 혁명과 관련 있는 것 위주였다. 발레 〈홍색 낭자군〉은 지금도 자주 공연되지만, 이 시기의 영화는 대체로 예술성 없는 졸작으로 취급받는다.

문혁의 종식은 여가생활의 자유를 가져왔다. 홍콩과 타이완 등지에서 서구 영화가 들어왔다. 그때까지 대중매체에서 중심을 차지하던 라디오 대신 TV가 등장하고 자본주의적 사회, 경제가 모든 매체를 통해 여성에게도 큰 영향을 미쳤다. 내용에서는 여전히 대중교육 매체로서의 역할에 충실한 것도 있었지만, 중국의 이른바 5, 6세대 영화감독은 중국의

---

73 경극은 베이징에서 발전한 극이라고 해서 청 중기부터 민국 시기에 걸쳐 즐긴 대표적 오락물이다. 신중국에 들어와 현대 경극이라 불리면서 경극의 특징이 크게 변했다. 내용상으로도 황제나 유명한 장군 같은 영웅적 인물 이야기 대신 혁명적 이야기, 인민 대중이 주인공이 되는 이야기가 많아졌다. 형식상으로도 공연 시간이 한 시간 남짓이던 전통 경극과 달리 두세 시간으로 늘고 분장과 복식도 화려함이 줄었다. 남성 배우만 공연하던 것도 남녀 배우가 함께 공연해서 여성 역을 맡던 남성 배우가 사라졌다. 개혁개방 이후 정부는 전통 경극을 다시 지원하기 시작했다.

74 문혁기에 중국 문예를 좌우한 것은 연극·영화배우 출신으로 마오쩌둥과 결혼한 장칭이다. 그녀는 특히 경극 개혁에 심혈을 기울여 8대 양판희样板戲(모범극)라 해서 혁명을 다룬 모범적인 여덟 개의 경극을 선정해 영화와 발레 등으로 만들었다. 여성의 활약을 다룬 대표적인 작품으로 항일전쟁기 하이난다오海南島에서 악덕 지주에게서 도망쳤다가 공산당원을 만나 혁명적 삶을 살게 되는 농촌 여성의 이야기를 다룬 〈홍색 낭자군〉이 있는데, 창작 발레극으로 지금까지도 중국에서 인기가 많다.

과거와 현재에 대한 비판적 영화를 만들어 전 세계 영화제에서 주목받았다. 영화라든가 TV 같은 오락물이 (남성에게도 그렇지만) 여성에게 미치는 영향은 상당히 크다. 이를테면 내용이 아니더라도 극중 여주인공의 복식이 한때를 풍미하는 식으로 말이다.

사실 여가생활의 주류가 된 TV나 영화는 개혁개방기에도 여전히 잔존하거나 사라졌다가 부활한 악습같이 여성 문제를 환기하고 대안을 고민하게 만들 역할을 할 아주 적절한 매체다. 예컨대 장이머우 감독의 〈홍등〉처럼 축첩 문제를 고발한 영화는 남성 감독이 만들면서 '여성 대 여성의 대립'이라는 구도로 몰아갔다는 점에서 논란의 여지는 있지만, 일단 축첩이라는 소재를 택한 것만으로도 의미가 있다. 그런데 현재까지는 아쉽게도 여성주의 시각에서 여성 문제를 제대로 다룬 작품이 극히 소수라는 분석이 있어 이 또한 앞으로 중국 여성계가 풀어가야 할 문제일 것이다.

4

21세기 중국의 여성

미 완 의
과 제

앞서 살펴봤듯이 문화대혁명이 아직 끝나지 않은 1971년 중국을 6주간 여행한 프랑스의 여성운동가들은 중국 여성이 혁명 과정에 동참한 덕분에 여권이 상당히 신장됐다고 봤다. 그들은 프랑스 여성운동의 방향에 불만을 가진 터라 중국의 여성 문제 해결을 바람직한 것으로 본 측면이 있을 것이다. 그렇기는 해도 방문지에서 직접 느낀 중국 여성의 활기찬 활동 모습, 특히 일하는 여성에게 긴요한 탁아 문제의 사회화 등에 감명을 받았기에 그런 평가를 했을 것이다. 그런가 하면 문화대혁명이 끝나고 개혁개방이 시작된 1980년부터 1981년까지 2년 동안 비교적 오래 중국에 머물면서 임상 연구를 한 마저리 울프는 특히 농촌 여성에게는 혁명이 아직 멀었다고 여겼다. 즉 사회주의 혁명이 여성에게 약속한 여성 문제의 해결을 시행하지 못하고 있으니 새로운 혁명이 필요하다고 생각했다. 이렇게 양자의 시각에 차이가 나는 것은 그들이 중국에 방문한 시기(문혁기와 개혁개방기)와 체류 기간의 길고 짧음, 관찰한 집단의 범위가 다르기 때문이며, 그 외에도 양자의 여권 신장에 대한 요구 수준에 차이가 있었기 때문이다.

어쨌든 21세기 들어 적어도 아시아에서는 중국 여성이 상대적으로 성차별을 덜 받았다는 점을 다음의 두 가지 자료가 상징적으로 보여준다. 하나는 유엔에서 2005년에 발표한 자료다. 즉 유엔의 한 기관에서 OECD 30개국과 신생독립국 28개국을 합친 58개국의 젠더 간 격차를 조사했다. 조사 부문은 경제 참여, 경제적 기회, 정치적 권한, 교육적 성취 정도, 건강과 복지 다섯 가지였다. 서구와 비교하면 아시아 각국은 전반적으로 젠더 격차가 큰 편이었다. 중국은 아시아에서 상대적으로 격차가 적은 33위를 차지했다. 다음으로 일본이 38위, 말레이시아 40위, 타이 44위, 인도네시아 46위, 인도 53위, 한국 54위, 파키스탄 56위, 터키 57위 그리고 이집트가 조사국에서 최하위인 58위를 차지했다.

다른 하나는 2014년 10월 27일 세계경제포럼에서 발표한 성별 격차 자료다. 조사 대상 국가는 142개국으로, 이전 유엔의 조사 대상 국가보다 늘었다. 이 중 동아시아를 보면 중국이 87위, 일본 104위 그리고 한국은 117위로 조사됐다. 이 발표에서 특이하게도 여성의 경제활동인구가 많은 르완다가 7위를 차지했고, 세계적으로 여성의 경제활동과 정치 참여가 늘면서 세계 105개 국가에서 성별 격차가 줄었다.

이 두 자료 모두에서 구미 각국보다 중국을 포함한 아시아 각국의 성별 격차가 큰 편이기는 하지만, 아시아 내지 동아시아에서는 중국이 상대적으로 성별 격차가 작다는 점에 주목할 필요가 있다. 이는 근대 이후 중국의 격동기에서 중국 여성이 적극적으로 자신들의 지위 향상을 위해 끊임없이 노력해온 결과이기도 하다. 실제 오늘날 중국 여성의 지위 내지 남녀평등 정도에 대해서는 중국을 여행한 한국인이라면 피부로 느낄 수 있을 정도다. 예컨대 중국보다 상대적으로 성별 격차가 큰 것으로 드러난 한국의 경우 남녀 문제만 따져보자면 중국보다 후진적이라고 할 수도 있다.

그러나 세계적으로 놓고 볼 때는 경제대국이라 할 수 있는 오늘날의 중국도 여전히 성별 격차가 큰 편이다. 조사 대상국 가운데 중간에서 훨씬 뒤쪽으로 처져 있다. 이는 오늘날을 살고 있는 중국 여성에게 지위 향상이라든가 남녀평등 면에서 여전히 미완의 과제가 많이 남아 있음을 의미한다. 개혁개방 초기에 마저리 울프가 앞으로 중국의 경제정책이 여성의 현실에 어두운 그늘을 드리울 것이라고 예견한 대로 30여 년이 흐른 오늘의 중국에서 여성 문제는 복잡한 양상을 보이며 다양한 층위에서 해결을 필요로 하고 있다. 개략적인 내용은 앞서 개혁개방기를 다루면서 언급했던 대로 (생계형) 성매매업의 등장, 여성 인신매매의 부활, 가정폭력, 구조 조정 시 여성 우선 해고와 여성 고용 기피, 농촌에서 집단농장이 해체되고 가족 중심으로 생산 활동을 하면서 남편의 가부장적 권위가 강화된 점 등을 들 수 있다.

이 모든 문제의 근원에는 사회주의 혁명으로도 해결되지 않은 구시대의 통념, 그중에서도 남존여비적 사고방식의 잔재가 놓여 있다. 구시대의 통념이 얼마나 오래갔는지는 앞서 예를 든 쓰촨 성의 한 기녀 출신 여성의 삶이 명료하게 보여준다. 사회주의 혁명을 거친 뒤 들어선 신중국에서는 정부가 정책적으로 기녀를 피착취 노동자로 보고 그녀들이 새로운 사회의 일꾼으로 거듭날 수 있도록 개조하여 당당한 대접을 받을 수 있게끔 노력했지만, 일반인의 사고방식은 정부의 정책을 따라가지 못했다. 그래서 그녀는 (자신의 과거 때문에) 툭하면 남편에게 얻어맞고 이웃의 냉담한 시선에서 자유롭지 못한 채 죄인처럼 살아간 것이다.

이런 구시대의 관행이라든가 통념은 도시보다 농촌에서 더욱 심각했다. 개혁개방 이전에도 그랬지만, 특히 개혁개방 이후 보편적인 복지를 국가가 책임지지 못하고 개인의 능력에 맡기게 되면서 농민의 경우 노후를 보장하기 위해서는 아들의 노동력이 필요하다는 구시대적 통념이 더욱 강화됐다. 도시에서와 달리 여성이 남성의 집으로 들어가서 사는 형식의 결혼을 하므로 남존여비 통념이 쉽게 사라질 수 없는 현실적 근거가 뿌리 깊게 남은 것이다. 게다가 1980년대에 새로운 혼인법이 반포되면서 치솟은 이혼율은 농촌의 이혼 여성에게 불리하게 작용했다. 즉 한 가정에서 같은 농지를 경작하면서 시집에서 살던 여성은 이혼 뒤 농지나 주택 분할이 쉽지 않은 상황에서 자기 몫을 챙기기 어렵게 된 것이다. 그리고 경제력을 갖지 못한 채 이혼한 딸이 본가로 돌아올 경우 본가에서는 당연히 그 딸을 환영하지 않는 분위기였기 때문에 숱한 농촌의 이혼 여성이 고통을 겪었다.

이렇게 남아선호가 사람들의 사고방식에 뿌리깊이 박힌 상황에서 성별 인구 비율을 보면 여성이 남성보다 항상 적을 수밖에 없었다. 그것이 또한 인신매매라는 극단적 방법을 동원한 여성 성매매를 강제하는 결과를 낳기도 했다. 명 중기 이후 상업의 발달이 여아 살해율을 낮추고 여성이 살아남을 가능성을 높여준 데서 알 수 있듯이, 경제발전은 궁극적으로 여성의 생존에 유리하게 작용한다. 현재 중국 여성계의 미완의 과제 역시 경제적으로 앞서가는 대도시보다는 농촌에 더 많이 산적해 있는 편이다. 문제는 중국의 농촌 인구가 도시 인구보다 훨씬 많다는 점이다. 그러다 보니 세계적 성별 격차 지표에서 중국 여성의 평균치가 뒤떨어지는 상황을 빚어내고 있다.

하지만 1995년 베이징에서 세계여성대회를 개최하면서 중국 정부와 여성계가 전 세계의 '억압받는 여성'과 연대하겠다는 의지를 적극적으로 보여준 것은 중국 여성 문제의 해결에 청신호로 해석된다. 그러므로 중국에서 농촌의 빈곤 문제가 해결된다면 미완의 여성 문제 해결에도 큰 힘이 될 것이다. 다음으로는 중국 여성계의 끊임없는 노력이 문제 해결의 큰 동인이 될 것이다. 즉 중국 여성 문제 연구의 선구자로 불리는 리샤오장이 전망했듯이, 그동안 중국 여성 문제 해결에 지대한 공헌을 해온 부련이라는 전국적인 여성 조직을 중심으로 한 여성계의 끝없는 문제 해결 노력이 주목된다. 리샤오장도 인정했듯이 부련은 한때 당의 지도에 여성계를 종속시키는 역할을 한 것이 사실이었다. 그러나 이제는 부련이 여성의 목소리를 내기 시작했다. 부련은 의도적이고 자발적으로 여성을 위한 발언을 하고 있으며, 구체적이고 현실적으로 여성이 처한 문제를 해결하기 위해 노력하는 방향으로 변화하고 있다. 국가와 정부 조직의 정치적 지지를 받으며 전국 각지의 도시와 시골 구석구석까지 영향력을 갖고 있는 부련이 여성 문제를 해결하기 위해 끊임없이 노력하고 있으니 21세기 중국의 여성 문제를 풀어나가는 데 큰 힘이 되어 가시적인 성과를 내리라 본다.

나가는 글

　　이 책을 쓴 두 명의 저자는 2006년 2월 동양사학회의 동계학술회에서 발표를 하면서 서로 자주 연락하곤 했다. 동계학술회 당시 주제는 '아시아 역사상의 여성: 여성의 경제활동과 사회적 지위'로 중국, 일본, 베트남 및 이슬람 국가의 역사 전공 연구자들이 여성사 관련 발표를 해서 범위도 넓고 시대 안배도 각각 달랐다(《동양사학연구》 96, 2006년 9월 참조). 아쉬움이 많았지만 한국 동양사학계에서 최초로 아시아 여성사를 특집으로 다뤄보았다는 데서 의미를 찾았다.

　　이를 기회로 연구자들 가운데 일부가 대중에게 읽힐 수 있는 아시아 여성의 삶을 통시대적으로 저술해보자는 제안을 하여 모임을 갖게 됐다. 그러나 중국과 일본, 동남아시아 및 인도와 이슬람 국가까지 아울러 문자 그대로 범아시아적 통사를 써보자는 기획은 너무 방대한 데다 연구자들의 사정도 제각각이어서 결국 무산됐다.

　　고민 끝에 우리는 일단 연구자 수가 상대적으로 많은 중국부터 주춧돌을 놓아보기로 했다. 그래서 중국 여성사 발표자와 토론자 중 네 사람이 2011년 8월에 다시 모였다. 이후 몇 차례 모여서 서로 소통하며 책의 골격을 세우고 서술 방향을 논의해 집필 내용을 나누었다.

책이 세상에 나오기까지의 과정은 그야말로 고민의 연속이었다. 수많은 고민을 했지만, 고중세사와 근현대사를 한 권으로 묶기에는 분량도 방대하거니와 우선 시대적 상황, 사료의 많고 적음 등에 따라 책의 체제도 많이 달라질 것 같았다. 결국 최종 방침으로 우선 근현대사부터 출간하기로 하여 이 책이 세상에 나올 수 있었다.

함께 고민해주신 여러분 중에서도 특히 논의 과정에 적극 참여해주셨을 뿐 아니라, 초고를 읽고 아낌없는 논평을 해주신 육정임, 고 이명화 선생님께 감사드린다.

참고문헌

| 단행본 |

구성희,《중국 여성을 말하다》, 이담, 2013.

김경일,《여성의 근대, 근대의 여성》, 푸른역사, 2004.

김미란,《현대 중국 여성의 삶을 찾아서》, 소명출판, 2009.

김유리,《서원에서 학당으로》(김유리,〈청 말의 여자 교육제도와 그 실상〉), 한국학술정보(주), 2007.

김유철 외,《동아시아 역사 속의 여행》 1(차혜원,〈명청 교체기의 북경 여행〉), 산처럼, 2008.

김지수,《중국의 혼인법과 계승법》, 전남대학교출판부, 2003.

라오웨이, 이항중 옮김,《저 낮은 중국》, 퍼슨 웹, 2004.

레이 황, 박상이 옮김,《1587 만력 15년 아무 일도 없었던 해》, 도서출판 가지않은길, 2001.

루링, 이은미 옮김,《중국 여성》, 시그마북스, 2007.

루쉰,《무덤》, 홍석표 옮김, 선학사, 2001.

리쯔윈·천후이펀·청핑, 김은희 옮김,《렌즈에 비친 중국 여성 100년사》, 어문학사, 2011.

마저리 울프, 문옥표 옮김,《현대 중국의 여성》, 한울출판사, 1991.

문화교양학과 엮음,《성·사랑·사회》(권보드래,〈1920년대의 여성과 연애〉), 한국방송통신대학교출판부, 2006.

소소생, 강태권 옮김,《금병매》 1-10, 솔, 2007.

신성곤·윤혜영,《한국인을 위한 중국사》, 서해문집, 2004.

심복, 지영재 옮김,《부생육기》, 을유문화사, 2012.

아이다 프루일, 설순봉 옮김,《중국의 딸》, 청년사, 1980.

엘리자베스 크롤, 김미경·이연주 옮김,《중국 여성해방운동》, 사계절, 1985.

오경재, 홍상훈 외 옮김,《유림외사》 상·하, 을유문화사, 2009.

오금성 외,《명청시대 사회경제사》(유장근, 〈종교〉), 이산, 2007.

오노 가즈코小野和子, 이동윤 옮김,《현대중국여성사》, 정우사, 1985.

왕상王相 엮음, 이숙인 역주,《여사서》, 여이연, 2003.

왕수쩡,《한국전쟁》, 나진희·황선영 옮김, 글항아리, 2013.

우에노치즈코, 이선이 옮김,《위안부를 둘러싼 기억의 정치학: 다시 쓰는 내셔널리즘과 젠더》, 현실문화, 2014.

유장근,《근대 중국의 지역사회와 국가권력》, 신서원, 2004.

유장근,《현대 중국의 중화제국 만들기》, 푸른역사, 2014.

윤미영,《영화로 본 중국 여성사》, 연문출판사, 2003.

윤혜영,《쉬광핑》, 서해문집, 2008.

이나미 리츠코, 김석희 옮김,《중국사의 슈퍼 히로인들》, 작가정신, 2004.

_____,《중국의 은자들》, 한길사, 2003.

이사벨라 버드 비숍, 김태성·박종숙 옮김,《이사벨라 버드 비숍의 중국 여행기 양자강 저 너머》, 지구촌, 2001.

이양자 외,《중국 근대화를 이끈 걸출한 여성들》(윤혜영, 〈정령 여성 혁명작가〉; 전동현, 〈등영초 통일전선정책의 귀재〉), 지식산업사, 2006.

이양자,《송경령 연구·정치·사회 활동과 그 사상》, 일조각, 1998.

이쭝티엔, 홍광훈 옮김,《중국의 남자와 여자》, 법인문화사, 2000.

이화여자대학교 중국여성사연구실 엮음,《중국 여성, 신화에서 혁명까지》(권현주, 〈여성의 능력을 배제한 명대의 여성관〉; 윤혜영, 〈정령, 혁명 속 신여성의 고뇌〉; 이승은, 〈개혁·개방 이후 달라진 중국 여성의 삶〉), 서해문집, 2005.

일본중국여성사연구회, 이양자·김문희 옮김,《사료로 보는 중국 여성사 100년》, 한울아카데미, 2010.

임성모 외,《동아시아 역사 속의 여행》2, 산처럼, 2008.

임우경,《근대 중국의 민족 서사와 젠더》, 창비, 2014.

장룽 존 할리데이, 이양자 옮김,《송경령 평전》, 지식산업사, 1995.

장룽, 노혜숙 옮김,《대륙의 딸》1·2, 대흥, 1993(초판), 1996(11판).

장리자,《중국 만세》, 송기정 옮김, 현암사, 2011.

장숙연, 이덕모 옮김,《중국을 뒤흔든 불멸의 여인들》2, 글누림, 2011.

장정옥 등 엮음, 김택중 옮김,《명사 열녀전》, 제이앤씨, 2008.

장징, 이용주 옮김,《사랑의 중국문명사》, 이학사, 2004.

장징, 임수빈 옮김, 《근대 중국과 연애의 발견》, 소나무, 2007.

전여강, 이재정 옮김, 《공자의 이름으로 죽은 여인들》, 예문서원, 1999.

정민 옮김, 《중국사 열전 후비》, 달과소, 2008.

정현백·김정안, 《처음 읽는 여성의 역사》, 동녘, 2011.

조너선 D. 스펜스, 김희교 옮김, 《현대 중국을 찾아서》 1, 이산, 1998.

──────, 이재정 옮김, 《왕 여인의 죽음》, 이산, 2002.

──────, 이준갑 옮김, 《룽산으로의 귀환》, 이산, 2010.

조설근·고악, 안의운·김광렬 옮김, 《홍루몽》 1-12, 청계, 2007.

중국여성사연구회 엮음, 임정후 옮김, 《중국 여성해방의 선구자들》, 한울림, 1985.

중화전국부녀연합회 엮음, 박지훈·전동현·차경애 옮김, 김염자 감수, 《중국 여성운동사》 상·하, 한국여성개발원, 1992.

지앙성난, 강성애 옮김, 《중국을 뒤흔든 여인들》, 시그마북스, 2009.

진동원, 송정화·최수경 옮김, 《중국, 여성 그리고 역사》, 도서출판 박이정, 2005.

진평, 《등영초 평전》 1·2·3, 손승회 옮김, 소명출판, 2012.

천성림, 《산업화가 유교 체제하 중국 여성의 지위에 미친 영향》, 집문당, 2005.

클로디 브로이엘, 김주영 옮김, 《하늘의 절반·중국의 혁명과 여성해방》, 동녘, 1985.

티모시 브룩, 이정·강인황 옮김, 《쾌락의 혼돈》, 이산, 2005.

한국여성연구원 엮음, 《동아시아의 근대성과 성의 정치학》, 푸른사상, 2002.

황원구교수정년기념논총간행위원회 편, 《황원구 교수 정년기념 논총·동아시아의 인간상》(지현숙, 〈국민혁명 시기 하향응의 정치활동〉), 혜안, 1995.

홍잉, 《굶주린 여자》, 김태성 옮김, 한길사, 2005.

Bailey, Paul, *Gender and Education in China,* NY: Routledge, 2007.

Bernhardt, Kathryn, *Women and Property in China: 960-1949,* Stanford, Calif.: Stanford University Press, 1999.

Button, Margaret E., *The Education of Women in China,* London Fleming H. Revell Co., 1911.

Chang, K. S. Catherine, Ph. D, *Violence Against Women in Post-Mao China,* VDM Publishing House Ltd., 2011.

Gilmartin, K. Christina, *Engendering the Chinese Revolution,* Univ. of California P., 1995.

Ko, Dorothy, *Cinderella's Sisters A Revisionist History of Footbindings*, Univ. of California P., 2007.

Ko, Dorothy, *Every step a lotus: shoes for bound feet*, Univ. of California P., 2001.

Ko, Dorothy, *Teachers of the Inner Chambers*, Stanford Univ. Press, 1994.

Lewis, Ida Belle, *The Education of Girls in China*, Teachers College, Columbia University, 1919.

Mann, Susan, *Precious Records: Women in China's Long Eighteenth Century*, Stanford Univ. P., 1997.

Mann, Susan, The Talented Women of the Zhang Family, Univ. of California P., 2007.

Smith, Arthur, *Village Life in China*. (→ 仙波泰雄・鹽谷安夫 譯,《支那の村落生活》, 生活社, 1941.)

United Nations Development Fund for Women, *Women's Empowerment: Measuring the Global Gender Gap*, 2005.

Wei, Yanmei, *Femininity and Mother-Daughter Relationships In Twentieth Century Chinese Literature*, State Univ. of New York: Stony Brook, Ph. D Thesis, 1999.12.

計榮 主編, 唐婭輝・黃小娜 副主編,《中國婦女運動史》, 長沙, 湖南出版社, 1992.

郭松義, 陳高華・童芍素 主編,《中國婦女通史 清代卷》, 杭州: 杭州出版社, 2010.

郭箴一,《中國婦女問題》, 上海: 商務印書館, 1935.

喬素玲,《教育與女性: 近代中國女子教育與知識女性覺醒》, 天津古籍出版社, 2005.

羅蘇文,《女性與近代中國社會》, 上海人民出版社, 1996.

杜芳琴,《女性觀念的衍變》, 河南: 人民出版社, 1988.

雷良波,《中國女子教育史》, 武漢出版社, 1993.

劉明逵, 唐玉良 主編,《中國近代工人階級和工人運動》7, 北京: 中共中央黨校出版社, 2000.

馬庚存,《中國近代婦女史》, 青島出版社, 1995.

莫金蓮 編,《中國婦女運動史》, 湖南出版社, 1992.

孟憲範,《改革大潮中的中國女性》, 北京: 中國社會科學出版社, 1995(초판), 2009(재판).

邵雍,《中國近代妓女史》, 上海: 人民出版社, 2005.

蘇智良,《慰安婦研究》, 上海書店出版社, 1999.

阿風,《明清時代婦女的(地位與權利)》, 北京: 社會科學文獻出版社, 2009.

楊劍利,《女性與近代中國社會》, 北京: 中國社會出版社, 2004.

梁甄預 · 梁甄第,《近代中國女子教育》, 上海: 正中書局, 1936.

楊立新 主編, 楊立新 校點,《大清民律草案-民國民律草案》, 吉林人民出版社, 2002.

呂美頤 · 鄭永福,《近代中國婦女生活》, 鄭州: 河南人民出版社, 1996.

鳴昊,《中國婦女服飾與身體革命(1911~1935)》, 東方出判中心, 2007.

劉寧元 主編,《中國女性史類編》, 北京: 北京師範大學出版社, 1999.

李文海 主編,《民國時期社會調查叢編》, 福州: 福建教育出版社, 2004.

李小江 主編,《讓女人自己說話》, 北京: 三聯書店, 2003.

李長莉,《晚清上海社會的變遷—生活與倫理的近代化》, 天津人民出版社, 2002.

李貞德 · 梁其姿 主編,《婦女與社會》(梁其姿,〈前近代中國的女性醫療從業者〉; 賴惠敏,〈婦女無
　　知? 清代內府旗婦的法律地位〉; 胡曉眞,〈才女徹夜未眠-清代婦女彈詞小說中的自我呈現〉),
　　北京: 中國大百科全書出版社, 2005.

林吉玲,《二十世紀中國女性發展史論》, 濟南: 山東人民出版社, 2001.

莊俞 等編,《三十伍年來之中國教育史》, 北京: 商務印書館, 1931.

程謫凡,《中國現代女子教育史》, 上海: 中華書局, 1936.

趙鳳喈,《中國婦女在法律上之地位》, 香港: 食貨月刊社, 1973.

周敍琪,《1910~1920年代 都會新婦女生活風貌》, 臺灣大學文史叢刊, 1996.

中國人民政治協商會議全國委員會文史資料委員會 編,《伍四運動親歷記》(呂雲章,
　　〈伍四運動中的北京女學生〉), 中國文史出版社, 1999.

中華全國婦女聯合會 編,《蔡暢 鄧穎超 康克淸 婦女解放問題文選》, 北京: 人民出版
　　社, 1988.

中華全國婦女聯合會, 國家統計局社會與科技統計司 編,《中國性別統計資料
　　(1990~1995)》, 中國統計出版社, 1998.

中華全國婦女聯合會婦女運動歷史研究室 編,《中國婦女運動歷史資料(1921~1927)》,
　　人民出版社, 1986.

陳寶良, 陳高華 · 童芀素 主編,《中國婦女通史 明代卷》, 杭州: 杭州出版社, 2010.

陳三井 主編,《近代中國婦女運動史》, 臺北: 近代中國出版社, 1990.

陳學昭,《時代婦女》, 上海: 女子書店, 1932.

編委會 編,《華夏婦女名人詞典》, 北京: 華夏出版社, 1988.

鮑家麟 編著,《中國婦女史論集》1-8, 臺北: 稻鄉出版社, 1979~2008.

_____,《中國婦女史論集》3(劉詠聰,〈清初四朝女性才命觀管窺〉), 臺北: 稻鄉出版社, 2004.

_____,《中國婦女史論集》4(洪美華,〈清代中期民間秘密宗教中的婦女(1736~1850)〉), 臺北: 稻鄉出版社, 1993

_____,《中國婦女史論集》5(鮑家麟,〈明末清初的蘇州才女徐燦〉), 臺北: 稻鄉出版社, 2001.

_____,《中國婦女史論集》6(徐志平,〈第二性中的他者—清初話本小說中的妾·媳與婢女〉), 臺北: 稻鄉出版社, 2004

_____,《中國婦女史論集》7(孫康宜, 李奭學 譯,〈明清詩媛與女子才德觀〉), 臺北: 稻鄉出版社, 2006.

_____,《中國婦女史論集》8(陳玉女,〈明代婦女信佛的社會禁制與自主空間〉), 臺北: 稻鄉出版社, 2008.

_____,《中國婦女史論集》1(鮑家麟,〈李汝珍的男女平等思想〉), 臺北: 稻鄉出版社, 1979.

何玲華,《新教育·新女性: 北京女高師研究(1919~1924)》, 中國社會科學出版社, 2007.

許慧琦,《'娜拉'在中國: 新女性性形象的塑造及其演變(1900s~1930s)》, 臺北: 國立政治大學歷史學系, 2003.

黃宗智,《法律, 習俗與司法實踐: 清代與民國的比較》, 上海書店出版社, 2003.

實藤惠秀,《中國人日本留學史》, 東京: くろしお出版, 1970.

前川和也 編,《家族, 世帶, 家門: 工業化以前の世界から》(夫馬進,〈中國明清代における寡婦の地位と強制再婚の風習〉), 東京: ミネルワ書房, pp.249~287., 1993

周一川,《中國人女性の日本留學史研究》, 東京: 國書刊行會, 2000.

中国女性史研究会 編,《論集—中國女性史》(姚毅,〈中國における賢妻良母言説と女性觀の形成〉), 吉川弘文館, 1999.

陳姃湲,《東アジアの良妻賢母論》, 東京: 勁草書房, 2006.

| 논문·사료·발표문 |

거룬훙,〈중국 제2차 '싱글 붐' 시기의 '지식청년세대' 여성 연구〉, 성공회대학교 동아시아연구소, 톈진사범대학교 성별과사회발전연구소 주관, 제1차 한·중 젠더 콜로키움(2009년 2월 12일, 성공회대학교) 발표문.

권현주,〈중국 근대 여자 교육제도 성립에 관한 연구〉, 이화여자대학교 석사학위 논문,

1993.

김문희, 〈하향응의 鶏화교교활동〉, 《역사와 세계》 36, 2009.

———, 〈하향응의 정치활동과 사회인식〉, 부산대학교 사학과 박사학위 논문, 2014.

노재식, 〈The Chinese Recorder에 나타난 근대 중국의 혼인문제 인식 연구―이혼문제와 일부다처제 문제를 중심으로〉, 《중국사연구》 87, 2013.

———, 〈근대 중국 여성문제에 대한 인식 연구―《만국공보》의 내용을 중심으로〉, 《진단학보》 113, 2011.

두팡친, 〈중국에서의 여성학 지식 생산과 교육―30년 회고, 성찰과 비전〉, 제1차 한·중 젠더 콜로키움 발표문.

리창리, 〈五四的社會后果: 婦女財産權的確立〉, 《중국근현대사연구》, 2009.

박경석, 〈20세기 전반 중국의 혼인문제를 둘러싼 법과 현실―1950년 '중화인민공화국혼인법'의 제정과 시행을 중심으로〉, 《중국 근현대사연구》 52, 2011.12.

박진숙, 〈제4차 유엔 세계여성대회 참관기〉, 《여성학논집》(이화여자대학교 한국 여성연구원) 12, 1995.12.

샹관펑·백영서, 〈5·4운동기 여성의 지위―가족제의 변화 가능성을 중심으로〉, 《서울대 동양사학과론집》 8, 1984.

신은영, 〈중국의 개혁개방정책과 도시 여성의 지위〉, 《한국여성학》 17-1, 2001.

육정임, 〈송원대 방직업과 여성의 지위〉, 《동양사학연구》 96, 2006.9.

윤미영, 〈일본 유학 시기 하향응의 반청사상과 활동〉, 《일본문화연구》 45, 2013.

윤재석, 〈중국 고대 여성의 사회적 역할과 가내 지위〉, 《동양사학연구》 96, 2006.9.

윤혜영, 〈20세기 중국 신여성의 고뇌: 혁명인가 여권인가〉, 《성평등연구》(가톨릭대학교 성평등연구소) 10, 2006.

———, 〈계몽의 전사 석평매(1902~1928)〉, 《중국 근현대사연구》 51, 2011.9.

———, 〈교육을 통한 여성 계몽: 1920년대 중국의 석평매를 중심으로〉, 《역사교육》 120, 2011.12.

———, 〈국민혁명기 북경의 여성운동〉, 《중국 현대사연구》 6, 1998.12.

———, 〈근대 속 전통 여성의 삶〉, 《소통과 인문학》(한성대 인문과학연구원) 10, 2010.2.

———, 〈근대 중국의 신여성〉, 《한성사학》 24, 2009.2.

———, 〈명청시대 여성 삶의 실상〉, 《한성사학》 28, 2013.

———, 〈민국 시기 여성계의 참정운동과 국민회의 참여운동〉, 《아시아문화》(한림대학교 아시아문화연구소) 9, 1993.

———, 〈빙심(1900~1999)과 20세기의 중국상〉, 《한성사학》 20, 2005.

_____, 〈빙심과 5·4운동〉, 《한성사학》 18, 2004.2.

_____, 〈정령(1904~1986)—'여권론자'와 '혁명전사'의 사이에서〉, 《중국사연구》 20, 2002.10.

_____, 〈중국의 스핑메이(1902~1928) 연구와 문제점〉, 《한성사학》 26, 2011.

이경숙, 〈중국의 여성정책과 여성의 정책결정 참여〉, 《중국여성연구》, 1989.

이선이, 〈근대 중국의 부녀해방론〉, 《중국사연구》 7, 1999.

이우정, 〈'여성의 눈으로 세계를 보자'—제4차 유엔 세계여성대회 참관기〉, 《국회보》 348, 1995.10.

임우경, 〈한국전쟁 시기 중국의 애국공약운동과 여성의 국민 되기〉, 제1차 한·중 젠더 콜로키움(2009년 2월 12일, 성공회대학교) 발표문

장수지, 〈계급해방 속의 창기 해방—1950년대 상해시 금창사업〉, 《중국 근현대사연구》 48, 2010.12.

_____, 〈중화민국 초기 육아의 사회문제화〉, 《2013년 한국 중국현대문학학회 춘계 학술 대회, 젠더·정치·지역》, 2013.6.8. 한신대학교 발표문.

장윤선, 〈청 말 '여국민' 양성론의 전개〉, 《중국 근현대사연구》 51, 2011.

정혜중, 〈청말민초 중국 여성의 일본 미국 유학〉, 《이화사학연구》 39, 2009.

지현숙, 〈상경여의 여성운동론과 국민혁명론의 형성〉, 연세대학교 석사학위 논문, 1992.

차경애, 〈1900년 전후 동북아 3대전쟁과 군위안소〉, 《중국 근현대사연구》 44, 2009.

천성림, 〈'性博士' 장경생, 그리고 1920년대 중국인의 '연애'와 '성' 담론〉, 《중국학보》 57, 2008.

_____, 〈'女國民'과 '國民之母' 사이에서: 근대 중국, 여자사범학교의 성립과 그 의미〉, 《역사학보》 123, 2012.

_____, 〈20세기 중국의 유교와 페미니즘, 민족주의〉, 《중국학보》 49, 2004.

_____, 〈근대 중국 여성의 직업세계〉, 《동양사학연구》 96, 2006.9.

_____, 〈근대 중국의 빈곤 여성 연구—'저화'를 중심으로〉, 《여성과 역사》 20, 2014.

_____, 〈모성의 '발견'—엘렌 케이와 1920년대의 중국〉, 《동양사학연구》 87, 2004.

_____, 〈모성의 거부—20세기 초 중국의 '독신 여성' 문제〉, 《중국근현대사연구》 24, 2004.12.

_____, 〈민국 시기 중국의 여자 사범교육과 여교사의 지위〉, 《중국근현대사연구》 59, 2013.

Du, Fangqin and Mann, Susan, "Competing Claims on Womanly Virtue in

Late Imperial China", Ko, Dorothy, Kim, Jahyun Haboush and Pigott R. Joan, eds., *Women and Confucian Cultures in Premodern China, Korea, and Japan*, Univ. of California P., 2003.

Wolf, Margery, "Women and Suicide in China," in Wolf and Roxane Witke, *Women in Chinese Society*, eds., California, 1975.

郭英德, 〈明淸女子文學啓蒙敎育述論〉, 《北京師範大學學報(社會科學版)》, 2007.4.

潘震亞, 〈女子繼承權的起源和經過〉, 《法規》創刊號, 1933.7.

謝長法, 〈淸末的留日女學生及其活動與影響〉, 《近代中國婦女史硏究》4, 1996.

呂美頤, 〈評中國近代關于賢妻良母主義的論爭〉, 《天津社會科學》1995.5.

李文軍, 〈近代中國女子繼承權確立過程論析: 革命與法律的二重奏〉, 《婦女硏究論叢》, 2010.11.

瀨地山角·木原葉子, 〈東アジアにおける良妻賢母主義-近代社會のプロジェックトとして〉, 《中國—文化と社會》4, 1989.

小野和子, 〈淸末の婦人解放思想〉, 《思想》525, 1969.

洪美華, 〈淸代中期民間秘密宗敎中的婦女(1736~1850)〉, 鮑家麟, 《中國婦女史論集》4, 臺北, 1993.

영화 〈신녀〉, 롼링위 주연, 우융강吳永剛 감독, 1934.

영화 〈완령옥〉, 장만위 주연, 관진펑關錦鵬 감독, 1991.

영화 〈화혼〉, 궁리 주연, 황수친黃蜀芹 감독, 1993.

영화 〈황토지〉, 쉐바이薛白 주연, 천카이거陳凱歌 감독, 1984.

찾아보기

중국
근현대
여성사